计量经济学

主　编　张军伟
副主编　薛　帅

清华大学出版社
北京交通大学出版社
·北京·

内 容 简 介

本书将计量经济学理论、方法与案例融为一体，以初级和中级水平内容为主。本书分八章介绍相关知识，前七章以经典单方程线性回归模型为主，最后一章介绍了联立方程模型。本书在每一章节介绍计量经济理论后，都会选择合适的案例进行分析。为了体现模型的可重复性，本书提供了所用的数据和结果，并对结果进行了一定程度的解读。考虑到计量经济学教学的连贯性和紧密型，将用到的数学和统计学知识以及计量软件放到了附录中。

本书适合作为各类高等院校经济、管理学科本科生的教材或教学参考书，也可供具有一定数学、经济学和经济统计学基础的经济管理人员和研究人员阅读和参考。

图书在版编目（CIP）数据

计量经济学/张军伟主编．--北京 ：北京交通大学出版社：清华大学出版社，2021．12
（现代经济与管理类系列教材）
ISBN 978-7-5121-4479-8

Ⅰ．①计…　Ⅱ．①张…　Ⅲ．①计量经济学-高等学校-教材　Ⅳ．①F224．0

中国版本图书馆 CIP 数据核字（2021）第 119338 号

计量经济学
JILIANG JINGJIXUE

责任编辑：田秀青
出版发行：清 华 大 学 出 版 社　　邮编：100084　　电话：010-62776969　　http://www.tup.com.cn
　　　　　北京交通大学出版社　　邮编：100044　　电话：010-51686414　　http://www.bjtup.com.cn
印 刷 者：三河市华骏印务包装有限公司
经　　销：全国新华书店
开　　本：185 mm×260 mm　　印张：12　　字数：307 千字
版 印 次：2020 年 12 月第 1 版　　2021 年 12 月第 1 次印刷
印　　数：1~1 500 册　　定价：39.00 元

本书如有质量问题，请向北京交通大学出版社质监组反映。对您的意见和批评，我们表示欢迎和感谢。
投诉电话：010－51686043，51686008；传真：010－62225406；E-mail：press@ bjtu. edu. cn。

前　　言

计量经济学是以数理经济学和数理统计学为方法论基础，对经济问题试图用理论上的数量接近和经验（实证）上的数量接近进行综合而产生的经济学分支。该分支的产生，使经济学对于经济现象从以往只能定性研究，扩展到现在定性、定量可同时进行分析研究的新阶段。“计量”的意思是“以统计方法做定量研究”。

现代计量经济学趋向于把数学、统计学和经济学结合得更紧密。近年来，由于计量经济学中的面板数据（panel data）、时间序列数据等研究越来越丰富，经济学者逐渐利用数学等计数方法将经济学科的理论知识体系变为一定的方程和系统来更形象地表现，最后通过数学等统计方法来估算。这样的方法结合和流程转变，促进了我国对国内生产总值以及各个行业的基准价格、利率、股票价格等很多经济数据规律和变化的研究。

相较于发达国家，计量经济学在我国的开发与应用比较晚，1990 年我国才比较广泛应用计量经济学。最近几年来，计量经济学在我国逐渐普及以及被重视，关于其应用以及学科研究文献已经比较广泛和常见。

本教材有下述主要点：

（1）接轨现代计量经济学。本教材较多地借鉴了李子奈、潘文卿、陈强、古扎拉蒂、费建平、Wooldridge 等国内外著名专家学者的研究成果。

（2）内容全面。除了介绍传统的多元线性回归模型外，本教材对放宽条件的多元回归模型、虚拟变量模型、时间序列模型、面板数据模型、联立方程等模型也进行了较为详细和全面的介绍。

（3）理论与实践操作相结合。学生在了解相关计量经济学理论知识以后，还会存在进一步的知识需求——计量方法如何利用计算机实现。鉴于此，本教材在每一章的最后部分都提供了可复制、可重复的案例分析，利用目前学术界较为流行的 Stata 软件来讲解操作过程。

（4）适合初学者学习。本教材在正文中主要通过生动的语言、现实的案例、详细的图表以及经济学含义来直观地介绍计量经济学理论，把涉及的数学知识、统计学知识等相关内容放到附录部分，缓解了数学推导对初学者产生的压力。

（5）简明通俗。本教材尽可能地用简明通俗的语言来阐述深奥的计量经济学原理，即使有必要的数学推导，在推导部分也做了相应的文字诠释，并附有案例与习题，对于计量经济学的初学者来说，更容易理解与掌握。

曲阜师范大学管理学院的领导与同事们对本书的写作给予了大力支持与鼓励。另外，2018 级和 2020 级硕士生在听课过程中提出了很多好建议，在此一并感谢。曲阜师范大学经济学院刘焕鹏老师、费建翔老师，硕士研究生陈晨、曲晓怡、尚玉箫、郭响甜、韩艳、吕珊、门瑞航、郑冬慧、王晓、杨立青、赵瑾、张颖等同学参与了部分文字的整理和校对。长安大学经济与管理学院的李佳宜参与了部分数据整理和图表绘制。上海财经大学博士生导师张锦华教授阅读全书并提出宝贵建议，在此一并表示衷心感谢。

由于本人知识水平有限以及编写时间仓促，对于书中的错误与不足之处，恳请各位老师与同学及时指出，以便在今后的版本中不断更新完善。

编者　张军伟

2021年5月

目　录

第1章　经典单方程计量经济学模型：一元线性回归模型

经典单方程计量经济学模型是研究经济、管理和社会问题重要的模型，时至今日仍然发挥着重要作用，它是计量经济学内容体系重要的组成部分，同时也是进一步学习放宽假定条件的单方程模型和联立方程模型的基础。本章从简单的一元线性回归模型入手，介绍计量经济学模型的设定、估计及检验问题，为以后各章学习打下坚实的基础。

1.1　回归分析概述

1.1.1　回归分析基本概念

1. 回归分析的提出

回归概念最先由英国科学家弗朗西斯·高尔顿引入。高尔顿提出了相关性概念并且建立了回归分析方法，对经济计量领域贡献颇大，被誉为线性回归及其相关技术的鼻祖。1875年，高尔顿用豌豆做实验，阐明了豌豆尺寸大小的遗传规律。选取大小不一的豌豆7组，每组种10粒。最后，将原始豌豆种子（亲本）与新豌豆种子（后代）的大小进行比较。绘制结果时，发现后代和亲本并不完全相同：体型偏小豌豆倾向得到体型更大的后代，而体型偏大豌豆倾向得到体型偏小的后代。高尔顿将这种现象称为“向均值回归”（趋向于祖先的平均类型），后来又称之为“回归平均”。有一种普遍现象，如果某个个体在某个时期出现了某种极端特征，如某项指标明显高于或低于均值，那么，在未来的某个时期，这类个体或后代普遍会减弱其最开始出现的极端特征，这种趋势线被称为“回归”效应。这种效应也得到学者的验证。正如高尔顿进一步发现的那样，较矮的父辈往往有比自己更高的后代，而较高的父辈往往有比自己更矮的后代。需要注意的是，随着父母身高的增加，后代的平均身高也会增加，如图1.1所示。

在研究失业率和通货膨胀率（用货币工资变化率表示）关系时，新西兰经济学家威廉·菲利普斯提出了具有较大影响的菲利普斯曲线。1958年，菲利普斯以英国1867—1913年失业率与货币工资变化率的原始数据为研究样本，得出了失业率与通货膨胀率此消彼长的交替关系。由图1.2可以看出，通货膨胀率较高时，失业率较低；通货膨胀率较低时，失业率较高。换句话说，降低通货膨胀率要以增加失业人口数量为代价，提高就业率要以提高通货膨胀率为代价，经济学家所期盼的低通货膨胀率和低失业率共存的现象无法实现。

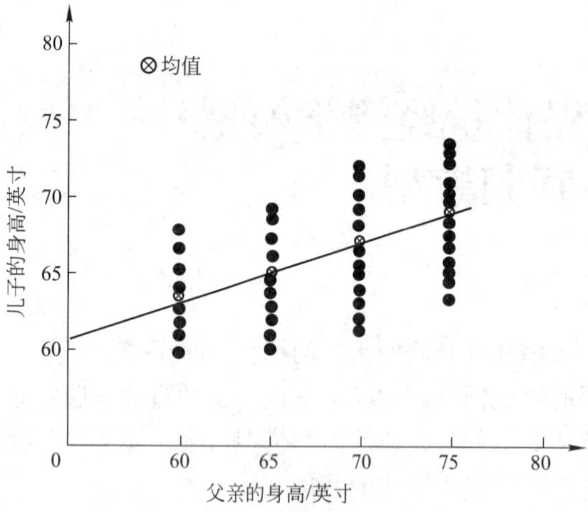

图 1.1　给定父亲身高时儿子身高的假想分布

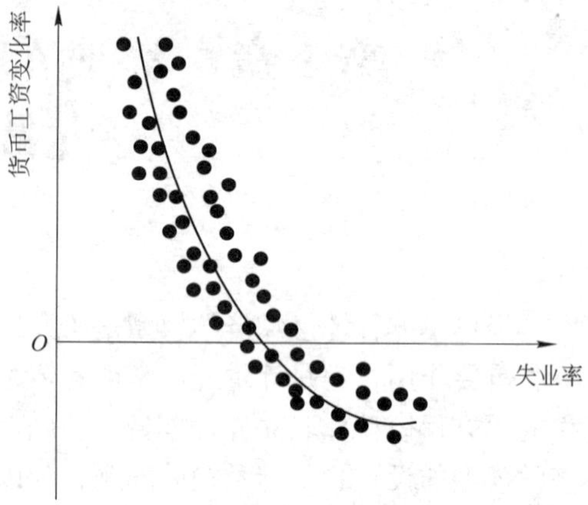

图 1.2　菲利普斯曲线

2. 变量间的函数关系与统计关系

从哲学上讲，世界上的任何事物与现象都不能孤立存在，都与周围的其他事物和现象有某种联系或关联。万事万物之间的联系可以大致分为两类，一类是确定的函数关系，另一类是不确定的统计关系。在经济变量之间，一般不存在精确的函数关系，以相关关系居多。计量经济学主要是探寻不同经济变量之间的相关关系以及相关关系的作用机理及经济规律。

确定性现象间的关系常常表现为函数关系。例如，牛顿发现的宇宙中万物相互吸引的万有引力定律，$F=(km_1m_2)/r^2$，m_1 和 m_2 表示物体的质量，r 表示距离，k 为比例常数。类似的例子有欧姆定律、波尔定律、能量守恒定律等。

不确定现象之间的关系通常以统计的形式出现。例如，研究某种农作物产量 Y 与化肥施用量 X 之间的关系，容易发现，Y 随 X 的变化呈现规律性的变化：在化肥施用量达到饱和之前，Y 随 X 的增加而增加；在化肥施用量达到饱和之后，Y 随的 X 增加而减少。但是，Y 与 X 之间不存在确定的函数关系。之所以无法明确给出两者之间的函数关系，是因为农作物产量 Y 除了受化肥施用量 X 的影响以外，还受到光照、温度、水分、土壤、技术、田间管理等因素的影响，而这几个影响因素无法进行准确的量化。虽然无法研究两者之间的函数关系，但对两者之间统计关系的研究，也可以用来指导农业生产。作为非确定性变量，农作物产量 Y 也称为随机变量。

变量之间的函数关系和相关关系也不是完全绝对的，在某些特定条件下也可以互相转化。例如，在观察决定论现象的过程中，经常会产生测量误差，此时函数关系多以相关关系的形式表示；相反，如果能够确定非决定论现象的影响因素，则所有变量纳入依赖关系中，变量之间的相关关系可以转换为函数关系。相关分析和回归分析主要用于研究非决定论现象之间的统计相关性。

3. 变量间的函数关系与统计关系

回归分析研究一个变量对另一组变量的依赖关系，但并不一定是因果关系，可能仅仅是相关关系。一个统计关系，即使相关性很强，也不能确立为因果关系。对因果关系的判断，必须来自统计学以外，比如利用先验理论、经济学理论或管理学理论等。

4. 术语与符号

在进入正式的回归理论分析之前，先来斟酌一下有关术语与符号的问题。被解释变量和解释变量两个名词在文献中都有过种种其他描述，见表 1.1。

表 1.1　被解释变量和解释变量的其他描述

被解释变量（explained variable）	解释变量（explanatory variable）
因变量（dependent variable）	自变量（independent variable）
预测子（predictand）	预测元（predictor）
回归子（regressand）	回归元（regressor）
响应（response）变量	刺激（stimulus）变量
内生（endogenous）变量	外生（exogenous）变量
结果（outcome）变量	协变量（covariate）
被控变量（controlled variable）	控制变量（control variable）

计量经济学所使用的术语依赖于传统习惯和个人偏好，本书中使用的术语是解释变量和被解释变量，或者是更中立的回归变量。如果只研究被解释变量对解释变量的依赖性，如消费支出对实际收入的依赖性，则这类研究称为一元回归分析或双变量回归分析。但是，在研究一个被解释变量对多个解释变量的依赖性时，例如，农作物的产量依赖于气温、降雨、光照和肥料的应用，则称为多元回归分析。也就是说，在一元回归中只有一个解释变量，在多元回归中至少有两个不同的解释变量。

"random"和"stochastic"是同义词，都是随机的意思。一个随机变量的含义是：随机变量以特定概率取特定值，概率值可正可负。除非另作声明，字母 Y 一律指被解释变量，而字母 X（X_1，X_2，…，X_k）一律指解释变量。其中 X_k 代表第 k 个解释变量。下标 i 或 t 则指第 i 次或第 t 次观测，这样 X_{ki}（或 X_{kt}）就指对变量 X_k 的第 i（或 t）次观测。N（或 T）指总体中的观测总个（次）数，而 n（或 t）则指样本中的观测值总个数。作为一种惯例，观测值下标 i 将用于横截面数据（cross-sectional data）（在一个时间点上对不同对象收集的数据），而下标 t 将用于时间序列数据（timeseries data）（对同一个研究对象在不同时期收集的数据）。

5. 相关分析与回归分析

变量间的统计相关关系可以通过相关分析与回归分析来研究。相关分析主要研究随机变量间的相关形式及相关程度。

从变量间相关的表现形式来看，有线性相关与非线性相关之分，前者往往表现为变量的散点图接近于一条直线。变量间线性相关程度的大小可通过相关系数来测量，两个变量 X 和 Y 的总体相关系数为

$$r_{XY}=\frac{\sigma_{XY}}{\sqrt{V(X)V(Y)}} \tag{1-1}$$

其中，σ_{XY}是变量 X 和 Y 的协方差，V（X）和 V（Y）分别是变量 X 和变量 Y 的方差。如果给出 X 和 Y 的一组样本（X_i，Y_i），$i=1$，2，…，n，则样本相关系数为

$$r_{XY}=\frac{\sum_{i=1}^{n}(X_i-\overline{X})(Y_i-\overline{Y})}{\sqrt{\sum_{i=1}^{n}(X_i-\overline{X})^2}\sqrt{\sum_{i=1}^{n}(Y_i-\overline{Y})^2}} \tag{1-2}$$

其中，$\overline{X}$ 与 $\overline{Y}$ 分别是变量 X 与 Y 的样本均值。

多个变量间的线性相关程度，可用复相关系数与偏相关系数来度量。

具有相关关系的变量间有时存在因果关系，这时可以通过回归分析来研究它们间的具体依存关系。例如，就像经济学中所阐述的边际效应一样，消费支出与可支配收入之间不但密切相关，而且有因果关系，即可支配收入的变化往往是消费支出变化的原因。这时，不仅可以通过相关分析研究两者间的相关程度，而且可以通过回归分析研究两者间的具体依存关系，即考察可支配收入每 1 元的变化所引起的消费支出的平均变化。结论可得每 1 元的变化所引起的消费支出变化将会越来越小，这便是回归分析的结果。

回归分析是研究一个变量关于另一个（些）变量的依赖关系的计算方法和理论。其目的在于通过后者的已知或设定值，去估计和（或）预测前者的（总体）均值。前一个变量称为被解释变量或因变量，后一个变量称为解释变量或自变量。

相关分析和回归分析具有密切的关联性，既有相同点又有不同点。相同点表现在，相关分析和回归分析均可以描述非决定论变量的统计依赖性，并能测量依赖的程度。不同点表现在以下几点。第一，相关分析只测量统计变量之间的关联程度，变量的地位是对称的，只考察变量之间最基本的关系。回归分析侧重于分析相关变量之间的因果关系，变量间的位置关系不能调换，如下雨和打伞之间具有明显的因果关系，下雨是原因，打伞是结果，位置不可以调换。第二，相关关系的用途是通过样本来预测总体，是解决“怎么样”，因果关系的用途是解释两个变量之间的影响机制，是解决“为什么”。第三，在经济学研究中更注重回归分析，在统计学研究中更注重相关分析。一般来说，相关关系是经济学家研究的起点，因果关系是经济学家研究的目标。本书主要研究回归分析。

回归分析构成计量经济学的方法论基础，其主要内容包括：

（1）根据样本观察值对计量经济学模型参数进行估计，求回归方程；

（2）对回归方程、参数估计值进行显著性检验；

（3）利用回归方程进行分析、评价及预测。

1.1.2 总体回归函数

由于统计相关的随机性，回归分析关心的是根据解释变量的已知值或给定值，考察被解释变量的总体平均值，即当解释变量取某个确定值时，与之统计相关的被解释变量所有可能出现的对应值的平均值。

[案例 1-1] 国内生产总值（GDP）是一个国家或地区经济核算最重要的指标之一，它能够大致反映一个国家或地区的经济水平和发展状况。一个国家的税收与财政收入密切相关。税收的增加意味着财政收入的增加，财政收入增加，意味着国家用于文化产业、科学技术、脱贫攻坚、军事装备、环境治理、稀有矿产矿床勘探、城市改善的投入就会增加，对公共服务的投入也会增加。因此，税收总额的增加对整个国家的经济发展极为重要。税收和国

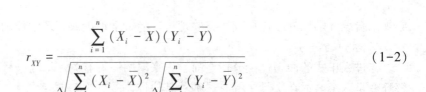

内生产总值的关系是什么？表1.2为我国2000—2019年国内生产总值和税收收入。

表1.2 我国2000—2019国内生产总值和税收收入 单位：亿元

年份	税收	国内生产总值	年份	税收	国内生产总值
2000	12 581.5	100 280.1	2010	73 210.8	401 512.8
2001	15 301.4	109 655.2	2011	89 738.4	472 881.6
2002	17 636.5	120 332.7	2012	100 614.3	519 470.1
2003	20 017.3	135 822.8	2013	110 530.7	568 845.2
2004	24 165.7	159 878.3	2014	119 175.3	643 974.0
2005	28 778.5	184 937.4	2015	124 922.2	685 505.8
2006	34 804.4	216 314.4	2016	130 360.7	743 585.5
2007	45 622.0	265 810.3	2017	144 369.9	827 121.7
2008	54 223.8	314 045.4	2018	156 402.9	919 281.1
2009	59 521.6	340 506.9	2019	158 000.5	990 865.1

以表1.2中的数据绘出国内生产总值X与税收收入Y的散点图（如图1.3所示）。从图1.3中可以看出，虽然不同的税收收入存在差异，但整体来说，随着国内生产总值的增加，税收收入也在增加，Y的条件均值恰好落在一根正斜率的直线上，这条直线称为总体回归线。

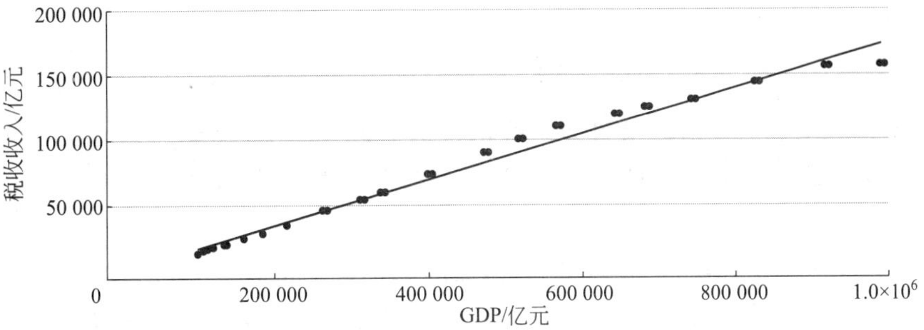

图1.3 不同国内生产总值与税收收入分布

在给定解释变量X条件下被解释变量Y的期望轨迹称为总体回归线，或称为总体回归曲线。相应的函数为

$$E(Y|X)=f(X) \tag{1-3}$$

该函数称为（双变量）总体回归函数（population regression function，PRF）。

总体回归函数表明被解释变量Y的平均状态（总体条件期望）随解释变量X变化的规律。至于具体的函数形式，是由所考察总体固有的特征来决定的。由于实践中总体往往无法全部考察到，因此总体回归函数形式的选择就是一个经验方面的问题，这时经济学等相关学科的理论就显得很重要。例如，U形边际成本函数以二次多项式的形式出现等。将税收收入看成是国内生产总值的线性函数时，式(1-3)可进一步写成

$$E(Y|X)=\beta_0+\beta_1X \tag{1-4}$$

其中，β_0，β_1是未知参数，称为回归系数。式（1-4）也称为线性总体回归函数。由于线性函数处理起来比较简单，参数估计、检验及预测方面相对容易。因此，为了好处理，模型在设定的时候经常假设为线性形式，尽管有时候可能存在偏差。在模型设定时，解释变量只能出现一次项，不能出现二次项及更高次项。当然，还存在一些函数，形式上含有二次项或更高次项，是非线性的，但可以通过变化转化为线性形式，进而继续按照线性形式进行研究。

1.1.3　随机干扰项

在上述税收收入和国内生产总值关系的例子中，总体回归函数描述了所考察总体的税收收入总体来说随国内生产总值变化的规律，但对某一个具体的年份，其税收收入不一定恰好就是国内生产总值水平下的税收收入的平均值 $E(Y)$。图 1.3 显示，个别年份税收收入聚集在给定国内生产总值水平下税收收入 $E(Y)$ 的周围。

对每个统计年份，记为

$$\mu=Y-E(Y) \tag{1-5}$$

其中，称 μ 为观察值 Y 围绕它的期望值 $E(Y)$ 的离差，它是一个不可观测的随机变量，称为随机误差项，通常又不加区别地称为随机干扰项。

由式（1-5），个别年份税收收入为

$$Y=E(Y)+\mu \tag{1-6}$$

或者在线性假设下为

$$Y=\beta_0+\beta_1X+\mu \tag{1-7}$$

即给定国内生产总值 X，个别年份可表示为两部分之和：① 国内生产总值水平下平均税收收入 $E(Y)$，称为系统性部分或确定性部分；② 其他随机部分或非系统性（nonsystematic）部分 μ。

式（1-6）或式（1-7）称为总体回归函数的随机设定形式，它表明被解释变量 Y 除了受解释变量 X 的系统性影响外，还受其他未包括在模型中的诸多因素的随机性影响，μ 即为这些影响因素的综合代表。由于方程中引入了随机干扰项，成为计量经济学模型，因此也称为总体回归模型。

在总体回归函数中引入随机干扰项，主要有以下 6 方面的原因。

（1）表示未知的影响因素。由于对研究的总体理解不充分，未知的影响因素很多，无法导入模型。因此，只能使用随机干扰项来表示这些未知的影响因素。

（2）表示不完整的数据。虽然可以看出某个重要原因对被解释变量产生了很大的影响，但是无法得到具体的数据。例如，经济理论指出，税收收入除了受国内生产总值的影响，还会受纳税人诚信的影响，但后者实际上很难收集。因此，必须从模型中排除此变量，并将其包含在随机干扰项中。

（3）表示许多微弱的因素。在构建模型时，可以发现一些影响因素，虽然可以收集相关数据，但对被解释变量只有很小的影响。考虑到模型的简洁性和收集数据的成本，这些影响较弱的变量可以在建模过程中省略，它们的影响可以纳入到随机干扰项中。

（4）表示数据观测误差。在观察和测量数据时，由于各种原因可能会产生测量误差，产生的误差被放入到随机误差项中。

（5）表示模型设定错误。由于经济问题的复杂性，人们无法给出模型的准确形式。因此，构建的计量经济学模型和真实的模型之间可能存在差异。这种差异被纳入到随机干扰项中。

（6）变量固有的随机性。即使模型没有设定误差，数据也没有观测误差，但有些变量本质上是随机的，这种情况也会随机影响被解释变量。这种效果只能被纳入到随机误差项中。

总之，随机干扰项具有非常丰富的内容，在计量经济学模型的建立中起着重要的作用。如果进一步分析，可以发现，当随机干扰项仅包含上述（3）和（6）时，称之为"原生"的随机干扰，是模型所固有的；当随机干扰项包含上述（1）、（2）、（4）、（5）时，称之为"衍生"的随机误差，是在模型设定过程产生的，是可以避免的。

1.1.4　样本回归函数

总体回归函数显示了调查对象总体的解释变量和被解释变量的平均变化规律，但由于整体信息往往较难获得（比如经济成本过高等），因此获得总体回归函数并不容易。实际上，是通过样本来估计总体，通过样本信息来推测总体信息。

案例 1-1 给出 21 世纪以来我国的税收和国内生产总值之间的关系。样本点近似地分布在一条直线的两侧。由于样本点来自总体，因此可以用样本点的拟合线来近似代表总体拟合线。该直线称为样本回归线，其函数形式记为

$$\hat{Y}=f(X)=\hat{\beta}_0+\hat{\beta}_1X \tag{1-8}$$

该函数称为样本回归函数（sample regression function，SRF）。

将式（1-8）看成式（1-7）的近似替代，则 $\hat{Y}$ 就为 $E(Y)$ 的估计量，$\hat{\beta}_0$ 为 β_0 的估计量，$\hat{\beta}_1$ 为 β_1 的估计量。

同样地，样本回归函数也有如下的随机形式

$$Y=\hat{Y}+\hat{\mu}=\hat{\beta}_0+\hat{\beta}_1X+e \tag{1-9}$$

其中，e 称为（样本）残差项（或剩余项），代表了其他影响 Y 的随机因素的集合，可看成是 μ 的估计量 $\hat{\mu}$。由于方程中引入了随机项，成为计量经济学模型，因此也称之为样本回归模型。

回归分析的主要目的，就是根据样本回归函数，估计总体回归函数。也就是根据 $Y=\hat{Y}+e=\hat{\beta}_0+\hat{\beta}_1X+e$ 估计 $Y=E(Y)+\mu=\beta_0+\beta_1X+e$，即设计一种"方法"构造 SRF，以使 SRF 尽可能"接近" PRF，或者说使 $\hat{\beta}_j(j=0，1)$ 尽可能接近 $\beta_j(j=0，1)$。图 1.4 绘出了总体回归线与样本回归线的基本关系。

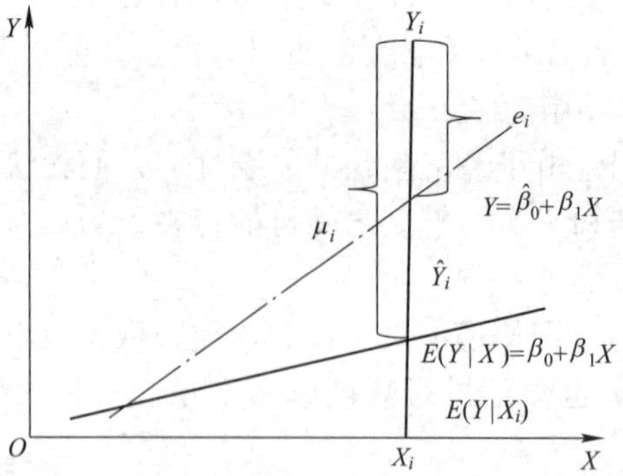

图 1.4　总体回归线与样本回归线的基本关系

1.2　一元线性回归模型的基本假设

计量经济学中单方程的模型可以分为线性模型和非线性模型两个大类。而线性回归模型是线性模型的一种，它通过回归分析的方法建立线性模型，可以分析经济现象中的因果关系。

一元线性回归模型只有一个解释变量，其一般形式为

$$Y_i=\beta_0+\beta_1X_iY_i=\beta_0+\beta_1x_i+u_i \tag{1-10}$$

其中，Y_i为被解释变量，X_i为解释变量，β_0和β_1为待估参数，U_i为随机干扰项。

如同数学模型和物理模型需要一定的假设条件一样，计量经济学在建立模型时，为了保证参数估计值具有良好的特性，也需要对模型作一些基本的假设。

1.2.1　第一类假设：对模型设定的假设

假设 1：一方面模型选择的解释变量和被解释变量是正确的，另一方面模型选择的函数形式是正确的。

1.2.2　第二类假设：对解释变量的假设

假设 2：解释变量X_i在所抽取的样本中具有变异性，而且随着样本容量的无限增加，解释变量X_i的样本方差趋于一个非零的有限常数，即

$$\sum_{i=1}^{n}(X_i-\overline{X})^2/n\rightarrow Q, n\rightarrow\infty \tag{1-11}$$

回归分析的目的是揭示变量间的因果关系，被解释变量 Y 的变化往往是通过改变解释变量 X 的值来实现。因此，解释变量 X 必须足够可变。将样本方差限制为非零有限的常数，主要目的是排除无界变量作为解释变量的出现，无解变量会使现实研究和理论推导变得没有意义。

1.2.3　第三类假设：对随机干扰项的假设

假设 3：给定解释变量 X_i 的任何值，随机干扰项的 U 均值为零，即

$$E(U \mid X_i)=0 \tag{1-12}$$

这个假设意味着解释变量 Y 的值发生变化时，μ 的期望值不会发生变化，或者说，μ 的期望值始终保持为零，这也说明 μ 和 X 之间没有相关性。因此，当满足假设 3 时，可以说 X 是外部解释变量或者说来自系统之外，如果假设 3 不成立，那么 X 是内生变量或者说来自系统内部。

需要注意的是，当随机干扰项 μ 的条件零均值假设成立时，根据期望迭代法则一定有如下非条件零均值性质

$$E(\mu_i)=E(E(\mu_i \mid X))=E(0)=0 \tag{1-13}$$

同时，当随机干扰项 μ 的条件零均值假设成立时，一定可得到随机干扰项与解释变量之间的不相关性，即

$$\sigma_{X\mu_i}=E(X\mu_i)-E(X)E(\mu_i)=E(X\mu_i)=0 \tag{1-14}$$

其中最后一个等式仍可通过期望迭代法则推出。这一性质意味着任何观测点处的 X 都与 μ_i 不相关，当然也包括第 i 个观测点处的 X_i 与 μ_i 的不相关性，即

$$\sigma_{X_i\mu_i}=E(X_i\,\mu_i)=0 \tag{1-15}$$

这时，也称 X 是同期外生的或称 X 与 μ 同期不相关。这一特征在回归分析中十分重要，尤其是在模型参数的估计中扮演着重要的角色。

假设 4：随机干扰项 U 具有给定 X_i 任何值条件下的同方差性及不序列相关性，即

$$V(\mu_i \mid X)=\sigma^2 \quad i=1,2,\cdots,n \tag{1-16}$$

$$\sigma_{\mu_i\mu_j}=0 \quad i\neq j \tag{1-17}$$

随机干扰项 μ 的条件同方差假设意味着 μ 的方差不依赖于 X 的变化而变化，且总为常数 σ^2。

同样地，随机干扰项 μ 的条件同方差假设成立时，根据期望迭代法则一定有如下非条件同方差性质

$$V(\mu_i)=\sigma^2 \tag{1-18}$$

另外，在随机干扰项零均值的假设下，同方差还可写成如下的表达式

$$V(\mu_i \mid X)=E(\mu_i^2 \mid X)-[E(\mu_i \mid X)]^2=E(\mu_i^2 \mid X)=\sigma^2 \tag{1-19}$$

或

$$V(\mu_i)=E(\mu_i^2)-[E(\mu_i)]^2=E(\mu_i^2)=\sigma^2 \tag{1-20}$$

随机干扰项 μ 的条件不序列相关性表明在给定解释变量的任何值时，任意两个不同观测点的随机干扰项不相关。同样地，式（1-17）可等价地表示为

$$\sigma_{\mu_i\mu_j}=E[(\mu_i \mid X)(\mu_j \mid X)]=0 \tag{1-21}$$

假设 5：随机干扰项服从零均值、同方差的正态分布，即

$$\mu_i \mid X\sim N(0,\sigma^2) \tag{1-22}$$

在小样本下该假设十分重要，而在大样本的情况下，正态性假设可以放松。由中心极限定理可知，当样本容量趋于无穷大时，在大多数情况下，随机干扰项的分布会越来越接近正态分布。

以上假设就是线性回归模型的经典假设（classical assumption），满足以上假设的线性回归模型被称为经典线性回归模型（classical linear regression model，CLRM）。其中前四个假设也被专门称为高斯-马尔可夫假设，这些假设会保证本章估计方法有良好的效果。

1.3 一元线性回归模型的参数估计

一元线性回归模型的参数估计就是指在一组样本观测值 $\{(X_i,Y_i)\mid i=1, 2, \cdots, n\}$ 下，运用计量经济学的方法，得出参数的估计值和回归线。本教材涉及普通最小二乘法（OLS）、最大似然法（ML）和矩估计法（MM），其中以普通最小二乘法为主。

1.3.1 参数估计的普通最小二乘法

1829 年，德国数学家高斯提出了普通最小二乘法，该方法得到普遍的应用，并成为计量经济学发展的基石。要详细了解这个计量方法，首先了解普通最小二乘原理。

已知一组样本观测值 $\{(X_i,Y_i)\mid i=1, 2, \cdots, n\}$，普通最小二乘法（ordinary least squares，OLS）需要将这些已知数据在样本回归函数中最大程度地拟合，也就是回归的拟合值尽可能地接近样本观测值，两者之间的误差越小越好。普通最小二乘法给出的判断标准是：被解释变量的估计值与实际观测值之差的平方和最小。即在给定样本观测值之下，选择 $\hat{\beta}_0$，$\hat{\beta}_1$使 Y_i与$\hat{Y}_i$之差的平方和最小。

$$Q=\sum_{i=1}^{n} e_i^2=\sum_{i=1}^{n}(Y_i-\hat{Y}_i)^2=\sum_{i=1}^{n}[Y_i-(\hat{\beta}_0+\hat{\beta}_1 X_i)]^2 \tag{1-23}$$

利用平方和表示距离的原因是，样本拟合值$\hat{Y}_i$ 与真实观测值 Y_i 之差有正有负，如果仅仅加总求和可能正负项互相抵消。运用平方和能够较好反映拟合值和观测值之间的距离：平方和越小，说明两者之间的距离越小，拟合程度越高。

根据微积分学的运算，当 Q 对$\hat{\beta}_0$，$\hat{\beta}_1$的一阶偏导数为 0 时，Q 达到最小，即

$$\begin{cases}\dfrac{\partial Q}{\partial \hat{\beta}_0}=0\\[2ex]\dfrac{\partial Q}{\partial \hat{\beta}_1}=0\end{cases}$$

可推得用于估计$\hat{\beta}_0$，$\hat{\beta}_1$的下列方程组

$$\begin{cases}\sum(Y_i-\hat{\beta}_0-\hat{\beta}_1 X_i)=0\\ \sum(Y_i-\hat{\beta}_0-\hat{\beta}_1 X_i)X_i=0\end{cases} \tag{1-24}$$

或

$$\begin{cases}\sum Y_i=n\hat{\beta}_0+\hat{\beta}_1\sum X_i\\ \sum Y_iX_i=\hat{\beta}_0\sum X_i+\hat{\beta}_1\sum X_i^2\end{cases} \tag{1-25}$$

解得
$$\begin{cases}\hat{\beta}_0=\dfrac{\sum X_i^2\sum Y_i-\sum X_i\sum Y_iX_i}{n\sum X_i^2-(\sum X_i)^2}\\ \hat{\beta}_1=\dfrac{n\sum Y_iX_i-\sum Y_i\sum X_i}{n\sum X_i^2-(\sum X_i)^2}\end{cases}\tag{1-26}$$

式（1-24）或式（1-25）称为正规方程组，记为

$$\sum X_i^2=\sum(X_i-\overline{X})^2$$
$$=\sum X_i^2-\frac{1}{n}(\sum X_i)^2$$
$$\sum X_iY_i=\sum(X_i-\overline{X})(Y_i-\overline{Y})$$
$$=\sum X_iY_i-\frac{1}{n}\sum X_iY_i$$

式（1-26）的参数估计量可以写成

$$\begin{cases}\hat{\beta}_1=\dfrac{\sum x_iy_i}{\sum x_i^2}\\ \hat{\beta}_0=\overline{Y}-\hat{\beta}_1\overline{X}\end{cases}\tag{1-27}$$

式（1-27）称为普通最小二乘法估计量的离差形式，其中，$x_i=X_i-\overline{X}$，$y_i=Y_i-\overline{Y}$。由于$\hat{\beta}_0$，$\hat{\beta}_1$的估计结果是从最小二乘原理得到的，所以称为普通最小二乘估计量。

如果$\hat{y}_i=\hat{Y}_i-\overline{Y}$，则有

$$\hat{y}_i=(\hat{\beta}_0+\hat{\beta}_1X_i)-(\hat{\beta}_0+\hat{\beta}_1\overline{X}+\overline{e})$$
$$=\hat{\beta}_1(X_i-\overline{X})-\frac{1}{n}\sum e_i$$

可得

$$\hat{y}_i=\hat{\beta}_1x_i\tag{1-28}$$

其中，用到了正规方程组的第一个方程

$$\sum e_i=\sum[Y_i-(\hat{\beta}_0+\hat{\beta}_1X_i)]=0$$

式（1-28）也称为样本回归函数的离差形式。

估计值（estimate）和估计量（estimator）是有区别的。“估计值”又称为“点估计”，是某一个根据样本数据计算出来的具体数值。把式（1-26）看成$\hat{\beta}_0$和$\hat{\beta}_1$的一个表达式，它就成为Y_i的函数，而Y_i是随机变量，则$\hat{\beta}_0$和$\hat{\beta}_1$也是随机变量，因此就称之为“估计量”。估计量是一个样本的函数，而估计值是该函数代入样本后的一个值。

1.3.2　参数估计的最大似然法

最大似然法（maximum likelihood，ML），是一种根据最大似然原理来估计概率模型参数的方法。相较于最小二乘原理，最大似然原理更深刻地揭示了通过样本来估计总体，因此在计量经济学理论中占据一席之地，成为计量经济学理论发展的基础。而最大似然法也成为了

其他估计方法的基础，成功地估计了一些特殊的计量经济学模型。

普通最小二乘法和最大似然法虽然都是计量经济学参数的估计方法，但原理差别较大。普通最小二乘法本质是最合理的参数估计量应该使模型能最好地拟合样本数据；而最大似然法本质是最合理的参数估计量应该使从模型中抽取该样本观测值的概率最大。最大似然法的直观理解是：一个随机试验有 n 种可能的结果 A_1，A_1，…，A_n，出现的结果是 A_1，可以认为条件对 A_1 出现更有利，A_1 出现的概率最大。最大似然法就是要选择最合理的参数值，使样本出现的概率最大。

以正态分布为例，如果已经得到容量为 n 的样本观测值，什么样的总体最可能产生已知的样本呢？首先要对每个可能的正态总体估计取得容量为 n 的样本观测值的联合概率，然后，选择其参数能使观测值的联合概率为最大的那个总体。将样本观测值联合概率函数称为变量的似然函数。

在满足基本假设条件下，对一元线性回归模型

$$Y=\beta_0+\beta_1 X+\mu$$

随机抽取容量为 n 的样本观测值 $\{(X_i,\ Y_i) \mid i=1,\ 2,\ \cdots,\ n\}$，由于 Y_i 服从如下的正态分布

$$Y_i \sim N(\beta_0+\beta_1 X_i, \sigma^2)$$

于是，Y_i 的概率函数为

$$P(Y_i)=\frac{1}{\sigma\sqrt{2\pi}}e^{-\frac{1}{2\sigma^2}(Y_i-\beta_0-\beta_1 X_i)^2} \quad i=1,2,\cdots,n$$

因为 Y_i 是相互独立的，所以 Y_i 的所有样本观测值的联合概率，即似然函数为

$$\begin{aligned} L(\beta_0,\beta_1,\sigma^2) &= P(Y_1,Y_2,\cdots,Y_n) \\ &= \frac{1}{(2\pi)^{\frac{n}{2}}\sigma^n}e^{-\frac{1}{2\sigma^2}\sum(Y_i-\beta_0-\beta_1 X_i)^2} \end{aligned} \tag{1-29}$$

将该似然函数最大化，即可求得模型参数的最大似然估计量。

由于似然函数的最大化与似然函数对数的最大化是等价的，所以取对数似然函数为

$$L^*=\ln L=-n\ln(\sqrt{2\pi}\sigma)-\frac{1}{2\sigma^2}\sum(Y_i-\beta_0-\beta_1 X_i)^2 \tag{1-30}$$

对 L^* 求最大值，等价于对 $\sum(Y_i-\beta_0-\hat{\beta}_1 X_i)^2$ 求最小值。设 $\hat{\beta}_0$，$\hat{\beta}_1$ 满足该最值条件，即

$$\begin{cases} \dfrac{\partial}{\partial\hat{\beta}_0}\sum(Y_i-\hat{\beta}_0-\hat{\beta}_1 X_i)^2=0 \\ \dfrac{\partial}{\partial\hat{\beta}_1}\sum(Y_i-\hat{\beta}_0-\hat{\beta}_1 X_i)^2=0 \end{cases}$$

解得模型的参数估计量为

$$\begin{cases} \hat{\beta}_0=\dfrac{\sum X_i^2\sum Y_i-\sum X_i\sum Y_i X_i}{n\sum X_i^2-(\sum X_i)^2} \\ \hat{\beta}_1=\dfrac{n\sum Y_i X_i-\sum Y_i\sum X_i}{n\sum X_i^2-(\sum X_i)^2} \end{cases}$$

可见，在满足一系列基本假设的情况下，模型结构参数的最大似然估计量与普通最小二乘估计量是相同的。

1.3.3 参数估计的矩估计法

普通最小二乘法是通过得到一个关于参数估计值的正规方程组并对它进行求解而完成的。式（1-24）或式（1-25）可以通过矩估计（method of moment，MM）的思想来导出。矩估计的基本原理是用相应的样本矩来估计总体矩。

在本章对一元回归模型的假设中，通过随机干扰项的条件零均值假设可得到它的非条件零均值性以及它与解释变量的同期不相关性，意味着存在如下两个总体矩条件

$$E(\mu_i)=0, \quad \sigma_{X_i\mu}=E(X_i,\mu_i)=0$$

于是，相应的样本矩条件可写成

$$\frac{1}{n}\sum(Y_i-\hat{\beta}_0-\hat{\beta}_1X_i)=0 \qquad (1-31)$$

$$\frac{1}{n}\sum(Y_i-\hat{\beta}_0-\hat{\beta}_1X_i)X_i=0 \qquad (1-32)$$

以上述方程组成的方程组，各自去掉$\frac{1}{n}$后不改变该方程组的解，而去掉$\frac{1}{n}$后该方程组恰为普通最小二乘法中的正规方程组即，因此得到的解与普通最小二乘法以及最大似然法的结果相同。这种估计样本回归函数的方法称为矩估计法。

1.3.4 最小二乘估计量的统计性质

仅仅得到模型的参数估计还是远远不够的，有必要继续评估所估计的参数是否准确，以确定它是不是可以表示所抽取总体中的实际参数值。在抽取样本过程中并不是一成不变的，必然存在一定波动并且估计方法的选择也是因人而异，这些都会导致估计值和实际值发生偏差。差异的存在就要求人们将参数估计量的统计属性视为重要标准来判断估计量的优劣，这些基本的特性包括：线性性、无偏性、有效性、一致性、渐近无偏性和渐近有效性六个方面。

线性性、无偏性、有效性被称为估计量的有限样本性质或小样本性质，将包含有类似性质的估计量叫作最佳线性无偏估计量（BLUE）。在进行估计时，具有BLUE性质的估计量有时候难以找到，尤其在样本容量有限时。此时就将样本容量扩大时存在的估计量渐近性质纳入思考范围。一致性、渐近无偏性、渐近有效性被称为无限样本属性或大样本渐近性质。综上，在样本数量无法进行最佳线性无偏估计的时候，就需要转变思路，通过增加样本抽取的数量来检验所估计参数值的大样本特征。

需要补充说明的是，在小样本估计时，有效性和无偏性是最核心的性质，线性性有则更好，没有也可以接受。在大样本估计时，渐近性的地位更明显。可以证明，在满足基本假定条件时，普通最小二乘参数估计是具有最小方差的线性无偏估计。

1. 线性性

线性性，即估计量$\hat{\beta}_0$，$\hat{\beta}_1$是Y_i的线性组合。由式（1-27）可知

$$\hat{\beta}_1=\frac{\sum x_i y_i}{\sum x_i^2}=\frac{\sum x_i(Y_i-\overline{Y})}{\sum x_i^2}$$
$$=\frac{\sum x_i Y_i}{\sum x_i^2}-\frac{\overline{Y}\sum x_i}{\sum x_i^2}=\sum k_i Y_i$$

其中，$k_i=\frac{x_i}{\sum x_i^2}$。同样可得

$$\hat{\beta}_0=\overline{Y}-\hat{\beta}_1\overline{X}=\frac{1}{n}\sum Y_i-\sum k_i Y_i\overline{X}$$
$$=\sum(\frac{1}{n}-\overline{X}k_i)Y_i=\sum w_i Y_i$$

其中，$w_i=\frac{1}{n}-\overline{X}k_i$。

2. 无偏性

无偏性，即以 X 的所有样本值为条件，估计量$\hat{\beta}_0$和$\hat{\beta}_1$的均值（期望）等于总体回归参数真值 β_0与 β_1。由线性性得

$$\hat{\beta}_i=\sum k_i Y_i=\sum k_i(\beta_0+\beta_1 X_i+\mu_i)$$
$$=\beta_0\sum k_i+\beta_1\sum k_i X_i+\sum k_i\mu_i$$

易知

$$\sum k_i=\frac{\sum x_i}{\sum x_i^2}=0,\ \sum k_i X_i=1$$

故

$$\hat{\beta}_1=\beta_1+\sum k_i\mu_i$$
$$E(\hat{\beta}_1\mid X)=E[(\beta_1+\sum k_i\mu_i)\mid X]=\beta_1+\sum k_i E(\mu_i\mid X)=\beta_1$$

同样的，容易得出

$$E(\hat{\beta}_0\mid X)=E[(\beta_0+\sum w_i\mu_i)\mid X]=\beta_0+\sum w_i E(\mu_i\mid X)=\beta_0$$

3. 有效性（最小方差性）

同一个参数可以有多个无偏估计量，不同的估计量方差也不相同。估计值围绕真实值波动幅度越大，对应的估计量的方差也越大，同时估计值对真值代表的有效性也越弱。所有无偏估计量中方差最小的那个称为最有效。

首先，由$\hat{\beta}_0$ 和$\hat{\beta}_1$ 是关于 Y_i 的线性函数，可求得它们的条件方差为

$$V(\hat{\beta}_1\mid X)=V(\sum k_i Y_i\mid X)=\sum k_i^2 V[(\beta_0+\beta_1 X_1+\mu_i)\mid X]$$
$$=\sum k_i^2 V(\mu_i\mid X)=\sum\left(\frac{x_i}{\sum x_i^2}\right)^2\sigma^2=\frac{\sigma^2}{\sum x_i^2} \tag{1-33}$$

$$V(\hat{\beta}_0\mid X)=V(\sum w_i Y_i\mid X)=\sum w_i^2 V[(\beta_0+\beta_1 X_1+\mu_i)]$$

$$= \sum\left(\frac{1}{n}-\bar{X}k_i\right)^2\sigma^2 = \sum\left[\left(\frac{1}{n}\right)^2-2\,\frac{1}{n}\bar{X}^2k_i^2\right]\sigma^2$$

$$= \left[\frac{1}{n}-\frac{2}{n}\bar{X}\sum k_i+\bar{X}^2\sum\left(\frac{x_i}{\sum x_i^2}\right)^2\right]\sigma^2$$

$$= \left(\frac{1}{n}+\frac{\bar{X}^2}{\sum x_i^2}\right)\sigma^2 = \frac{\sum x_i^2+n\bar{X}^2}{n\sum x_i^2}\sigma^2 = \frac{\sum X_i^2}{n\sum x_i^2}\sigma^2 \tag{1-34}$$

其次，假设$\hat{\beta}_1^*$是其他估计方法得到的关于β_1的线性无偏估计量

$$\hat{\beta}_1^* = \sum c_i y_i$$

其中，$c_i=k_i+d_i$，d_i为不全为零的常数，则容易证明

$$V(\hat{\beta}_1^*)\geqslant V(\hat{\beta}_1)$$

同理，设$\hat{\beta}_0^*$是其他估计方法得到的关于β_0的线性无偏估计量，则有

$$V(\hat{\beta}_0^*)\geqslant V(\hat{\beta}_1)$$

由以上分析可以看出，在满足零均值、同方差、序列不相关等基本假设条件下，普通最小二乘估计量具有线性、无偏性和有效性，是最佳线性无偏估计量，这就是著名的高斯—马尔可夫定理。高斯—马尔可夫定理的作用为在满足基本假定的条件下，普通最小二乘是具有最小方差的无偏估计量，没有必要再寻求其他方法进行估计。即使再用其他方法估计，估计量的方差也不小于最小二乘估计量，估计的效果也不优于最小二乘估计。

上文已经证明，在小样本下，普通最小二乘法估计量具有较好的性质。同样，在大样本条件下，普通最小二乘法也具有较好的性质。例如，对$\hat{\beta}_1$的一致性来说，易知

$$P\lim(\hat{\beta}_1) = P\lim(\beta_1+\sum k_i\mu_i)$$

$$= P\lim(\beta_1)+P\lim\left(\frac{\sum x_i\mu_i}{\sum x_i^2}\right)$$

$$=\beta_1+\frac{P\lim\left(\dfrac{\sum x_i\mu_i}{n}\right)}{P\lim\left(\dfrac{\sum x_i^2}{n}\right)}$$

其中，P为概率，等式右边第二项分子是X与u的样本协方差的概率极限，它等于总体协方差$\sigma_{X\mu}$，根据基本假设，其值为0；而分母是X的样本方差的概率极限，它等于X的总体方差，由基本假设它为一有限常数Q，因此得到

$$P\lim(\hat{\beta}_1)=\beta_1+\frac{0}{Q}=\beta_1$$

1.3.5 参数估计量的概率分布及随机干扰项方差的估计

1. 参数估计量$\hat{\beta}_0$和$\hat{\beta}_1$的概率分布

为达到对所估计参数精度测定的目的，还需进一步确定参数估计量的概率分布。由普通最小二乘估计量的线性性可以知道：$\hat{\beta}_1=\sum k_iY_i$、$\hat{\beta}_0=\sum w_iY_i$。因此，$\hat{\beta}_0$，$\hat{\beta}_1$的概率分布依赖 Y_i 的分布。假设随机干扰项 μ_i 和 Y_i 服从正态分布，那么$\hat{\beta}_0$ 和$\hat{\beta}_1$ 也服从正态分布。于是有

$$\hat{\beta}_1 \sim N\left(\beta_1,\frac{\sigma^2}{\sum x_i^2}\right),\hat{\beta}_0 \sim N\left(\beta_0,\frac{\sum x_i^2}{n\sum x_i^2}\sigma^2\right)$$

于是，$\hat{\beta}_0$和$\hat{\beta}_1$的标准差分别为

$$\sigma_{\hat{\beta}_0}=\sqrt{\frac{\sigma^2\sum x_i^2}{n\sum x_i^2}} \tag{1-35}$$

$$\sigma_{\hat{\beta}_1}=\sqrt{\frac{\sigma^2}{\sum x_i^2}} \tag{1-36}$$

标准差可用来衡量估计量接近其真实值的程度，进而判断估计量的可靠性（如图 1.5 所示）。

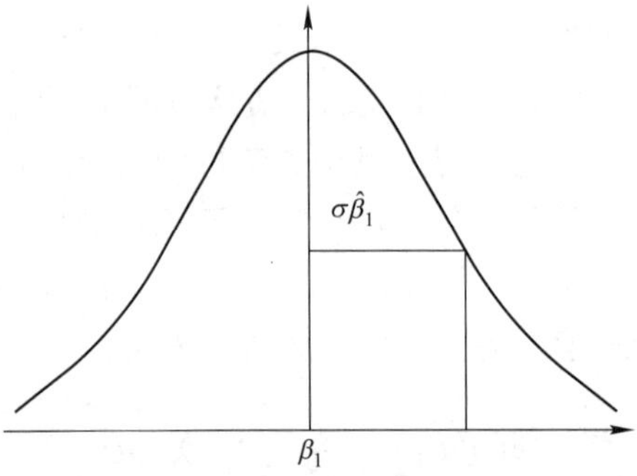

图 1.5 判断估计量的可靠性

2. 随机干扰项μ_i的方差σ^2的估计

因为随机干扰项 μ_i 是理论上的值，不能进行观测，只能借助 μ_i 的估计量——残差 e_i 来对总体方差 σ^2 实施估计。可以证明 σ^2 的最小二乘估计量为

$$\hat{\sigma}^2=\frac{\sum e_i^2}{n-2} \tag{1-37}$$

它是关于σ^2的无偏估计量。在最大似然估计法中，可通过对对数似然函数 $L^*=-n\ln(\sqrt{2\pi}\sigma)-\frac{1}{2\sigma^2}\sum(Y_i-\beta_0-\beta_1X_i)^2$关于 σ^2求偏导，求得 σ^2的最大似然估计量为

$$\hat{\sigma}^2=\frac{1}{n}\sum(Y_i-\hat{\beta}_0-\hat{\beta}_1X_i)^2=\frac{\sum e_i^2}{n} \tag{1-38}$$

在矩估计法中，由于有总体矩条件 $V(\mu_i)=E(\mu_i^2)=\sigma^2$ 其对应的样本矩条件即为

$$\hat{\sigma}^2=\frac{1}{n}\sum(Y_i-\hat{\beta}_0-\hat{\beta}_1X_i)^2=\frac{\sum e_i^2}{n} \tag{1-39}$$

对照式（1-37）知，σ^2 的最大似然估计量与矩估计量都不具有无偏性，但却具有一致性。在随机干扰项 μ_i 的方差 σ^2 估计出后，参数 $\hat{\beta}_1$ 和 $\hat{\beta}_0$ 的样本方差和标准差的估计量分别为

$$S_{\beta_1}^2=\frac{\hat{\sigma}^2}{\sum x_i^2} \tag{1-40}$$

$$S_{\beta_1}^2=\frac{\hat{\sigma}}{\sqrt{\sum x_i^2}} \tag{1-41}$$

$$S_{\beta_0}^2=\frac{\hat{\sigma}^2\sum X_i^2}{n\sum x_i^2} \tag{1-42}$$

$$S_{\beta_0}=\hat{\sigma}\sqrt{\frac{\sum X_i^2}{n\sum x_i^2}} \tag{1-43}$$

1.4　一元线性回归模型的统计检验

所谓回归分析，就是指利用抽取样本所求的参数以及回归线来估计真实的参数与回归线的过程。事实上，只有在充足的重复样本选取的前提下才能更好地实现回归分析，样本量如果不充足，通过样本估计不一定能得到较好的效果。在具体某一次抽样估计时，样本的参数估计多大程度上靠近总体参数，需要进行下一步的统计检验。本章涉及的统计检验主要包括拟合优度检验、变量的显著性检验及参数置信区间的估计。

1.4.1　拟合优度检验

拟合优度即拟合的优秀程度。如果拟合线能穿过全部样本观测点，则拟合的结果是完美的。但这种情况几乎不会出现，尤其当样本量比较大的时候。多数情况下，样本点集聚于回归线的周围，即样本残差项（剩余项）有正有负，不全是 0。人们希望样本点尽量“紧密”地分布在回归线的周围，即残差项越小越好。拟合优度就是衡量这种“紧密”程度的指标。检验的方法是：基于所抽取的样本数据，构造能够表征点与线“紧密”程度的统计量，并计算出统计量的值，然后用该统计值和判别标准进行比较，最后得出检验的结论。

1. 总离差平方和的分解

已知由一组样本观测值 $\{(X_i, Y_i) \mid i=1, 2, \cdots, n\}$ 得到如下样本回归直线（如图 1.6 所示）

$$\hat{Y}_i=\hat{\beta}_0+\hat{\beta}_1X_i$$

Y 的第 i 个观测值与样本均值的离差 $y_i=Y_i-\overline{Y}$ 可分解为两部分之和

$$y_i=Y_i-\overline{Y}_i=(Y_i-\hat{Y})+(\hat{Y}_i-\overline{Y})=e_i+\hat{y}_i \tag{1-44}$$

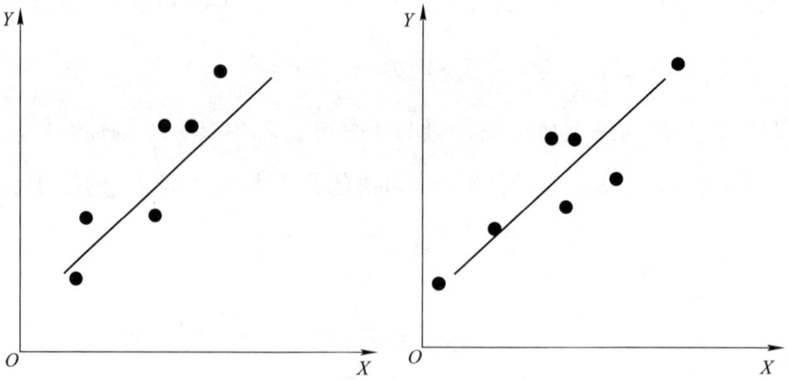

图 1.6 OLS 法样本回归直线

图 1.7 表示了这种分解，其中，$\hat{y}_i = \hat{Y}_i - \overline{Y}$ 是样本回归线理论值（回归拟合值）与观测值 Y 的平均值之差，可认为是由回归线解释的部分；$e_i = Y_i - \hat{Y}_i$ 是实际观测值与回归拟合值之差，是回归线不能解释的部分。显然，如果 Y 落在样本回归线上，则 Y 的第 i 个观测值与样本均值的离差，全部来自样本回归拟合值与样本均值的离差，即完全可由样本回归线解释，表明在该点处实现完全拟合。

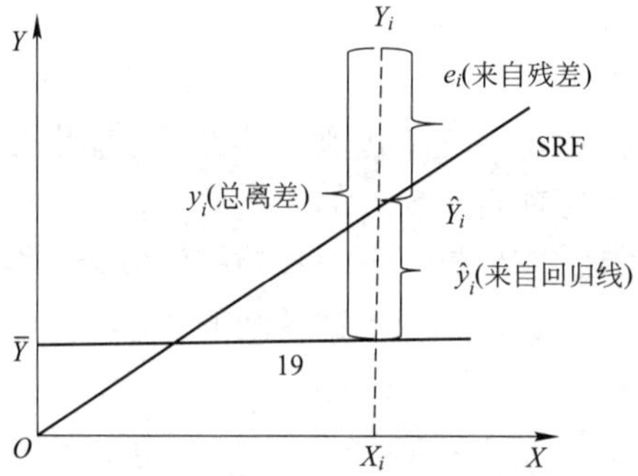

图 1.7 离差分解示意图

对于所有样本点，则需考虑这些点与样本均值离差的平方和。由于 $\sum y_i^2 = \sum \hat{y}_i^2 + \sum e_i^2 + 2\sum \hat{y}_i e_i$ 可以证明 $\sum \hat{y}_i e_i = 0$，所以有

$$\sum y_i^2 = \sum \hat{y}_i^2 + \sum e_i^2 \tag{1-45}$$

$\sum y_i^2 = \sum (Y_i - \overline{Y})^2 = \text{TSS}$ 称为总离差平方和，反映样本观测值总体离差的大小。

$\sum \hat{y}_i^2 = \sum (\hat{Y}_i - \overline{Y})^2 = \text{ESS}$ 称为回归平方和，反映由模型中解释变量所解释的那部分离差的大小。

$\sum e_i^2 = \sum (Y_i - \hat{Y}_i)^2 = \text{RSS}$ 称为残差平方和，反映样本观测值与估计值偏离的大小，也是模型中解释变量未解释的那部分离差的大小。

式（1-45）表明 Y 的观测值围绕其均值的总离差平方和可分解为两部分：一部分来自回归线，另一部分则来自随机原因。因此，可用来自回归线的回归平方和占 Y 的总离差平方和的比例来判断样本回归线与样本观测值的拟合优度。

ESS 反映样本观测值与估计值偏离的大小，但不能直接用它作为拟合优度检验的统计量。因为用绝对量作为检验统计量，无法设置标准。在这里，残差平方和与样本容量关系很大，当 n 比较小时，它的值也较小，但不能因此而判断模型的拟合优度就好。

2. 可决系数 R^2 统计量

根据上述关系，可以用可决系数 R^2 来检验模型的拟合优度，表示为

$$R^2=\frac{\text{ESS}}{\text{TSS}}=1-\frac{\text{RSS}}{\text{TSS}} \tag{1-46}$$

显然，在总离差平方和中，回归平方和所占的比重越大，残差平方和所占的比重越小，回归直线与样本点拟合的越好。如果模型与样本观测值完全拟合，则有 $R^2=1$。当然，模型与样本观测值完全拟合的情况很少发生，即 R^2 等于 1 的情况较少。但毫无疑问的是该统计量越接近于 1，模型的拟合优度越高。

实际计算可决系数时，在 $\hat{\beta}_1$ 已经有估计值后，一个较为简单的计算公式为

$$R^2=\hat{\beta}_1^2\left(\frac{\sum x_i^2}{\sum y_i^2}\right) \tag{1-47}$$

这里用到了样本回归函数的离差形式来计算回归平方和

$$\text{ESS}=\sum \hat{y}_i^2=\sum(\hat{\beta}_1 x_i)^2=\hat{\beta}_1^2\sum \hat{x}_i^2$$

由式（1-46）可知，可决系数的取值范围为 $0\leqslant R^2\leqslant 1$，它是一个非负的统计量，随着抽样的不同而不同，是随抽样而变动的统计量。因此，对可决系数的统计可靠性也应进行检验，这将在后面章节讨论。

1.4.2　变量的显著性检验

变量的显著性检验，就是为了判断模型选择的解释变量是否能显著的影响被解释变量。上文介绍的拟合优度检验更多地侧重整个模型的检验效果。但整个模型效果比较好，不代表每个变量效果都好。如一个团队优秀，并不代表每一位成员都优秀，也许有滥竽充数者。因此，在检验完团队后，还要对成员进行检验。变量的显著性检验就是基于这个基本思想展开的。

变量的显著性检验是利用一种样本结果来证实或证伪一个虚拟假设的过程。基本原理为小概率事件原理，主要是“无效假设”“检验无效假设”。选择显著性检验的目的是消除“第一类错误”“第二类错误”。从统计学角度看，在原假设为真时，决定放弃原假设，即“弃真”，称为第一类错误，出现的概率记为 α；在原假设不真时，决定不放弃原假设，即“取伪”，称为第二类错误，出现概率记为 β。通常只限定犯第一类错误的最大概率 α，不考虑犯第二类错误的概率 β。这样的假设检验又称为显著性检验，概率 α 称为显著性水平。

1. 假设检验

作为统计检验的重要内容之一，假设检验的任务是根据样本数据，对未知总体分布的某一假设进行判断。

假设检验的程序是：首先根据问题的需求提出原假设，记为 H_0。原假设是基于问题的一个统计推断，真伪在检验前无法知道，需要依据样本数据来辨别 H_0 的真伪，作出拒绝 H_0 或不拒绝 H_0 的决策。

在假设检验时，反证法的思想得到了应用。为了判断原假设 H_0 的真伪，先假定原假设 H_0 是真的，由此结论入手，观察下一步会得出什么样的结论。如果得出结论明显有悖常理，这意味着原假设 H_0 被证伪；如果得出结论是正确的，则意味着原假设 H_0 被证实。

所谓小概率事件就是说某种现象在进行单次试验的过程中极不可能发生的情况，恰好体现了反证法的原理。预先在原假设 H_0 下设计一个情形并且在原假设成立时为小概率事件。在总体中随机抽取 n 个样本进行该情形的试验，如果产生了这个几乎不可能发生的事，就说明原假设成立这个结论是不对的，那么必须拒绝原假设 H_0；如果这个接近不会发生的事件真的没有出现，就选择不拒绝原假设 H_0。

2. 变量的显著性检验方法

费希尔、内曼和皮尔逊所提出的显著性检验方法（test-of-significance approach）既可以检验统计假设，也补充了置信区间方法。显著性检验是一个虚拟假设真伪的检验程序，是利用样本结果来证实的，关键点在于一个检验统计量（test statistic）及其在虚拟假设下的抽样分布。

F 检验、t 检验、z 检验是三种常见的变量显著性的检验方法。它们主要在构造的统计量方面存在差异。由于 t 检验的应用最为普遍，几乎覆盖所有的计量经济学软件包，因此本书对 t 检验进行介绍。

对于一元线性回归方程中的$\hat{\beta}_1$，已经知道它服从正态分布

$$\hat{\beta}_1 \sim N(\beta_1, \frac{\sigma^2}{\sum x_i^2})$$

进一步根据数理统计学中的定义，如果真实的 σ^2 未知，而用它的无偏估计量$\hat{\sigma}^2 = \frac{\sum e_i^2}{n-2}$替代时，可构造如下统计量

$$t = \frac{\hat{\beta}_1 - \beta_1}{\sqrt{\frac{\hat{\sigma}^2}{\sum x_i^2}}} = \frac{\hat{\beta}_1 - \beta_1}{S_{\hat{\beta}_1}} \tag{1-48}$$

则该统计量服从自由度为 $n-2$ 的 t 分布。因此，可用该统计量作为 β_1 显著性检验的 t 统计量。

如果变量 X 是显著的，那么参数 β_1 应该显著地不为 0。于是，在变量显著性检验中设计的原假设与备选假设分别为

$$H_0: \beta_1 = 0, \quad H_1: \beta_1 \neq 0$$

在统计学中，当拒绝虚拟假设时，在统计上是显著的；反之，当不拒绝虚拟假设时，在统计上是不显著的。

给定一个显著性水平 α，比如 0.05，查 t 分布表，得到一个临界值 $t_{\frac{\alpha}{2}}(n-2)$，则 $|t| >$

$t_{\frac{\alpha}{2}}$（$n-2$）为原假设 H_0 下的一个小概率事件。

在参数估计完成后，可以很容易计算 t 的数值。如果发生了 $|t|>t_{\frac{\alpha}{2}}$（$n-2$），则在显著性水平 α 下不拒绝原假设 H_0，表明变量 X 是不显著的，未通过变量显著性的检验。

对于一元线性回归方程中的 β_0，可构造如下 t 统计量进行显著性检验

$$t=\frac{\hat{\beta}_0-\beta_0}{\sqrt{\frac{\hat{\sigma}^2\sum X_i^2}{n\sum x_i^2}}}=\frac{\hat{\beta}_0-\beta_0}{S_{\hat{\beta}_0}} \tag{1-49}$$

同样地，该统计量服从自由度为 $n-2$ 的 t 分布，检验的原假设一般仍为 $\beta_0=0$。

用显著性检验的语言说，如果一个统计的值落在临界域内，那么这个统计量就是在统计上显著的。这时选择拒绝虚拟假设。同理，如果一个检验统计的值落在接受域中，那么它就是统计上不显著的，这时选择不拒绝虚拟假设。

1.4.3　参数置信区间的估计

假设检验是利用样本的结果来估计总体参数的大致范围，参数估计的结果随着抽样样本的变化而变化，样本参数估计值不一定等于总体回归参数的真实值。虽然样本估计值不一定等于总体真实值，但可以通过样本统计量构造总体参数的大致区间，这就是置信区间。置信区间的长度可以刻画样本参数与总体真实参数之间的接近程度。置信区间的本质是误差范围。

利用样本检验的结果可以估计总体参数真实值的大致范围，但没有给出到底距离参数真实值有多远。置信区间给出了两者接近的程度。置信区间就是以样本估计值为中心，以统计量的置信上限和置信下限为上下界构成的区间。一般常用计量软件都会报告检验的置信区间。

要衡量参数估计值 $\hat{\beta}_j$ 与总体真值 β_j 的距离，可以预先设定一个概率 α（$0<\alpha<1$），这里 α 通常取 5%，也是犯第一类错误的概率。并计算出一个大于 0 的数 δ，使得区间（$\hat{\beta}_j-\delta$，$\hat{\beta}_j+\delta$）包含参数 β_j 的真值的概率为 $1-\alpha$（通常选 95%），即

$$P\left(\hat{\beta}_j-\delta\leqslant\beta_j\leqslant\hat{\beta}_j+\delta\right)=1-\alpha$$

若存在上述这样的一个区间，称之为置信区间（confidence interval）或者接受域；这个区间之外的区域称为临界域或者拒绝域。$1-\alpha$ 称为置信系数（置信度）（confidence coefficient），α 称为显著性水平（level of significance）；置信区间的端点称为置信限（confidence limit）或临界值（critical values）。若建立了 σ^2 的 99%置信界限，并且事先声称这些界限将包含真实的 σ^2，那么将有 99%的概率是正确的。

经过检验，如果统计量的值居于接受域之内，则称该统计量是显著的，可以拒绝原假设；如果统计量的值居于临界域之内，则称该统计量是不显著的，可以不拒绝原假设。补充说明的是，“不拒绝”和“接受”的含义不完全相同，尽管在口语中二者经常互相替代。如同法律上，经常说的宣判“无罪”，而不是说宣判“清白”。

1.5 案例分析

粮食安全问题不仅是一个经济问题，更是一个政治问题，它是维护经济发展、社会稳定和国家安全的重要基础。习近平总书记高度重视粮食生产和安全，始终把解决好十几亿人口的吃饭问题作为我们党治国理政的头等大事，强调“农业基础地位任何时候都不能忽视和削弱，手中有粮、心中不慌在任何时候都是真理。为考察我国粮食产量（万 t）与种植面积（千 hm^2）之间的关系，表 1.3 报告了 2019 年我国 31 个省、自治区、直辖市粮食作物产量和面积数。

表 1.3　2019 年 31 个省级行政区粮食产量和种植面积

省（自治区、直辖市）	产量/万 t	种植面积/千 hm^2	省（自治区、直辖市）	产量/万 t	种植面积/千 hm^2
北京	28.8	46.5	辽宁	2 430.0	3 488.7
天津	223.3	339.3	吉林	3 877.9	5 644.9
河北	3 739.2	6 469.2	黑龙江	7 503.0	14 338.1
山西	1 361.8	3 126.2	上海	95.9	117.4
内蒙古	3 052.5	6 827.5	江苏	3 706.2	5 381.5
浙江	592.1	977.4	重庆	1 075.2	1 999.3
安徽	4 054.0	7 287.0	四川	3 498.5	6 279.3
福建	493.9	822.4	贵州	1 051.2	2 709.4
江西	2 157.5	3 665.1	云南	1 870.0	4 165.8
山东	5 357.0	8 312.8	西藏	103.9	184.8
河南	6 695.4	10 734.5	陕西	1 231.1	2 998.9
湖北	2 725.0	4 608.6	甘肃	1 162.6	2 581.1
湖南	2 974.8	4 616.4	青海	105.5	280.2
广东	1 240.8	2 160.6	宁夏	373.2	677.4
广西	1 332.0	2 747.0	新疆	1 527.1	2 203.6
海南	145.0	272.6			

数据来源：2020 年中国农村统计年鉴。

1. 建立模型

建立如下回归模型：

$$Y=\beta_0+\beta_1X_1+\mu$$

利用 Stata 软件回归结果如下：

Source	SS	df	MS
Model	110575154	1	110575154
Residual	4190880.87	29	144513.133
Total	114766035	30	3825534.49

Number of obs	=	31
F(1, 29)	=	765.16
Prob > F	=	0.0000
R-squared	=	0.9635
Adj R-squared	=	0.9622
Root MSE	=	380.15

chanliang	Coef.	Std. Err.	t	P>|t|	[95% Conf. Interval]	
mianji	.5711662	.0206484	27.66	0.000	.5289354	.613397
_cons	-16.35967	103.1414	-0.16	0.875	-227.3076	194.5883

一般可写成如下回归结果

$$Y_i=-16.36+0.57X_i$$

2. 模型检验

根据回归结果，模型拟合效果较好，拟合优度 $R^2=0.96$，表明粮食产量变化的 96% 可以由种植面积来作出解释。粮食种植面积的系数为 0.57，表明粮食播种面积每增加 1 000 hm^2，粮食产量增加 0.57 万 t。

3. 预测

为了保护农村生态环境和践行绿水青山就是金山银山的概念，部分不适合种植粮食作物的地区要退出粮食生产，我国粮食播种面积可能要减少。根据中国国家统计局发布《2020 年国民经济和社会发展统计公报》，2020 年我国粮食种植面积为 11 677 万 hm^2，假如粮食播种面积要减少 1%，即减少 1 167.7 千 hm^2，我国粮食减少 665.6 万 t。

课后习题

1. 在构建计量经济学模型时，设置随机干扰项的原因是什么？

2. 判断下面设定的计量经济学模型是否正确，错误的解释原因。

（1）$Y_i=\alpha+\beta X_i$　$i=1, 2, \cdots, n$

（2）$Y_i=\alpha+\beta X_i+\mu_i$　$i=1, 2, \cdots, n$

（3）$Y_i=\hat{\alpha}+\hat{\beta}X_i+\mu_i$　$i=1, 2, \cdots, n$

（4）$\hat{Y}_i=\hat{\alpha}+\hat{\beta}X_i+\mu_i$　$i=1, 2, \cdots, n$

3. 一元线性回归模型需要满足哪些基本假设条件？违背这些条件还能估计吗？

4. 线性回归模型 $Y_i=\alpha+\beta X_i+\mu_i$，$i=1, 2, \cdots, n$ 的零均值假设是否可以表示为 $\frac{1}{n}\sum_{i=1}^{n}\mu_i=0$？为什么？

5. 在一元线性回归模型中，如果把解释变量 X 的单位扩大十倍，被解释变量 Y 的单位保持不变，对估计参数会产生什么样的影响？如果把被解释变量 Y 的单位扩大十倍，解释变量 X 的单位保持不变，对估计参数会产生什么样的影响？

第2章　经典单方程计量经济学模型：多元线性回归模型

上一章介绍了基础的一元线性回归模型，讨论了单个解释变量对被解释变量的影响。但在实际经济问题中，一个被解释变量往往依赖于多个解释变量。比如，某个家庭的消费水平依赖家庭收入水平，同时还会受消费心理以及物价波动等因素的影响。因此，计量模型需要引入多个解释变量，即研究不同解释变量对被解释变量的影响。本章主要从多元线性回归模型的构建、基本假设、参数估计以及统计检验等方面来进行介绍。

2.1　多元线性回归模型

2.1.1　多元线性回归模型的一般形式

多元线性回归模型在总体中的一般形式为

$$Y=\beta_0+\beta_1X_1+\beta_2X_2+\cdots+\beta_kX_k+\mu \tag{2-1}$$

在这个模型中，Y 由 X_1，X_2，…，X_k 所表示。其中，k 为解释变量的数目，β_j（$j=1$，2，…，k）称为回归系数。上述模型，有 1 个截距项和 k 个回归系数（如 β_1 是 X_1 的回归系数，β_2 是 X_2 的回归系数等），所以多元回归模型中共有 $k+1$ 个未知的待估参数。

多元线性回归与一元线性回归相比，虽增加了变量的个数，但在各变量的表达上，两者基本一致，如表 2.1 所示。其中 μ 表示除 X_1，X_2，X_3…，X_k 之外会对 Y 的结果产生影响的因素，称为随机干扰项或随机误差项。增加随机干扰项的原因在于：①除了给出的各解释变量外可能还有其他难以衡量的因素对结果造成影响；②存在一些意外不可控随机因素可能会影响结果；③在对样本进行测量的过程中，可能由于人为因素、机器精度问题等造成测量数据存在误差。鉴于此，人们增添了随机干扰项，以提高试验结果的准确性，便于更精准地解决问题。此外，与一元回归相比，多元回归分析显然更有实际应用价值，在学术研究时多元回归模型使用频率也远高于一元回归模型。

表 2.1　多元回归的本质

Y	X_1，X_2，X_3，…，X_k
因变量	自变量
被解释变量	解释变量
响应变量	控制变量

续表

Y	$X_1, X_2, X_3, \cdots, X_k$
被预测变量	预测元变量
回归子	回归元

此外，式（2-1）又叫作总体回归函数的随机表达形式，它的非随机表达形式可写为

$$E(Y \mid X_1, X_2, \cdots, X_i) = \beta_0 + \beta_1 X_1 + \beta_2 X_2 + \cdots + \beta_k X_k \tag{2-2}$$

由此可知，在多元线性回归分析中，被解释变量的变动与多个解释变量有关。式（2-2）表示各解释变量 X 对 Y 的平均影响，其中，β_j 也称为偏回归系数，表示当其他的各自变量都保持一定时，指定的某一解释变量每变动一个单位，被解释变量 Y 增加或减少的数值。

倘若给定一组观测值：$(X_{i1}, X_{i2}, \cdots, X_{ik})$，$i=1, 2, \cdots, n$，则线性回归总体模型可以写成

$$Y_i = \beta_0 + \beta_1 X_{i1} + \beta_2 X_{i2} + \cdots + \beta_k X_{ik} + \mu_i \quad i=1,2,\cdots,n \tag{2-3}$$

或

$$Y_i = \boldsymbol{X}_i \boldsymbol{\beta} + \mu_i \quad i=1,2,\cdots,n \tag{2-4}$$

其中，$\boldsymbol{X}_i = (1, X_{i1}, X_{i2}, \cdots, X_{ik})$，$\boldsymbol{\beta} = (\beta_0, \beta_1, \cdots, \beta_k)^{\mathrm{T}}$。

由式（2-3）或式（2-4）表示的 n 个随机方程的矩阵表达式为

$$\boldsymbol{Y} = \boldsymbol{X\beta} + \boldsymbol{\mu} \tag{2-5}$$

其中

$$\boldsymbol{Y} = \begin{pmatrix} Y_1 \\ Y_2 \\ \vdots \\ Y_n \end{pmatrix}_{n\times 1}, \quad \boldsymbol{X} = \begin{pmatrix} 1 & X_{11} & \cdots & X_{1k} \\ 1 & X_{21} & \cdots & X_{2k} \\ \vdots & \vdots & & \vdots \\ 1 & X_{n1} & \cdots & X_{nk} \end{pmatrix}_{n\times(k+1)}$$

$$\boldsymbol{\beta} = \begin{pmatrix} \beta_0 \\ \beta_1 \\ \beta_2 \\ \vdots \\ \beta_k \end{pmatrix}_{(k+1)\times 1}, \quad \mu = \begin{pmatrix} \mu_1 \\ \mu_2 \\ \vdots \\ \mu_n \end{pmatrix}_{n\times 1}$$

对比一元回归分析，在得到总体的一个样本时，可以估计样本回归函数，并用它来近似代表未知的总体回归函数，也称为经验回归函数。其模型为

$$\hat{Y} = \hat{\beta}_0 + \hat{\beta}_1 X_1 + \hat{\beta}_2 X_2 + \cdots + \hat{\beta}_k X_k \tag{2-6}$$

其中，$\hat{\beta}_0$，$\hat{\beta}_1$，…，$\hat{\beta}_k$ 为根据样本数据估计出来的值，$\hat{Y}$ 也是通过估计所得的方程预测出来的值。

随机表达式为

$$Y = \hat{\beta}_0 + \hat{\beta}_1 X_1 + \hat{\beta}_2 X_2 + \cdots + \hat{\beta}_k X_k + e \tag{2-7}$$

在这个模型中，e 被称为残差（也可成为残余项），近似替代总体回归函数中的随机干扰项 u。

2.1.2 多元线性回归模型的基本假设

为了使参数估计量具有良好的统计性质，对多元线性回归模型可做类似于一元线性回归分析那样的若干基本假设。

假设 1：回归模型设定正确。

假设 2：各解释变量之间不存在严格的线性关系。

假设 3：各随机干扰项的均值（期望值）均为 0，即零均值。

$$E(\mu_i \mid X_1, X_2, \cdots, X_k) = 0 \quad i=1,2,\cdots,n$$

均值为 0 的假设反映了各干扰项被假定为被解释变量的那些不能被列为模型主要部分的微小影响。

假设 4：各随机干扰项的方差是一常数，也就是假定各随机干扰项具有同方差性，且各随机干扰项互不相关，也就是假定他们之间无自相关或无序列相关，即同方差性、序列不相关性。

$$V(\mu_i \mid X_1, X_2, \cdots, X_k) = \sigma^2 \quad i=1,2,\cdots,n$$

$$\sigma_{\mu_i\mu_j}(X_1, X_2, \cdots, X_k) = 0 \quad i\neq j \quad i,j=1,2,\cdots,n$$

假设 5：各随机干扰项满足正态分布 $\mu_i \mid X_1, X_2, \cdots, X_k \sim N(0, \sigma^2)$

上述假设条件还可用矩阵来表示。

假设 2：$\text{rank}(X) = k+1 < n$

假设 3：

$$E(\mu \mid X) = 0 \tag{2-8}$$

假设 4：$E(\boldsymbol{\mu\mu}^{\mathrm{T}}) = \sigma^2 \boldsymbol{I}$，其中 $\boldsymbol{I}$ 为单位矩阵，由于

$$\boldsymbol{\mu\mu}^{\mathrm{T}} = \begin{pmatrix} u_1 \\ u_2 \\ \vdots \\ u_n \end{pmatrix} (u_1, u_2, \cdots, u_n) = \begin{pmatrix} u_1u_1 & u_1u_2 & \cdots & u_1u_n \\ u_2u_1 & u_2u_2 & \cdots & u_2u_n \\ \vdots & \vdots & & \vdots \\ u_nu_1 & u_nu_2 & \cdots & u_nu_n \end{pmatrix} \tag{2-9}$$

显然，$E(\boldsymbol{\mu\mu}^{\mathrm{T}}) = \sigma^2 \boldsymbol{I}$ 仅当

$$\sigma_{\mu_i\mu_j}(X_1, X_2, \cdots, X_k) = 0 \quad i\neq j \quad i,j=1,2,\cdots,n$$

$$E(u_t^{\,2}) = \sigma^2 \quad t=1,2,\cdots,n$$

假设 5：各随机干扰项满足正态分布，可表示为

$$u \sim N(0, \sigma^2 \boldsymbol{I}_n)$$

或

$$u_t \sim N(0, \sigma^2), \quad t=1,2,\cdots,n$$

2.2 多元线性回归模型的参数估计

多元线性回归实质上是对一元回归在解释变量上的扩展。与一元回归一样，多元回归也要解决两个问题，一是对模型中解释变量及截距项的参数进行估计，即$\hat{\beta}_j$（$j=0$，1，…， k)；二是要研究随机干扰项 μ。与一元线性回归相比，多元线性回归显然要复杂得多，但是在各类学科研究中，多元线性回归的应用更为普遍，更具有实践意义。多元线性回归模型在满足 2.1 所列的基本假设的情况下，可以采用普通最小二乘法、最大似然估计或者矩估计等方法来估计参数，下边对前两种方法进行具体介绍。

2.2.1　普通最小二乘估计

普通最小二乘法的原则是最优拟合直线应当使各个样本点到直线的距离最小。为了表达准确和简便计算，一般表示为距离的平方和最小。

1. 普通最小二乘估计及其矩阵表达

随机抽取容量为 n 的样本观测值 $\{(X_{i1}, X_{i2}, \cdots, X_{ik}, Y_i): i=1, 2, \cdots, n\}$，如果样本函数的参数估计值已经得到，有

$$\hat{Y}_i=\hat{\beta}_0+\hat{\beta}_1 X_{i1}+\cdots+\hat{\beta}_k X_{ik}, \quad i=1,2,\cdots,n \tag{2-10}$$

根据最小二乘原理，参数估计值应使

$$\begin{aligned} Q &= \sum_{i=1}^{n} e_i^2 = \sum_{i=1}^{n} (Y_i - \hat{Y}_i)^2 \\ &= \sum_{i=1}^{n} [Y_i - (\hat{\beta}_0 + \hat{\beta}_1 X_{i1} + \hat{\beta}_2 X_{i2} + \cdots + \hat{\beta}_k X_{ik})]^2 \end{aligned} \tag{2-11}$$

达到最小。由微积分相关知识可知，只需求出 Q 关于待估参数 $\hat{\beta}_j (j=0, 1, \cdots, k)$ 的偏导数，并令其值为零，就可以得到待估参数估计值的正规方程组

$$\begin{cases} \sum(\hat{\beta}_0+\hat{\beta}_1 X_{i1}+\hat{\beta}_2 X_{i2}+\cdots+\hat{\beta}_k X_{ik}) = \sum Y_i \\ \sum(\hat{\beta}_0+\hat{\beta}_1 X_{i1}+\hat{\beta}_2 X_{i2}+\cdots+\hat{\beta}_k X_{ik}) X_{i1} = \sum Y_i X_{i1} \\ \sum(\hat{\beta}_0+\hat{\beta}_1 X_{i1}+\hat{\beta}_2 X_{i2}+\cdots+\hat{\beta}_k X_{ik}) X_{i2} = \sum Y_i X_{i2} \\ \vdots \\ \sum(\hat{\beta}_0+\hat{\beta}_1 X_{i1}+\hat{\beta}_2 X_{i2}+\cdots+\hat{\beta}_k X_{ik}) X_{ik} = \sum Y_i X_{ik} \end{cases} \tag{2-12}$$

解这 $k+1$ 个方程组成的线性代数方程组，即可得到 $k+1$ 个待估参数的估计值 $\hat{\beta}_j (j=0, 1, \cdots, k)$，上述方程组的矩阵形式为

$$\begin{pmatrix} n & \sum X_{i1} & \cdots & \sum X_{ik} \\ \sum X_{i1} & \sum X_{i1}^2 & \cdots & \sum X_{i1} X_{ik} \\ \vdots & \vdots & & \vdots \\ \sum X_{ik} & \sum X_{ik} X_{i1} & \cdots & \sum X_{ik}^2 \end{pmatrix} \begin{pmatrix} \hat{\beta}_0 \\ \hat{\beta}_1 \\ \vdots \\ \hat{\beta}_k \end{pmatrix} = \begin{pmatrix} 1 & 1 & \cdots & 1 \\ X_{11} & X_{21} & \cdots & X_{n1} \\ \vdots & \vdots & & \vdots \\ X_{1k} & X_{2k} & \cdots & X_{nk} \end{pmatrix} \begin{pmatrix} Y_1 \\ Y_2 \\ \vdots \\ Y_n \end{pmatrix}$$

即

$$(\boldsymbol{X}^{\mathrm{T}} \boldsymbol{X}) \hat{\boldsymbol{\beta}} = \boldsymbol{X}^{\mathrm{T}} \boldsymbol{Y} \tag{2-13}$$

由 $\boldsymbol{X}$ 的列满秩可得 $\boldsymbol{X}^{\mathrm{T}} \boldsymbol{X}$ 为满秩对称矩阵，故有

$$\hat{\boldsymbol{\beta}} = (\boldsymbol{X}^{\mathrm{T}} \boldsymbol{X})^{-1} \boldsymbol{X}^{\mathrm{T}} \boldsymbol{Y} \tag{2-14}$$

将上述过程用矩阵表示如下。

根据最小二乘原理，需寻找一组参数估计值$\hat{\boldsymbol{\beta}}$，使残差平方和

$$Q = \sum_{i=1}^{n} e_i^2 = e'e = (\boldsymbol{Y} - \boldsymbol{X}\hat{\boldsymbol{\beta}})^{\mathrm{T}}(\boldsymbol{Y} - \boldsymbol{X}\hat{\boldsymbol{\beta}})$$

最小，即参数式（2-14）估计值应该是方程组$\frac{\partial}{\partial \hat{\beta}}(\boldsymbol{Y}-\boldsymbol{X}\hat{\boldsymbol{\beta}})^{\mathrm{T}}(\boldsymbol{Y}-\boldsymbol{X}\hat{\boldsymbol{\beta}})$的解。

于是，参数的最小二乘估计值为

$$\hat{\boldsymbol{\beta}} = (\boldsymbol{X}^{\mathrm{T}}\boldsymbol{X})^{-1}\boldsymbol{X}^{\mathrm{T}}\boldsymbol{Y}$$

2. 对最小二乘法回归方程的解释

其实，比计算$\hat{\beta}$背后的细节更重要的，是对所估计的方程进行解释，首先从含两个自变量的情况开始

$$\hat{Y} = \hat{\beta}_0 + \hat{\beta}_1 X_1 + \hat{\beta}_2 X_2 \tag{2-15}$$

上述方程中的截距项$\hat{\beta}_0$是$\hat{Y}$在$X_1=0$和$X_2=0$情况下的预测值。尽管在多数情况下，令X_1和X_2都等于零没什么实际意义。不过，如上述方程所表明的那样，为了从最小二乘回归中得到Y的预测值，总是需要截距项。

估计值$\hat{\beta}_1$和$\hat{\beta}_2$具有偏效应或其他情况不变的解释。上述方程经过差分可得

$$\Delta\hat{Y} = \hat{\beta}_1 \Delta X_1 + \hat{\beta}_2 \Delta X_2 \tag{2-16}$$

因此，模型能在给定X_1和X_2的变化情况下，预测Y的变化（注意，截距项与Y的变化没有关系）。特别地，当X_2固定，即$\Delta X_2=0$时，可以得

$$\Delta\hat{Y} = \hat{\beta}_1 \Delta X_1 \tag{2-17}$$

由此可以得到一个关键的结论：通过把X_2包含在模型中，得到的X_1系数可解释为在其他条件不变下X_1对Y的影响。这正是多元回归分析如此有用的原因所在。类似地，在保持X_1不变时，有

$$\Delta Y = \hat{\beta}_2 \Delta X_2 \tag{2-18}$$

3. 离差形式的普通最小二乘估计

对于正规方程组的矩阵形式

$$\boldsymbol{X}^{\mathrm{T}}\boldsymbol{X}\hat{\boldsymbol{\beta}} = \boldsymbol{X}^{\mathrm{T}}\boldsymbol{Y}$$

将$\boldsymbol{Y}=\boldsymbol{X}\hat{\boldsymbol{\beta}}+\boldsymbol{e}$代入得

$$\boldsymbol{X}^{\mathrm{T}}\boldsymbol{X}\hat{\boldsymbol{\beta}} = \boldsymbol{X}^{\mathrm{T}}\boldsymbol{X}\hat{\boldsymbol{\beta}} + \boldsymbol{X}^{\mathrm{T}}\boldsymbol{e}$$

于是

$$\boldsymbol{X}^{\mathrm{T}}\boldsymbol{e} = 0 \tag{2-19}$$

上述方程式是多元线性回归模型正规方程组的另一种写法，由此容易得到多元回归分析中的样本回归模型的离差形式

$$y_i = \hat{\beta}_1 x_{i1} + \hat{\beta}_2 x_{i2} + \cdots + \hat{\beta}_k x_{ik} + e_i \quad i=1,2,\cdots,n \tag{2-20}$$

其矩阵形式为

$$\boldsymbol{y}=x\hat{\boldsymbol{\beta}}+e \tag{2-21}$$

其中

$$\boldsymbol{y}=\begin{pmatrix}y_1\\y_2\\\vdots\\y_n\end{pmatrix},\quad \boldsymbol{x}=\begin{pmatrix}x_{11}&x_{12}&\cdots&x_{1k}\\x_{21}&x_{22}&\cdots&x_{2k}\\\vdots&\vdots&&\vdots\\x_{n1}&x_{n2}&\cdots&x_{nk}\end{pmatrix},\quad \hat{\boldsymbol{\beta}}=\begin{pmatrix}\hat{\beta}_1\\\hat{\beta}_2\\\vdots\\\hat{\beta}_k\end{pmatrix}$$

于是容易推出，离差形式下参数的最小二乘估计结果

$$\begin{cases}\hat{\boldsymbol{\beta}}=(\boldsymbol{x}^{\mathrm{T}}\boldsymbol{x})^{-1}\boldsymbol{x}^{\mathrm{T}}\boldsymbol{y}\\\hat{\beta}_0=\overline{Y}-\hat{\beta}_1\overline{X}_1-\cdots-\hat{\beta}_k\overline{X}_k\end{cases} \tag{2-22}$$

4. 随机干扰项 μ 的方差的普通最小二乘估计

在普通最小二乘法下，随机干扰项 μ 的方差的无偏估计量为

$$\hat{\sigma}^2=\frac{\sum e_i^2}{n-k-1}=\frac{e^{\mathrm{T}}e}{n-k-1} \tag{2-23}$$

2.2.2　最大似然估计

顾名思义最大似然估计中的“最大”就是指最大的概率，“似然”的通俗解释是“看起来是这个样子，估计意味着是这个样子”，连起来就是以最大的概率确保某一事件就是这个样子。最大似然法的内涵就是最大概率的事件，即直接忽略小概率事件，将大概率事件作为结果。

例如：在 X 学校篮球比赛中，Y 学院的篮球队在近十次的篮球比赛中，稳居冠军，那么在即将到来的篮球比赛中，问该篮球队会继续发挥优势夺得冠军吗，大多数人肯定会说会。

这里大多数人做出这种决策的关键在于，Y 学院的篮球队在近十次的比赛中都获得第一，所以在接下来的比赛中，其继续获得冠军的概率一定大于其不获得冠军的概率，所以大部分人会预测该篮球队会继续获得冠军。

再比如，A 公司连续三年每股收益维持在较高水平，市场占有率高，竞争力强劲，问 A 公司两天之后会倒闭吗，大多数人肯定会说不会。这里大多数人做出这种决策的原因同上，即理性分析的情况下，A 公司在未来较短时间内大概率仍然会持续保持较强的竞争力，高效发展。

这种方法的基本原理如下。

首先，任意设定一概率分布 D 并假设其概率密度函数 f_D 以及分布参数 θ；其次，从如上的分布中抽出具有 n 个值的样本 X_1，X_2，…，X_n；最后，利用 f_D 计算其概率为

$$P=(x_1,\ x_2,\ \cdots,\ x_n)=f_D(x_1,\ x_2,\ \cdots,\ x_n\mid\theta)$$

解上述式子的一个关键问题就是如何获取 θ 的值？很容易想到的就是从上述分布中抽出一个具有 n 个值的样本 X_1，X_2，…，X_n，之后借助这些数据对 θ 的值进行估计。

这样，获取了数据就可以计算出 θ 的估计值。最大似然估计的核心就是获取关于 θ 的最

可能的值（也就是大概率事件）。

基于其原理，要在数学上完成此方法，定义其可能性是关键的一步，具体如下

$$\mathrm{lik}(\theta)=f_D(x_1,x_2,\cdots,x_n\mid\theta)$$

并且在 θ 的所有取值上，使这个函数最大化。这个使可能性最大的值即被称为 θ 的最大似然估计。

对于多元线性回归模型，由于

$$\mu_i\sim N(0,\sigma^2)$$

所以

$$Y_i\sim N(X_i\beta,\sigma^2)$$

其中，$X_i=(1,X_{i1},X_{i2},\cdots,X_{ik})$。

Y 的随机抽取的 n 组样本观测值的联合概率为

$$\begin{aligned}L(\beta,\sigma^2)&=P(Y_1,Y_2,\cdots,Y_n)\\&=\frac{1}{(2\pi)^{\frac{n}{2}}\sigma^n}\mathrm{e}^{-\frac{1}{2\sigma^2}\sum[Y_i-(\beta_0+\beta_1X_{i1}+\beta_2X_{i2}+\cdots+\beta_kX_{ik})]^2}\\&=\frac{1}{(2\pi)^{\frac{n}{2}}\sigma^n}\mathrm{e}^{-\frac{1}{2\sigma^2}(\boldsymbol{Y}-\boldsymbol{X\beta})^{\mathrm{T}}(\boldsymbol{Y}-\boldsymbol{X\beta})}\end{aligned}\tag{2-24}$$

这就是变量 Y 的似然函数。对数似然函数为

$$L^*=\ln L=-n\ln(\sqrt{2\pi}\sigma)-\frac{1}{2\sigma^2}(\boldsymbol{Y}-\boldsymbol{X\beta})^{\mathrm{T}}(\boldsymbol{Y}-\boldsymbol{X\beta})\tag{2-25}$$

对似然函数求最大值，即对对数似然函数求极大值，也就是对（$\boldsymbol{Y}-\boldsymbol{X\beta}$）^{T}（$\boldsymbol{Y}-\boldsymbol{X\beta}$）求极小值，就可以得到一组参数估计量$\hat{\beta}$，即为参数的最大似然估计

$$\hat{\boldsymbol{\beta}}=(\boldsymbol{X}^{\mathrm{T}}\boldsymbol{X})^{-1}\boldsymbol{X}^{-1}\boldsymbol{X}^{\mathrm{T}}\boldsymbol{Y}\tag{2-26}$$

显然，其结果与参数的普通最小二乘估计是相同的。

2.2.3 参数估计量的统计性质

当多元线性回归模型满足基本假设时，其参数的普通最小二乘估计、最大似然估计及矩估计仍具有线性性、无偏性和有效性。同时，随着样本容量增加，即当 $n\to+\infty$ 时，参数估计量具有线性性、无偏性及有效性的特点。

（1）线性性，各参数为被解释变量 Y 的线性函数。

由于

$$\hat{\boldsymbol{\beta}}=(\boldsymbol{X}^{\mathrm{T}}\boldsymbol{X})^{-1}\boldsymbol{X}^{\mathrm{T}}\boldsymbol{Y}=\boldsymbol{CY}$$

其中，$\boldsymbol{C}=(\boldsymbol{X}^{\mathrm{T}}\boldsymbol{X})^{-1}\boldsymbol{X}^{\mathrm{T}}$ 仅与固定的 $\boldsymbol{X}$ 有关。可见，参数估计量是被解释变量 $\boldsymbol{Y}$ 的线性组合。

（2）无偏性，即它的均值或期望值 $E(\hat{\beta})$ 等于真值 β。

在各解释变量样本值给定的条件下，参数估计量$\hat{\beta}$具有无偏性。证明如下

$$\begin{aligned}E(\hat{\beta}\mid X)&=E((X^{\mathrm{T}}X)^{-1}X^{\mathrm{T}}Y\mid X)\\&=E((X^{\mathrm{T}}X)^{-1}X^{\mathrm{T}}(X\beta+\mu)\mid X)\end{aligned}$$

$$=\beta+(X^{\mathrm{T}}X)^{-1}X^{\mathrm{T}}E(\mu\mid X)$$
$$=\beta$$

（3）有效性，它在所有这样的线性无偏估计量中有最小方差，有最小方差的无偏估计量叫作有效估计量。

首先给出参数估计量$\hat{\beta}$的方差-协方差矩阵

$$\begin{aligned}V(\hat{\boldsymbol{\beta}}\mid \boldsymbol{X})&=E[(\hat{\beta}-E(\hat{\beta}))(\hat{\beta}-E(\hat{\beta}))^{\mathrm{T}}\mid X\\&=E[(\hat{\beta}-\beta)(\hat{\beta}-\beta)^{\mathrm{T}}\mid X]\\&=E[(XX^{\mathrm{T}})^{-1}X^{\mathrm{T}}\mu\mu^{\mathrm{T}}X(X^{\mathrm{T}}X)^{-1}\mid X]\\&=(X^{\mathrm{T}}X)^{-1}X^{\mathrm{T}}E(\mu\mu^{\mathrm{T}}\mid X)X(X^{\mathrm{T}}X)^{-1}\\&=(X^{\mathrm{T}}X)^{-1}X^{\mathrm{T}}\sigma^2 I_n X(X^{\mathrm{T}}X)^{-1}\\&=\sigma^2(X^{\mathrm{T}}X)^{-1}\end{aligned}$$

其中利用了

$$\begin{aligned}\hat{\boldsymbol{\beta}}&=(X^{\mathrm{T}}X)^{-1}X^{\mathrm{T}}Y\\&=(X^{\mathrm{T}}X)^{-1}X^{\mathrm{T}}(X\beta+u)\\&=\boldsymbol{\beta}+(\boldsymbol{X}^{\mathrm{T}}\boldsymbol{X})^{-1}\boldsymbol{X}^{\mathrm{T}}\boldsymbol{u}\end{aligned}$$

和

$$E(\boldsymbol{\mu}\boldsymbol{\mu}^{\mathrm{T}}\mid \boldsymbol{X})=\sigma^2\boldsymbol{I}_n$$

其中，$\boldsymbol{I}_n$ 为 n 阶单位矩阵。

根据高斯-马尔可夫定理（在给定经典线性回归模型的假定下，最小二乘估计量在所有线性无偏估计量中具有最小方差，也就是说，它们是最优线性无偏估计量），上述表示的方差在所有无偏估计量的方差中是最小的，所以该参数估计量具有有效性。

2.2.4　样本容量问题

构建计量模型，实质上是通过样本数据来估计总体参数，从已知的样本数据中探寻发现蕴含的规律性。因此，样本数据对于计量经济学模型就变得十分重要，有关样本数量如何控制、样本内群体的分配比例、样本的合理性、选用样本所需要的方法等就成人们需要考虑的问题，下面对样本容量问题作出具体说明。

从建模需要来讲，样本容量越大越好。然而从实际出发，增加样本容量可能会大幅度增加构建模型的难度，甚至难以实现。鉴于此，下面将要讨论最小样本容量和满足基本要求的样本容量。

1. 最小样本容量

即从最小二乘原理和最大似然原理出发，在不考虑质量的情况下，能够获得参数值的样本容量下限。通俗来讲，就是在满足题设所要求的基本条件下，为得到相关参数的值所需要的最小样本容量。

从参数估计量

$$\hat{\boldsymbol{\beta}}=(\boldsymbol{X}^{\mathrm{T}}\boldsymbol{X})^{-1}\boldsymbol{X}^{\mathrm{T}}\boldsymbol{Y}$$

中可以看到，欲使$\hat{\boldsymbol{\beta}}$存在，必须使得（$\boldsymbol{X}^{\mathrm{T}}\boldsymbol{X}$）$^{-1}$存在。为使得（$\boldsymbol{X}^{\mathrm{T}}\boldsymbol{X}$）$^{-1}$存在，必须满足

$$|\boldsymbol{X}^{\mathrm{T}}\boldsymbol{X}| \neq 0$$

即矩阵 $\boldsymbol{X}^{\mathrm{T}}\boldsymbol{X}$ 为 $k+1$ 阶满秩矩阵。矩阵乘积的秩不超过各个因子矩阵的秩，即 $\mathrm{rank}(\boldsymbol{AB}) \leqslant \min[\mathrm{rank}(\boldsymbol{A}),\mathrm{rank}(\boldsymbol{B})]$

其中，符号 rank 表示矩阵的秩。所以，只有当 $\mathrm{rank}(X) \geqslant k+1$ 时，矩阵 $\boldsymbol{X}^{\mathrm{T}}\boldsymbol{X}$ 才为 $k+1$ 阶满秩矩阵。而 X 为 $n\times k+1$ 阶矩阵，其秩最大为 $k+1$，此时必须有 $n \geqslant k+1$，即样本容量必须不少于模型中解释变量的数目（包括常数项），这就是最小样本容量。

2. 满足基本要求的样本容量

在考虑样本容量的繁杂问题时，更应该考虑最小样本容量对于模型结果获得的可行性。

由上述可知，样本容量 $k+1$ 是可以进行参数估计的临界值，也就是说，当 $n \geqslant k+1$ 时，可以获得相关参数的数值。然而存在一个问题，如果 n 的值虽满足上述不等式对样本容量的要求，但数值较小的时候，会导致参数估计值质量偏低，影响我们对问题的解释。鉴于此，经过学者研究和实证检验发现，$n \geqslant 30$ 或者至少 $n \geqslant 3k+1$ 是人们需要的最小样本容量，此时的样本容量是高质量的。

2.3 多元线性回归模型的统计检验

在研究多元线性回归模型时，对其中的各指标进行多元回归分析后，就可以得到研究样本的多元回归表达式，下一项任务就是对求得的多元线性回归表达式开展统计检验。统计检验包括拟合优度检验、方程总体线性的显著性检验、变量的显著性检验、参数的置信区间估计等。通常用求出的拟合优度来判别统计检验的准确性。

2.3.1 拟合优度检验

拟合优度检验是衡量解释变量 X 是否可以影响被解释变量 Y，以及对被解释变量 Y 的影响程度大小。换一种说法，要判断一条回归线对数据的拟合程度有多大，拟合优度检验是衡量该拟合程度的重要方法。举一个最特殊的例子，有时研究的样本点全部在得到的回归线上，这就表示回归的拟合线比较符合实际。但这只是很特殊的情形，大部分都是既有正的残差，也有负的残差。既然无法做到研究的样本点全部在得到的回归线上，最好的状况是在回归线上下波动的残差尽量小。拟合优度检验一般包括两步：第一步构造能够衡量拟合程度的指标，也就是统计量；第二步衡量构造的统计量的值，对模型的拟合程度进行评价。

在一元线性回归模型中，使用可决系数 R^2 来衡量样本回归线对样本观测值的拟合程度。在多元线性回归模型中，也可用该统计量来衡量样本回归线对样本观测值的拟合程度。

记 $\mathrm{TSS}=\sum(Y_i-\overline{Y})^2$为总离差平方和，$\mathrm{ESS}=\sum(\hat{Y}_i-\overline{Y})^2$为回归平方和，或简称为解释平方和，$\mathrm{RSS}=\sum(Y_i-\overline{Y}_i)^2$为残差平方和，则

$$
\begin{aligned}
S_{\mathrm{T}}^2 &= \sum(Y_i-\overline{Y})^2 \\
&= \sum[(Y_i-\hat{Y}_i)+(\hat{Y}_i-\overline{Y})]^2 \\
&= \sum(Y_i-\hat{Y}_i)^2+2\sum(Y_i-\hat{Y}_i)(\hat{Y}_i-\overline{Y})+\sum(\hat{Y}_i-\overline{Y})^2
\end{aligned}
$$

由于

$$
\begin{aligned}
&\sum(Y_i-\hat{Y}_i)+(\hat{Y}_i-\overline{Y}) \\
&= \sum e_i(\hat{Y}_i-\overline{Y}) \\
&= \hat{\beta}_0\sum e_i+\hat{\beta}_1\sum e_iX_{1i}+\cdots+\hat{\beta}_k\sum e_iX_{ki}+\overline{Y}\sum e_i \\
&= 0
\end{aligned}
\tag{2-27}
$$

所以

$$
\mathrm{TSS}=\sum(Y_i-\hat{Y}_i)^2+\sum(\hat{Y}_i-\overline{Y})^2=\mathrm{RSS}+\mathrm{ESS} \tag{2-28}
$$

TSS 用以衡量 Y_i 在总观测值中的上下浮动程度及分布状况。若用 TSS 除以 $n-1$，就可以求出 Y 的样本方差。同样，ESS 用以衡量 $\hat{Y}_i$ 在观测值中的浮动程度（其中用到结论 $\overline{\hat{Y}}=\overline{Y}$）。RSS 用以衡量 $\hat{\mu}_i$ 在观测值中的浮动程度。Y 的总波动代表可以被解释的波动 ESS 和无法被解释的波动 RSS 相加，即 TSS = RSS+ESS。

需要关注的一点：TSS、ESS、RSS 这 3 个统计量的名称有很多表达形式。总平方和既可以写作 SST，也可以写作 TSS，表达相同的含义。要注意的是回归平方和的缩写与残差平方和的缩写极可能被记错而导致将两者混为一体，于是许多可以解决多元线性回归模型的分析应用软件将回归平方和叫作“模型平方和”，有时残差平方和也叫作误差平方和。

设 TSS 不为零（Y_i 都相等如此巧合的现象发生，TSS 才为零），因此，可用 ESS 占 TSS 的比例大小来衡量其拟合程度

$$
R^2=\frac{\mathrm{ESS}}{\mathrm{TSS}}=1-\frac{\mathrm{RSS}}{\mathrm{TSS}} \tag{2-29}
$$

R^2 的表达式表现为 Y 的样本波动中能够被 X 影响的程度，而且 ESS 一定小于等于 TSS，因此 R^2 的取值范围在 0 到 1 之间。要想衡量 R^2 并加以论述，可以使 R^2 变成原来的 100 倍，这样就得到百分数，所以 $100\cdot R^2$ 是 Y 的样本波动中可以用 X 解释部分所占的比重。如果观测值恰好落在一条直线上，$R^2=1$，这表示观测值完美拟合。相反，如果 R^2 值非常接近 0，表示被解释变量与解释变量之间不存在相关关系。可以证明，R^2 是 Y_i 和 $\hat{Y}_i$ 的样本相关系数的平方，“R^2”的名字也是来源于此。若 R^2 非常接近于 1，代表样本观测值大概率分布在样本回归线上，也就说明拟合程度很高。

在运行过程中不难发现，随着解释变量数量的增加，R^2 一般会变大。对于残差平方和来说，增加解释变量，残差平方和一般会减小。于是，可能会导致一种错误的想法出现：为使拟合程度提高，增加解释变量的个数就可以实现。例如，每个人手机号码的末位数通常与一个人的每小时的报酬没有任何关联，然而如果构造其工资方程，然后将每个人手机号码的末位数这个变量加入这个方程肯定会（至少略微）增大 R^2。但实际情况一般是，将每个人手机号码的末位数这个变量加入回归方程增大 R^2 与拟合度大小没有关联。因此在不同模型

间比较拟合优度，R^2 就不能成为其构造方程中的一个衡量指标，需要进行改进。事实上，判断构建的模型中是不是依赖某一个的解释变量，可以计算该解释变量对 Y 的回归系数是否显著不为 0。

当样本数量固定时，如果加入新的解释变量肯定会导致自由度降低。解决的方案是让残差平方和除以其自由度，同时总离差平方和也除以其自由度，然后前者除以后者来改善自由度降低的状况。将$\bar{R}^2$ 称为调整的可决系数（adjusted coefficient of determination），则有

$$\bar{R}^2=1-\frac{S_E^2/(n-k-1)}{S_T^2/(n-1)} \tag{2-30}$$

其中，$n-k-1$ 为残差平方和的自由度，$n-1$ 为总离差平方和的自由度。显然，如果增加的解释变量没有解释能力，则对残差平方和 RSS 的减小没有多大帮助，但增加了待估参数的个数，从而使 $\bar{R}^2$有较大幅度的下降。

调整的可决系数与未经调整的可决系数之间存在如下关系

$$\bar{R}^2=1-(1-R^2)\frac{n-1}{n-k-1} \tag{2-31}$$

在模型检验时，$\bar{R}^2$ 达到哪个数值才代表构建的模型通过检验并无确切的界限，要根据实际状况而定。要明确构建的拟合优度并非衡量模型是否有效的唯一标准。

2.3.2 方程总体线性的显著性检验（F 检验）

进行拟合优度的检验时可以发现一个现象：如果拟合优度很高，被解释变量就很容易随解释变量的改变而改变，解释变量能够较大程度影响被解释变量，于是能够得出构建的模型其总体线性关系是可以验证成立的；反过来，就可以验证线性关系是不成立的。然而有时这个结论不是很精准，不能得到一个十分精确的结论。改善这个问题行之有效的方法是模型的显著性检验。

1. 方程显著性的 F 检验

方程显著性的 F 检验是要检验模型

$$Y_i=\beta_0+\beta_1X_{i1}+\beta_2X_{i2}+\cdots+\beta_kX_{ik}+\mu_i \quad i=1,2,\cdots,n$$

中参数 β_1，…，β_k是否显著不为 0。按照假设检验的原理与程序，原假设与备择假设分别是

$$H_0:\beta_1=0,\beta_2=0,\cdots,\beta_k=0$$

$$H_1:\beta_j(j=1,2,\cdots,k)\text{，至少有 1 个不是 0}$$

F 检验的思想来自总离差平方和的分解式

$$\text{TSS}=\text{RSS}+\text{ESS}$$

由于回归平方和 $\text{ESS}=\sum\hat{y}_i^2$是解释变量 X 的联合体对被解释变量 Y 的线性作用的结果，考虑比值

$$\frac{\text{ESS}}{\text{RSS}}=\frac{\sum\hat{y}_i^2}{\sum e_i^2}$$

如果这个比值较大，则 X 的联合体对 Y 的解释程度高，可认为总体存在线性关系；反之总体上可能不存在线性关系。因此可通过该比值的大小对总体线性关系进行推断 。

$$F=\frac{\mathrm{ESS}/k}{\mathrm{RSS}/(n-k-1)} \tag{2-32}$$

通过 F 统计量的表达式可以得到，如果 F 值充分“大”，将不支持 H_0，支持 H_1。而 F 值充分“大”中的“大”要达到什么程度则由显著性水平决定。如果在 5%的显著性水平上展开假设检验，令 c 为（k，$n-k-1$）的 F 分布的第 95 个百分位。其中的临界值由 k 和 $n-k-1$ 来共同决定。计算 k（分子自由度）和 $n-k-1$（分母自由度）是其中非常需要重视的一个步骤。计算出 c 后，将其与 F 进行大小比较，如若 $F>c$，就在已经选出的显著性水平上拒绝 H_0 而支持 H_1。所以，给定显著性水平 α，查表得到临界值 F_α（k，$n-k-1$），根据观测值得到 F 统计量的数值，可根据

$$F>F_\alpha(k,n-k-1)\quad (\text{或 } F\leqslant F_\alpha(k,n-k-1))$$

来拒绝（或不拒绝）原假设 H_0，以判定原方程总体上的线性关系是否显著成立。

2. 关于拟合优度检验与方程总体线性的显著性检验关系的讨论

拟合优度检验和方程总体线性的显著性检验是基于两种不同原理展开的检验。拟合优度检验出发点是已经完成估计的模型，来判断回归线对样本数据拟合的程度；方程总体线性的显著性检验出发点是样本数据，检验模型总体线性关系的显著性。然而两种检验之间也存在相关关系。回归线与样本散点图越紧密，拟合优度的值越大，模型总体线性关系越显著。拟合优度检验和方程总体线性的显著性检验的统计量之间具有的数量关系，是值得进行研究的。

用式（2-30）和式（2-32）分别表示的两个统计量之间存在下列关系

$$\bar{R}^2=1-\frac{n-1}{n-k-1+kF} \tag{2-33}$$

$$F=\frac{R^2/k}{(1-R^2)/(n-k-1)} \tag{2-34}$$

由式（2-34）可知 F 与 R^2 同向变化：当 $R^2=0$ 时，$F=1$；R^2 越大，F 也越大；当 $R^2=1$ 时，F 为无穷大。因此，F 检验是所估计回归的总显著性的一个度量，也是 R^2 的一个显著性检验，即检验原假设 H_0：$\beta_1=0$，$\beta_2=0$，…，$\beta_k=0$，等价于检验 R^2 这一虚拟假设。

2.3.3　变量的显著性检验（t 检验）

在进行多元回归模型显著性检验时，要明确即使方程的总体线性关系是显著的，也无法表示每个解释变量都可以在很大程度上解释被解释变量，所以需要对每个解释变量进行显著性检验，从而判断该变量能否作为解释变量被保留在构建的模型中。若某个变量只能在很小的程度上解释被解释变量，则去掉这个变量，使模型更加简单化。变量显著性检验中应用最为普遍的是 t 检验。

1. t 统计量

在上一节中，已经导出了参数估计量的方差为

$$V(\hat{\boldsymbol{\beta}})=\sigma^2(\boldsymbol{X}'\boldsymbol{X})^{-1},$$

以 c_{jj} 表示矩阵 $(\boldsymbol{X}'\boldsymbol{X})^{-1}$ 主对角线上的第 j 个元素，于是参数估计量 $\hat{\beta}_j$ 的方差为

$$V(\hat{\beta}_j)=\sigma^2 c_{jj} \quad j=1,2,\cdots,k \tag{2-35}$$

其中，σ^2为随机干扰项的方差，在实际计算时，用它的估计量代替。这样，当模型参数估计完成后，就可以计算每个参数估计量的方差值。

因为$\hat{\beta}_j$服从如下正态分布

$$\hat{\beta}_j \sim N(\beta_j, \sigma^2 c_{jj})$$

因此，可构造如下 t 统计量

$$t=\frac{\hat{\beta}_j-\beta_j}{S_{\hat{\beta}_j}}=\frac{\hat{\beta}_j-\beta_j}{\sqrt{c_{jj}\frac{e'e}{n-k-1}}}\sim t(n-k-1) \tag{2-36}$$

该统计量即为用于变量显著性检验的 t 统计量。

2. t 检验

在变量显著性检验中，针对某变量 $X_j(j=1,2,\cdots,k)$ 设计的原假设与备择假设为

$$H_0: \beta_j=0$$
$$H_1: \beta_j \neq 0$$

给定一个显著性水平 α，得到临界值 $t_{\frac{\alpha}{2}}(n-k-1)$，于是可根据

$$|t|>t_{\frac{\alpha}{2}}(n-k-1) \quad （或 |t| \leqslant t_{\frac{\alpha}{2}}(n-k-1)）$$

来决定拒绝（或不拒绝）原假设 H_0，从而判定对应的解释变量是否应包含在模型中。

需要注意的是，在一元线性回归中，t 检验与 F 检验是一致的。

一方面，t 检验与 F 检验都是对相同的原假设 H_0：$\beta_1=0$ 进行检验；另一方面，两个统计量之间有如下关系：

$$\begin{aligned} F &= \frac{\sum \hat{y}_i^2}{\sum e_i^2/(n-2)}=\frac{\hat{\beta}_1^2 \sum x_i^2}{\sum e_i^2/(n-2)} \\ &= \frac{\hat{\beta}_1^2}{\sum e_i^2/(n-2)\sum x_i^2}=\left[\frac{\hat{\beta}_1}{\sqrt{\sum e_i^2/(n-2)\sum x_i^2}}\right]^2 \\ &= \left(\hat{\beta}_1 \Big/ \sqrt{\frac{\sum e_i^2}{n-2}\cdot\frac{1}{\sum x_i^2}}\right)^2=t^2 \end{aligned}$$

需要明确一点：没有绝对的显著性水平。最重要的是考察变量能否对被解释变量产生影响，显著性检验起到验证的作用；还要检验显著性水平较低的变量在模型中的影响作用，不能仅仅简单地去掉这些变量。

3. 对单侧备择假设的检验

要想构造拒绝 H_0 的规则，应该构建相应的备择假设（alternative hypothesis）。那么思考以下形式的一个单侧备择假设（one-side alternative）：

$$H_1: \beta_j>0 \tag{2-37}$$

当设定像式（2-37）这样的备择假设时，实际上认为原假设是 H_0：$\beta_j \leqslant 0$。如果构建一个回归模型把员工工资当作被解释变量，把员工的受教育程度作为解释变量，受教育程度前

面的系数 β_j 应该为非负数，因此仅需判断 β_j 是否等于 0 即可。只要 $\beta_j \neq 0$，即可以判断 $\beta_j > 0$。

那么怎样构建拒绝法则？首先应该衡量其显著性水平（signification level），一般 H_0 表示正确时不接受的概率（弃真）。例如：确定了5%的显著性水平，而且希望当 H_0 正确的时候仅有5%的概率被错误地拒绝。在 H_0 下，若 t_{β_j}服从的是 t 分布（因此其均值等于零），但是在备择假设 $\beta_j>0$ 下，t_{β_j}的期望值为正。因此，需要寻找 t_{β_j}的一个"足够大"的正值，以拒绝 $H_0: \beta_j=0$ 而支持 $H_1: \beta_j>0$。负的 t_{β_j}无法作为支持 H_1 的证据。

已确定的在5%的显著性水平上"足够大"代表的是，如果构建的 t 分布包括 $n-k-1$ 个自由度，而且表示百分位中第95位的数据的真实值；把这个数值简称 c。也就是说，拒绝法则（rejection rule）的含义表示的是，当

$$t_{\beta_j}>0 \tag{2-38}$$

时，H_0 在5%的显著性水平上被拒绝并支持 H_1。根据对临界值（critical value）c 的选取，如果 H_0 正确，对观测样本而言，有5%的概率会拒绝 H_0。

类似的步骤可用于其他的显著性水平。对一个显著性水平为10%的检验和自由度 df=21，其临界值 $c=1.323$。对显著性水平为1%和 df=21，其临界值 $c=2.518$。存在一种临界值形式：当显著性水平逐渐缩小时，临界值便逐渐增多，想要不接受 H_0 就代表 t_{β_j}在逐渐增大。因此，如果 H_0 在5%的显著性水平上被拒绝，那么它在10%的显著性水平上依然会被拒绝。在5%的显著性水平上拒绝了原假设后，再去检验显著性水平为10%将没有任何价值。

当 t 分布的自由度逐渐增加时，t 分布构建的模型会逐步接近标准正态分布的形式。例如：如果 $n-k-1=120$，同时其显著性水平是5%，单侧备择假设式（2-38）上下界的数值为1.658，标准正态上下界的数值为1.645。实际上，构建的两个分布的上下界的数值的差距接近于0；现在仅保证自由度超过120，就能够直接采用标准正态的上下界的数值，从而使问题简单化。

4. F 统计量和 t 统计量之间的关系

前文已介绍了如何用 F 统计量推测构建的方程是不是包含所研究的变量。若运用 F 统计量去判断某一解释变量的显著性，能够得出怎样的结论？例如：假定原假设为 $H_0: \beta_k=0$ 和 $q=1$，以便检验 X_k 是否可以从模型中去掉，β_k 的 t 统计量能够用以检验设定的假设。然而要思考这样一个问题，某一个系数是不是能够包含两种完全相反的假设检验的方法？答案是无法实现的。能够检验的是，计算某一个变量排除性的 F 统计量等于 t 统计量的平方。由于包含 $F_{1,n-k-1}$分布，因此基于双侧备择假设下，就算所研究的两种方法完全相反，然而求得的结论完全一样。因为 t 统计量能够用以判断单侧备择假设，因此用 t 统计量判断单侧备择假设较易实施。同时 t 统计量较 F 统计量而言，其计算过程简单，因此使用 F 统计量将会导致过程更加复杂，对于计算很不利。

虽然有时会存在两个或两个以上变量分别具有不显著的 t 统计量，但将这几个变量合起来可能就会变得较显著。在一组解释变量中，一个变量具有显著的 t 统计量，但在常用的显著性水平上，这组变量却不是联合显著的。出现这类结果该如何应对呢？举一个例子来说，假设一个多元线性回归模型中解释变量不止一个，无法在5%的显著性水平拒绝 β_1，β_2，β_3，

β_4，β_5 全等于 0 的原假设，并且 $\hat{\theta}_1$ 的 t 统计量在 5%的显著性水平上显著。推断过程中无法得出 $\beta_1 \neq 0$ 而其他变量都为 0 的结论！而这是检验问题，不显著变量和显著变量很容易混淆在一起，进而得出整个变量集是联合不显著的结论（t 检验与 F 检验存在的这种矛盾，回答了无法“接受”原假设的另外一个例子的原因，即无法不接受那个例子而已）。尽管限定 F 统计量用作观察研究的系数是否异于零，然而它并不是检验某一系数是否异于零的最好的方法。t 检验更适用于判断某一假设（用专业术语表示，包含 $\beta_1=0$ 之联合约束的 F 统计量，当观察 $\beta_1 \neq 0$ 时，t 检验更容易运行）。

2.3.4　参数的置信区间估计

在经典线性模型的假定之下，能很容易为总体参数 β_j 构造一个置信区间。因为置信区间为总体参数的可能取值提供了一个范围，而不只是一个点估计值，所以又被称为区间估计（值）。参数的假设检验用来判别所考察的解释变量是否对被解释变量有显著的线性影响，但并未回答在一次抽样中，所估计的参数值离参数的真实值有多“近”。这需要进一步通过对参数的置信区间的估计来考察。

在变量显著性检验中已经知道

$$t=\frac{\hat{\beta}_j-\beta_j}{S_{\hat{\beta}_j}} \sim t(n-k-1)$$

容易推出在 $1-\alpha$ 的置信度下 β_j 的置信区间是

$$(\hat{\beta}_j-t_{\frac{\alpha}{2}} \times S_{\hat{\beta}_j}, \hat{\beta}_j+t_{\frac{\alpha}{2}} \times S_{\hat{\beta}_j})$$

其中，$t_{\frac{\alpha}{2}}$ 为 t 分布表中显著性水平为 α，自由度为 $n-k-1$ 的临界值。

在实际应用中，希望置信度越高越好，置信区间越小越好。那么如何才能缩小置信区间呢？

（1）增大样本容量 n，在同样的置信度下，n 越大，临界值 $t_{\frac{\alpha}{2}}$ 越小，同时，增大样本容量，在一般情况下可使 $S_{\hat{\beta}_j}=\sqrt{c_{jj}\frac{e'e}{n-k-1}}$ 减小，因为式中分母的增大是必然的，分子并不一定增大。

（2）提高模型的拟合优度，以减小残差平方和 $e'e$，设想一种极端情况，如果模型完全拟合样本观测值，残差平方和为 0，则置信区间的长度也为 0。

（3）提高样本观测值的分散度，在一般情况下，样本观测值越分散，c_{jj} 越小。

需要注意的是，置信度的高低与置信区间的大小存在此消彼长的关系。置信度越高，在其他情况不变时，临界值 $t_{\frac{\alpha}{2}}$ 越大，置信区间越大。如果要求缩小置信区间，在其他情况不变时，就必须降低对置信度的要求。

2.4　可化为线性的多元非线性模型

前面的研究默认总体回归线是线性的，拟合优度检验及变量显著性检验全都是对函数形式的线性检验。但实际情况中，函数形式通常较复杂，不能用简单线性关系表示的情况经常出现。比如有名的恩格尔曲线（Engle curve）是幂函数曲线形式，菲利普斯曲线（Pillips cuve）是双曲线形式。某些复杂形式也可以通过一些处理方法使原本非线性形式转化为线性形式，从而应用线性回归的方法进行回归分析。

2.4.1　模型的类型与变换

1. 倒数模型、多项式模型与变量的直接置换法

表达式为 $Y_i=\beta_1+\beta_2\left(\frac{1}{X_i}\right)+\mu_i$ 的模型叫作倒数（reciprocal）模型，尽管该模型对变量 X_i 而言表示为非线性（由于它通过倒数的形式参与模型），但是该模型对 β_1 和 β_2 而言是线性的，因此其形式为线性回归模型。这个倒数方程具备如下特点：连续不断扩大 X_i，$\beta_2\left(\frac{1}{X_i}\right)$ 项将会趋近零（明确 β_2 表示的是常数）而 Y_i 趋近极限或 β_1。如果 X_i 值取无穷大时，被解释变量将取此极限值。

例如，已知物品的需求函数表示为双曲线形式，商品的需求量 Q 与商品价格 P 间存在的是非线性关系

$$\frac{1}{Q}=a+b\frac{1}{P}+\mu \tag{2-39}$$

显然，可以用 $Y=\frac{1}{Q}$ 和 $X=\frac{1}{P}$ 的置换，将方程变为

$$Y=a+bX+\mu \tag{2-40}$$

再举一个例子，有名的拉弗曲线（Laffer curve）描述税收 s 和税率 r 之间的关系，两者关系呈抛物线形式

$$s=a+br+cr^2+\mu \quad c<0 \tag{2-41}$$

可以用 $X_1=r$，$X_2=r^2$ 进行置换，将方程变为：

$$s=a+bX_1+cX_2+\mu \quad c<0 \tag{2-42}$$

通常来说，许多解释变量的非线性问题够经过变量置换转化为线性问题。

拉弗曲线表示政府的税收与税率的函数关系，当税率低于某一限值时，提高税率将会引起政府税收的增加，当到达某一界限时，继续增加税率会产生相反的效果，即引起政府税收降低。因此，如果直接研究政府税收和税率的关系，两者之间肯定是非线性的。

2. 幂函数模型、指数函数模型与函数变换法

对于参数的非线性问题，变量置换方法就无能为力了，函数变换是常用的方法。

例如，著名的柯布—道格拉斯生产函数将产出量 Q 与投入要素（K，L）之间的关系描述为幂函数的形式

$$Q=AK^{\alpha}L^{\beta}e^{\mu} \tag{2-43}$$

方程两边取对数后，即成为一个线性形式

$$\ln Q=\ln A+\alpha\ln K+\beta\ln L+\mu \tag{2-44}$$

再如，生产中成本 C 与产量 Q 的关系呈现指数关系

$$C=ab^{Q}e^{\mu} \tag{2-45}$$

方程两边取对数后，即成为一个线性形式

$$\ln C=\ln a+Q\ln b+\mu \tag{2-46}$$

3. 复杂函数模型与级数展开法

例如，著名的固定替代弹性生产函数将产出量 Q 与投入要素（K，L）之间的关系描述为如下的复杂函数形式

$$Q=A(\delta_1 K^{-\rho}+\delta_2 L^{-\rho})^{-\frac{1}{\rho}}e^{\mu},(\delta_1+\delta_2=1) \tag{2-47}$$

方程两边取对数后，得到

$$\ln Q=\ln A-\frac{1}{\rho}\ln(\delta_1 K^{-\rho}+\delta_2 L^{-\rho})+\mu \tag{2-48}$$

将式（2-48）中 $\delta_1 K^{-\rho}+\delta_2 L^{-\rho}$ 在 $\rho=0$ 处展开泰勒级数，取关于 ρ 的线性项，即得到一个线性近似式。如取 0 阶、1 阶、2 阶项，可得

$$\ln Y=\ln A+\delta_1\ln K+\delta_2\ln L-\frac{1}{2}\rho\delta_1\delta_2\left[\ln\left(\frac{K}{L}\right)\right]^2$$

当然，并非所有的非线性函数形式都可以线性化。无法线性化模型的一般形式为

$$Y=f(X_1,X_2,\cdots,X_k)+\mu \tag{2-49}$$

其中，$f(X_1,X_2,\cdots,X_k)$ 为非线性函数。

$$Q=AK^{\alpha}L^{\beta}+\mu \tag{2-50}$$

式（2-50）的生产函数模型就无法线性化，需要采用非线性方法估计其参数。

2.4.2 非线性普通最小二乘法

可化为线性的多元回归模型也可以直接采用非线性普通最小二乘法或者非线性最大似然法估计。下面简单介绍非线性普通最小二乘法的原理。

将可化为线性的多元回归模型的一般形式表示为

$$Y=f(X_1,X_2,\cdots,X_k,\beta_0,\beta_1,\cdots,\beta_k)+\mu \tag{2-51}$$

式（2-51）中，如果随机误差项服从零均值、同方差的正态分布，且不序列相关，则可以从普通最小二乘原理出发，构造模型的估计方法。为了简单，下面只对有一个参数的非线性模型进行讨论。

对于只有一个参数的非线性模型，在有 n 组观测值的情况下，式（2-51）可写成

$$Y_i=f(X_i,\beta)+\mu \quad i=1,2,\cdots,n \tag{2-52}$$

如果参数估计值已经得到，则应使得残差平方和最小，即式（2-53）最小。

$$Q(\hat{\beta})=\sum_{i=1}^{n}(Y_i-f(X_i,\hat{\beta}))^2 \tag{2-53}$$

式（2-53）取极小值的一阶条件为

$$\frac{dQ}{d\hat{\beta}}=-2\sum_{i=1}^{n}(Y_i-f(X_i,\hat{\beta}))\left(\frac{-df(X_i,\hat{\beta})}{d\hat{\beta}}\right)=0$$

即

$$\sum_{i=1}^{n}(Y_i - f(X_i,\hat{\beta}))\left(\frac{\mathrm{d}f(X_i,\hat{\beta})}{\mathrm{d}\hat{\beta}}\right)=0 \tag{2-54}$$

对于多参数非线性模型，用矩阵形式表示式（2-51）为

$$\boldsymbol{Y}_i=f(\boldsymbol{X},\boldsymbol{\beta})+\boldsymbol{\mu} \tag{2-55}$$

其中各个符号的意义与线性模型相同。向量 $\boldsymbol{\beta}$ 的普通最小平方估计值 $\hat{\boldsymbol{\beta}}$ 应该使得残差平方和

$$Q(\hat{\boldsymbol{\beta}})=(\boldsymbol{Y}-f(\boldsymbol{X},\hat{\boldsymbol{\beta}}))^{\mathrm{T}}(\boldsymbol{Y}-f(\boldsymbol{X},\hat{\boldsymbol{\beta}}))$$

达到最小值，即 $\hat{\boldsymbol{\beta}}$ 应该满足下列条件

$$\frac{\partial}{\partial\hat{\boldsymbol{\beta}}}(Q(\hat{\boldsymbol{\beta}}))=-2\frac{\partial}{\partial\hat{\beta}}(f(\boldsymbol{X},\hat{\boldsymbol{\beta}})^{\mathrm{T}})(\boldsymbol{Y}-f(\boldsymbol{X},\hat{\boldsymbol{\beta}}))=0$$

即

$$\frac{\partial}{\partial\hat{\boldsymbol{\beta}}}(f(\boldsymbol{X},\hat{\boldsymbol{\beta}})^{\mathrm{T}})(\boldsymbol{Y}-f(\boldsymbol{X},\hat{\boldsymbol{\beta}}))=\boldsymbol{0} \tag{2-56}$$

其中，$\frac{\partial}{\partial\hat{\boldsymbol{\beta}}}(f(\boldsymbol{X},\ \hat{\boldsymbol{\beta}})^{\mathrm{T}})$ 是一个 $k\times n$ 偏微分矩阵，其第（j，i）个元素为 $\frac{\partial}{\partial\hat{\beta}_j}(f(X_i,\ \hat{\beta})^{\mathrm{T}})$。求解式（2-56）的原理和方法与求解式（2-53）相同，只是数学描述更为复杂。在下面关于求解方法的讨论中，只以式（2-54）为例，即以单参数非线性模型为例。

2.5　案例分析

利用表 2. 2 的数据，考察我国粮食产量（万 t）与种植面积（千 hm^2）、乡村人员数量（万人）、化肥施用量（万 t）、农业机械拥有量（万 kW）、灌溉面积（千 hm^2）等变量之间的关系。

表 2. 2　2019 年 31 个省、自治市、直辖区行政粮食产量及农业生产条件

省、自治区、直辖市	粮食产量/万 t	种植面积/千 hm^2	乡村人员数量/万人	化肥施用量/万 t	农业机械拥有量/万 kW	灌溉面积/千 hm^2
	Y	X_1	X_2	X_3	X_4	X_5
北京	28. 8	46. 5	289. 0	6. 2	122. 8	109. 2
天津	223. 3	339. 3	258. 0	16. 2	359. 8	304. 8
河北	3 739. 2	6 469. 2	3 218. 0	297. 3	7 830. 7	4 482. 2
山西	1 361. 8	3 126. 2	1 508. 0	10 8. 4	1 517. 6	1 519. 3
内蒙古	3 052. 5	6 827. 5	931. 0	218. 4	3 866. 4	3 199. 2
辽宁	2 430. 0	3 488. 7	1 388. 0	139. 9	2 353. 9	1 629. 2
吉林	3 877. 9	5 644. 9	1 123. 0	227. 1	3 653. 7	1 909. 5

续表

省、自治区、直辖市	粮食产量/万 t	种植面积/千 hm^2	乡村人员数量/万人	化肥施用量/万 t	农业机械拥有量/万 kW	灌溉面积/千 hm^2
	Y	X_1	X_2	X_3	X_4	X_5
黑龙江	7 503.0	14 338.1	1 467.0	223.3	6 359.1	6 177.6
上海	95.9	117.4	284.0	7.5	98.0	190.8
江苏	3 706.2	5 381.5	2 372.0	286.2	5 112.0	4 205.4
浙江	592.1	977.4	1 755.0	72.5	1 908.0	1 405.4
安徽	4 054.0	7 287.0	2 813.0	298.0	6 650.5	4 580.8
福建	493.9	822.4	1 331.0	106.3	1 237.7	1 076.8
江西	2 157.5	3 665.1	1 987.0	115.6	2 470.7	2 036.1
山东	5 357.0	8 312.8	3 876.0	395.3	10 679.8	5 271.4
河南	6 695.4	10 734.5	4 511.0	666.7	10 357.0	5 328.9
湖北	2 725.0	4 608.6	2 312.0	273.9	4 515.7	2 969.0
湖南	2 974.8	4 616.4	2 959.0	229.0	6 471.8	3 176.1
广东	1 240.8	2 160.6	3 295.0	225.8	2 455.8	1 773.4
广西	1 332.0	2 747.0	2 426.0	252.0	3 840.0	1 713.1
海南	145.0	272.6	385.0	46.3	581.2	290.6
重庆	1 075.2	1 999.3	1 037.0	91.1	1 464.7	697.7
四川	3 498.5	6 279.3	3 870.0	222.8	4 682.3	2 954.1
贵州	1 051.2	2 709.4	1 847.0	83.2	2 484.6	1 154.0
云南	1 870.0	4 165.8	2 482.0	204.0	2 714.4	1 922.5
西藏	103.9	184.8	240.0	4.8	559.0	275.9
陕西	1 231.1	2 998.9	1 572.0	202.5	2 331.5	1 285.2
甘肃	1 162.6	2 581.1	1 363.0	80.9	2 174.0	1 328.9
青海	105.5	280.2	271.0	6.2	484.2	213.3
宁夏	373.2	677.4	279.0	38.4	632.2	538.3
新疆	1 527.1	2 203.6	1 214.0	257.8	2 789.0	4 959.9

1. 建立模型

建立如下回归模型

$$Y=\beta_0+\beta_1X_1+\beta_2X_2+\beta_3X_3+\beta_4X_4+\beta_5X_5+\mu$$

利用 Stata 软件回归结果如下

Source	SS	df	MS			
				Number of obs	=	31
				F(5, 25)	=	219.60
Model	112211181	5	22442236.1	Prob > F	=	0.0000
Residual	2554853.93	25	102194.157	R-squared	=	0.9777
				Adj R-squared	=	0.9733
Total	114766035	30	3825534.49	Root MSE	=	319.68

chanliang	Coef.	Std. Err.	t	P>|t|	[95% Conf.	Interval]
mianji	.4532863	.0388346	11.67	0.000	.3733048	.5332677
renyuan	-.1186446	.0983912	-1.21	0.239	-.321285	.0839958
huafei	1.195898	1.037581	1.15	0.260	-.9410394	3.332836
jiexie	.1406944	.0676807	2.08	0.048	.0013033	.2800855
guangai	.0120483	.0835687	0.14	0.887	-.1600646	.1841613
_cons	-67.33009	111.0624	-0.61	0.550	-296.0673	161.4071

2. 模型检验

根据回归结果，模型拟合效果较好，拟合优度 $R^2=0.978$，表明粮食产量变化的 97.8% 可以由种植面积、乡村人员数量、化肥施用量、农业机械拥有量、灌溉面积等变量进行解释。对具体指标而言，以化肥的系数 1.196 为例，表示化肥施用量每变化 1%，粮食产量正向变化 1.19%。

课后习题

1. 多元线性回归模型有哪些基本的假设条件？哪些条件在证明 OLS 估计量的无偏性和有效性过程中被用到？

2. 对模型参数施加约束条件后得到的残差平方和大于等于施加约束条件前的残差平方和，其中的原因是什么？

3. 在多元线性模型检验时，为什么选择修正的可决系数来衡量拟合的程度？

4. 在本章多元线性回归模型中，t 检验与 F 检验目标有什么不同？与上一章一元线性回归模型的情况有什么不同？

5. 构建模型 $Y=\beta_0+\beta_1X_1+\beta_2X_2+\beta_3X_3+\beta_4X_4+\mu$ 研究在校大学生学习成绩的影响因素，其中，被解释变量为大学生平均成绩（Y），解释变量包括每周学习时间（X_1）、睡觉时间（X_2）、娱乐时间（X_3）、其他时间（X_4）。请思考，若只改变其中一个变量，其余变量保持不变是否有意义？应该怎样修改此模型？

6. 试述产生模型设定偏误的主要原因是什么？模型设定偏误的后果有哪些？

第3章　经典单方程计量经济学模型：放宽基本假定

在前面两章已经介绍了一元和多元线性回归模型及统计检验。在满足一系列基本假定条件下，最小二乘法可以得到最佳线性无偏估计。但是，这些基本的假定条件在研究实际问题时，并不总是都能满足，有时候会遇到有一两个条件不满足的情况。不满足全部基本条件的情况称为违背基本假定。常见违背基本假定的情况主要有以下几种：

（1）解释变量之间存在严重的多重共线性；

（2）随机干扰项序列存在异方差性；

（3）解释变量具有内生性；

（4）模型假定有偏误。

根据实际问题，在完成对计量经济学模型构建后，要检验样本是否满足基本的假定条件，即是否存在违背基本假定的情况。当出现违背基本假定的情形时，就需要采取相关的措施对模型补救，或者采用其他方法重新进行估计。

3.1　多重共线性

3.1.1　多重共线性的含义

对于模型

$$Y_i=\beta_0+\beta_1X_{i1}+\beta_2X_{i2}+\cdots+\beta_kX_{ik}=0 \tag{3-1}$$

其基本假定之一是解释变量 X_1，X_2，…，X_k 相互独立。如果某两个或多个解释变量之间出现了相关性，则称为存在多重共线性。

如果存在

$$c_1X_{i1}+c_2X_{i2}+\cdots+c_kX_{ik}=0 \tag{3-2}$$

其中，c_i（$i=1，2，\cdots，k$）不全为0，即某一个解释变量可以用其他解释变量的线性组合表示，则称为解释变量间存在完全共线性。如果存在

$$c_1X_{i1}+c_2X_{i2}+\cdots+c_kX_{ik}+v_i=0 \tag{3-3}$$

其中，c_i 不全为0，v_i 为随机干扰项，则称为近似共线性或交互相关。

完全共线性的情况并不多见，一般出现的是在一定程度上的共线性，即近似共线性。

多重共线性仅对 X 变量之间的线性关系而言，此外它们之间还有可能存在非线性关系。例如，回归模型

$$Y_i=\beta_0+\beta_1X_i+\beta_2X_i^{\,2}+\beta_3X_i^{\,3}+\mu_i,$$

假设 Y_i = 生产总成本，X_i = 产出。变量 X_i^2（产出的 2 次方）和 X_i^3（产出的 3 次方）显然与 X_i 有函数关系，但这种关系是非线性的。因此，严格来说此模型并不违反无多重共线性假定。然而在具体应用中，测算的相关系数将表明 X_i、X_i^2 和 X_i^3 是高度相关的，这种情形将难以准确地（以较小标准误）估计方程的参数。

3.1.2　实际经济问题中的多重共线性

一般地，产生多重共线性的主要原因有以下三个方面。

1. 经济变量相关的共同趋势

解释变量中存在共同趋势容易出现多重共线性。例如，研究小麦产量影响因素时，使用回归分析的方法，将模型设定为

$$Y=\beta_0+\beta_1X_1+\beta_2X_2+\beta_3X_3+\mu_i$$

其中，等号左边为被解释变量小麦产量，等号右边解释变量依次为劳动力、技术及资本的投入。此时对于产量而言，劳动力、技术及资本的投入三者的变化趋势是相同的，这就容易导致解释变量间存在共同变化趋势，引发变量的多重共线性。

2. 模型设定不严谨

在计量模型设定中，往往由于不严谨而导致模型解释变量出现严重的多重共线性。例如，为估计一个常弹性消费函数的扩展形式，将模型设定为

$$\ln C_i=\beta_0+\beta_1\ln Y_i+\beta_2\ln Y_i^2+\mu_i$$

其中，C_i 为企业人均消费额，Y_i 为企业人均收入。显然，模型中引入的企业人均收入的对数项与人均收入平方的对数项之间有着完全的线性相关性。

又如，在考察企业的支出对员工业绩水平的影响时，将企业的总支出 X_{i0} 分解为对公司员工的工资性支出 X_{i1} 以及其他支出 X_{i2}，将模型设定为

$$Y_i=\beta_0+\beta_1X_{i0}+\beta_2X_{i1}+\beta_3X_{i2}+\mu_i$$

其中，Y_i 代表企业员工的平均业绩水平。显然，由于 $X_{i1}+X_{i2}=X_{i0}$，模型的解释变量间存在完全共线性。

3. 样本资料的限制

样本资料收集困难也是导致多重共线性的原因之一。例如，研究学校支出对学生成绩的影响时，将模型设定为

$$Y_i=\beta_0+\beta_1X_{i1}+\beta_2X_{i2}+\mu_i$$

其中，Y_i 表示学生成绩，X_{i1} 表示教辅材料投入，X_{i2} 表示教师工资，学校资金充足时，教辅材料及教师工资投入都会较多，两者之间则存在相关性。

3.1.3　多重共线性的后果

1. 多重共线性的理论后果

回归系数的普通最小二乘法估计值满足经典模型假定时是最优线性无偏估计，当也满足正态性假设时为 BLUE。在多重共线性的情况下，普通最小二乘法的最优线性无偏估计仍存在，此性质已经有学者证明。正如 Christopher Achen 所说，讨论多重共线性的目的究竟是什

么？多重共线性对模型的影响在于系数估计值标准误较大，但其不违背回归假设并可以得出无偏且一致的估计值，对于标准误的估计也是正确的。当出现多重共线性时，会有什么后果呢？

首先，普通最小二乘法估计量在近似多重共线性的情况下仍可保持无偏性。无偏性需要做到样本维数较多或者重复抽样，在对样本重复抽取的情况下，尽管存在近似多重共线性，普通最小二乘法估计量的均值也会随着样本量的增加而接近总体的真实值，即存在无偏性。

其次，多重共线性不会影响最小方差，与其他线性无偏估计相比普通最小二乘法估计方差最小。

最后，多重共线性的本质是一种样本回归现象。注意以下情形，即变量在具体样本中可能存在线性关系但在总体中没有，当构建模型时，要保证 X 对 Y 的影响都是独立的。当抽取一些样本进行总体回归函数检验时，存在解释变量共线性较高的情形，则无法区分解释变量对被解释变量的影响。虽然所有的 X 变量在理论上都很重要，但样本不够“丰富”，无法在分析中容纳所有 X 变量。

下面以消费-收入为例说明。经济学家从理论上知道影响支出 C 的因素包含收入 I、财富 W 等，据此构建模型

$$C_i=\beta_1+\beta_2I_i+\beta_3W_i+u_i$$

当分析原始数据时可能发现两个解释变量之间存在高度相关性：在大多数情形下，富裕的人收入也较高。理论上收入和财富可以解释消费者消费行为，但实际上（在样本中）可能难以区分收入和财富对消费者支出的影响。

理想情况下，需要分别评估两个解释变量与被解释变量之间的影响并对特殊情况进行足够的分析，如在此模型中，需要对收入与富裕程度成反比（如高收入低财富）的情形进行大量样本分析。这种操作在截面研究中可以通过增加样本实现，但在加总时间序列操作中不易实现。

对于普通最小二乘法中的最优线性无偏估计虽然不受多重共线性的影响，但对于不同的样本可能会出现不同的状况，这些问题仍要引起重视。

2. 多重共线性的应用后果

在计量经济学模型中，一旦出现多重共线性，如果仍采用普通最小二乘法估计模型参数，会产生下列不良后果。

1）完全共线性下参数估计量不存在

多元线性回归模型

$$\boldsymbol{Y}=\boldsymbol{X\beta}+\boldsymbol{\mu}$$

的普通最小二乘法参数估计量为

$$\hat{\boldsymbol{\beta}}=(\boldsymbol{X}^{\mathrm{T}}\boldsymbol{X})^{-1}\boldsymbol{X}^{\mathrm{T}}\boldsymbol{Y}$$

如果出现完全共线性，则 $(\boldsymbol{X}^{\mathrm{T}}\boldsymbol{X})^{-1}$ 不存在，无法得到参数的估计量。

例如，对二元线性回归模型

$$\boldsymbol{Y}=\boldsymbol{\beta}_0+\beta_1\boldsymbol{X}_1+\beta_2\boldsymbol{X}_2+\boldsymbol{\mu} \tag{3-4}$$

如果两个解释变量完全相关，如 $\boldsymbol{X}_2=\lambda\boldsymbol{X}_1$，该二元线性回归模型退化为一元线性回归模型

$$\boldsymbol{Y}=\boldsymbol{\beta}_0+(\beta_1+\lambda\beta_2)\boldsymbol{X}_1+\boldsymbol{\mu}$$

这时，只能确定综合参数 $\beta_1+\lambda\beta_2$ 的估计值

$$\overline{\beta_1+\lambda\beta_2}=\frac{\sum x_{i1}y_i}{\sum x_{i1}^2}$$

却无法确定 β_1，β_2 各自的估计值。

2）近似共线性下普通最小二乘法参数估计量的方差变大

在近似共线性下，虽然可以得到普通最小二乘法参数估计量，但是由参数估计量方差的表达式

$$V(\hat{\boldsymbol{\beta}})=\sigma^2(\boldsymbol{X}^{\mathrm{T}}\boldsymbol{X})^{-1}$$

可见，由于此时 $|\boldsymbol{X}^{\mathrm{T}}\boldsymbol{X}|\approx 0$，引起 $(\boldsymbol{X}^{\mathrm{T}}\boldsymbol{X})^{-1}$ 主对角线元素较大，使得参数估计量的方差增大，从而不能对总体参数做出准确判断。

仍以二元线性回归模型式（3-4）为例。离差形式下容易推出 $\hat{\beta}_1$ 的方差为

$$V(\hat{\beta}_1)=\frac{\sigma^2\sum x_{i2}^2}{\sum x_{i1}^2\sum x_{i2}^2-(\sum x_{i1}x_{i2})^2}$$

$$=\frac{\dfrac{\sigma^2}{\sum x_{i1}^2}}{1-\dfrac{\sum(x_{i1}x_{i2})^2}{\sum x_{i1}^2\sum x_{i2}^2}}$$

$$=\frac{\sigma^2}{\sum x_{i1}^2}\cdot\frac{1}{1-r^2} \tag{3-5}$$

其中，$\dfrac{\sum(x_{i1}x_{i2})^2}{\sum x_{i1}^2\sum x_{i2}^2}$ 恰为 X_1 与 X_2 的线性相关系数的平方 r^2，由于 $r^2\leqslant 1$，故 $\dfrac{1}{1-r^2}\geqslant 1$。

当完全不共线性时

$$r^2=0,\quad V(\hat{\beta}_1)=\frac{\sigma^2}{\sum x_{i1}^2}$$

当近似共线性时

$$0<R^2<1,\quad V(\hat{\beta}_1)=\frac{\sigma^2}{\sum x_{i1}^2}\cdot\frac{1}{1-r^2}>\frac{\sigma^2}{\sum x_{i1}^2}$$

即多重共线性使参数估计量的方差增大，方差膨胀因子（variance inflation factor，VIF）为

$$\mathrm{VIF}(\hat{\beta}_1)=\frac{1}{1-r^2} \tag{3-6}$$

其增大趋势如表 3.1 所示。

当完全共线性时，

$$r^2=1,\quad V(\hat{\beta}_1)\to+\infty$$

表 3.1　方差膨胀因子表

相关系数平方	0	0.5	0.8	0.9	0.95	0.96	0.97	0.98	0.99	0.999
方差膨胀因子	1	2	5	10	20	25	33	50	100	1 000

3）参数估计量经济意义不合理

模型中会存在多重共线性的情况，例如，解释变量 X_1 与 X_2 存在多重共线性，X_1 和 X_2 前面的估计系数不能独立反映对被解释变量的影响；又如，X_1 和 X_2 为完全共线性时，两者前面的系数可能分别为两个较小的正数，也可能为一个较小的负数和一个较大正数。上述两种情况在统计学上都可能出现，但是经济学意义存在巨大差别。根据研究经验，在估计多个线性回归模型时，如果模型估计参数的经济含义明显与现实不符，则首先考虑模型是否存在多重共线性。参数估计的经济意义明显不合理，则应首先考虑是否存在多重共线性。

4）变量的显著性检验和模型的预测功能失去意义

在存在多重共线性的情况下，参数估计的方差和标准差会变大，很容易导致样本数据得出的 t 值小于检验的临界值，进而认为该参数在模型中不显著而将其剔除，从而导致遗漏重要的解释变量。同时，方差变大导致预测的区间变大，降低预测的精准度。

3.1.4　多重共线性的检验

多重共线性的检验从解释变量的相关性入手，判断解释变量之间是否存在相关性，主要应用统计方法，例如判定系数检验法、逐步回归检验法等。检验的任务从两个方面进行，首先检验多重共线性是否存在，其次判断存在多重共线性的范围。

1. 检验多重共线性是否存在

1）相关系数法

对疑似存在多重共线性的变量，计算两者的相关系数 r。若 $|r|$ 的值接近 1，说明疑似变量之间多重共线性较强；若 $|r|$ 的值接近 0，疑似变量之间多重共线性排除。

2）综合统计检验法

对多元线性回归模型，如果拟合优度和 F 检验值都较大，说明模型整体效果较好；但参数的 t 检验值较小，说明各个解释变量对被解释变量独立的影响作用不显著，原因可能就是各解释变量之间存在多重共线性。

2. 判断存在多重共线性的范围

若存在多重共线性，需进一步确定哪些变量引起多重共线性。

1）辅助回归法

依次选择一个解释变量作为被解释变量，剩余解释变量作为解释变量进行 OLS 回归，通过回归拟合优度大小进行判断。例如，首先选取 X_1 作为被解释变量，X_2，…，X_n 为解释变量，进行回归，计算拟合优度 R^2。若 R^2 的值较大，可以判断 X_1 可以由其他解释变量来表示，X_1 与某一些解释变量存在共线性。若 R^2 的值较小，再依次检验 X_2，…，X_n，直到检验完全部解释变量为止。

可进一步对上述出现较大判定系数的回归方程进行 F 检验

$$F_j=\frac{R_j^2/(k-1)}{(1-R_j^2)/(n-k)}\sim F(k-1,\ n-k) \tag{3-7}$$

用 R_j^2 来表示第 j 个解释变量对其他解释变量的可决系数。当 R^2 的值接近于 1 时，说明存在较强的共线性，此时 $1-R_j^2$ 较小，因此 F_j 值较大。在给定的显著性水平 α 下，计算 F 值并与临界值作比较进行判断。

另一等价的检验是：筛选出疑似存在多重共线性的解释变量 X_j，分别作包含 X_j 和不包含 X_j 的 OLS 回归，并比较回归的拟合优度。若两者差异不大，则表明 X_j 与其他解释变量存在多重共线性；若两者差异较大，则表明 X_j 与其他解释变量不存在多重共线性。

2）逐步回归法

假设模型中被解释变量为 Y，选取核心解释变量 X_1，采用普通最小二乘法进行回归。在此基础上，添加新的解释变量，若拟合优度增加幅度较大，则新添加的解释变量为独立的，与原有的变量不存在共线性；当拟合优度变化不大时，则添加的解释变量与已有的解释变量是相关的，可以由已经存在的解释变量来表示。这种方法可以看作对变量由少到多逐个添加。

3.1.5　克服多重共线性的方法

如果模型被证明存在多重共线性，则需要发展新的方法估计模型，最常用的方法如下。

1. 排除引起共线性的变量

首先找到产生多重共线性的变量，然后从模型中剔除这些变量，是解决多重共线性的主要方法。需要注意的是，如果剔除一个或多个解释变量，有可能因为模型解释变量减少而出现设定偏误问题。即使不出现设定偏误，估计参数的经济含义也会发生变化。在近似共线性下，普通最小二乘估计量仍然具有 BLUE 性质，因此如果出现较弱的多重共线性问题，对变量是剔除还是保留应该采用“相机抉择”的策略。

2. 变量差分法

通常来说，变量通过差分的形式可以大大减轻多重共线性的程度，例如，虽然变量 X_1 和 X_2 存在较强的相关性，但它们的差分 ΔX_1 和 ΔX_2 可能不存在相关性。因此，可以构建差分方程进行回归来缓解共线性。

3. 逐步回归法

逐步回归法是将解释变量逐个引入到模型中来。一般步骤是，首先将最为重要的变量引入模型，然后将可能的解释变量逐个带入模型，若引入的变量通过 t 检验，显著增加拟合优度的值，则将该变量纳入模型；否则从模型中删除；然后循环第二步，直到所有可能的变量检验完毕，这时没有显著的变量被排除，也没有不显著的变量被选入。

[例 3-1]　设粮食生产函数为

$$\ln Y=\beta_0+\beta_1\ln X_1+\beta_2\ln X_2+\beta_3\ln X_3+\beta_4\ln X_4+\beta_5\ln X_5+\mu$$

1. 用普通 OLS 进行估计结果如下：

```
. reg lnchanliang lnmianji lnguangai lnrenyuan lnhuafei lnjiexie

      Source |       SS           df       MS      Number of obs   =        31
-------------+----------------------------------   F(5, 25)        =    418.71
       Model |  59.9015288         5  11.9803058   Prob > F        =    0.0000
    Residual |  .715314493        25  .02861258    R-squared       =    0.9882
-------------+----------------------------------   Adj R-squared   =    0.9858
       Total |  60.6168433        30  2.02056144   Root MSE        =    .16915

------------------------------------------------------------------------------
 lnchanliang |      Coef.   Std. Err.      t    P>|t|     [95% Conf. Interval]
-------------+----------------------------------------------------------------
    lnmianji |   .8232439   .0815923    10.09   0.000     .6552014    .9912865
   lnguangai |   .2941975   .1068705     2.75   0.011     .0740935    .5143015
   lnrenyuan |  -.0171417   .0822487    -0.21   0.837     -.186536    .1522526
    lnhuafei |   .0577931   .0771244     0.75   0.461    -.1010476    .2166337
    lnjiexie |  -.1189884   .1080484    -1.10   0.281    -.3415183    .1035415
       _cons |  -.6124363   .4083563    -1.50   0.146    -1.453462    .2285893
------------------------------------------------------------------------------
```

可以看出 R^2 为 0.988，接近 1，因此可以认为粮食生产与上述变量整体相关，但农业人员数量、化肥施用量、机械总动力等变量前的参数估计值未能通过 t 检验，参数估计值不显著，因此认为，解释变量之间存在多重共线性问题。

2. 检验变量间的相关系数如下：

	lnmianji	lnguan~i	lnreny~n	lnhuafei	lnjiexie
lnmianji	1.0000				
lnguangai	0.9457	1.0000			
lnrenyuan	0.8493	0.8667	1.0000		
lnhuafei	0.9226	0.9318	0.8968	1.0000	
lnjiexie	0.9529	0.9522	0.8868	0.9210	1.0000

可以看出变量间存在较大相关性。

3. 找出最简单的回归形式。分别作 $\ln Y$ 关于 $\ln X_1$、$\ln X_2$、$\ln X_3$、$\ln X_4$ 和 $\ln X_5$ 的回归，结果发现 $\ln Y$ 关于 $\ln X_1$ 的可决系数最大，因此，选用面积变量作为回归模型初始的解释变量。

```
      Source |       SS           df       MS      Number of obs   =        31
-------------+----------------------------------   F(1, 29)        =   1657.27
       Model |  59.5743745         1  59.5743745   Prob > F        =    0.0000
    Residual |  1.04246881        29   .0359472    R-squared       =    0.9828
-------------+----------------------------------   Adj R-squared   =    0.9822
       Total |  60.6168433        30  2.02056144   Root MSE        =     .1896

------------------------------------------------------------------------------
 lnchanliang |      Coef.   Std. Err.      t    P>|t|     [95% Conf. Interval]
-------------+----------------------------------------------------------------
    lnmianji |   .9864698   .0242319    40.71   0.000     .9369101     1.03603
       _cons |  -.4813931   .1873143    -2.57   0.016    -.8644939   -.0982923
------------------------------------------------------------------------------
```

4. 逐步回归

将其他解释变量分别导入模型进行回归：

（1）将灌溉面积（代表水资源丰裕程度）导入模型，发现拟合优度 R^2 略有增加，且通过 t 检验，因此可以将灌溉面积纳入模型。

Source	SS	df	MS			
				Number of obs	=	31
				F(2, 28)	=	1088.38
Model	59.8470206	2	29.9235103	Prob > F	=	0.0000
Residual	.76982274	28	.027493669	R-squared	=	0.9873
				Adj R-squared	=	0.9864
Total	60.6168433	30	2.02056144	Root MSE	=	.16581

lnchanliang	Coef.	Std. Err.	t	P>|t|	[95% Conf.	Interval]
lnmianji	.792313	.0651955	12.15	0.000	.658766	.92586
lnguangai	.2632906	.0836088	3.15	0.004	.0920257	.4345555
_cons	-.9153552	.2140701	-4.28	0.000	-1.353858	-.4768524

(2) 将化肥施用量导入模型，发现化肥变量未通过 t 检验，因此应该将化肥施用量排除在模型之外。

Source	SS	df	MS			
				Number of obs	=	31
				F(3, 27)	=	707.83
Model	59.8557813	3	19.9519271	Prob > F	=	0.0000
Residual	.761062006	27	.028187482	R-squared	=	0.9874
				Adj R-squared	=	0.9860
Total	60.6168433	30	2.02056144	Root MSE	=	.16789

lnchanliang	Coef.	Std. Err.	t	P>|t|	[95% Conf.	Interval]
lnmianji	.7785072	.0705051	11.04	0.000	.6338427	.9231717
lnguangai	.2379672	.0960735	2.48	0.020	.0408407	.4350938
lnhuafei	.0377633	.0677372	0.56	0.582	-.1012221	.1767486
_cons	-.8015207	.2977844	-2.69	0.012	-1.412524	-.1905175

(3) 将农村从业人员数量导入模型，发现农村从业人员数量未通过 t 检验，因此应该将农村从业人员排除在模型之外。

Source	SS	df	MS			
				Number of obs	=	31
				F(3, 27)	=	701.93
Model	59.8494705	3	19.9498235	Prob > F	=	0.0000
Residual	.767372824	27	.028421216	R-squared	=	0.9873
				Adj R-squared	=	0.9859
Total	60.6168433	30	2.02056144	Root MSE	=	.16859

lnchanliang	Coef.	Std. Err.	t	P>|t|	[95% Conf.	Interval]
lnmianji	.7959349	.0674243	11.80	0.000	.6575917	.9342781
lnguangai	.2732348	.0915065	2.99	0.006	.0854789	.4609906
lnrenyuan	-.0200262	.0682094	-0.29	0.771	-.1599803	.1199279
_cons	-.8717196	.2635545	-3.31	0.003	-1.412489	-.3309503

(4) 将农业机械总动力导入模型，发现农业机械总动力未通过 t 检验，因此应该将农业机械总动力排除在模型之外。

Source	SS	df	MS			
				Number of obs	=	31
				F(3, 27)	=	736.34
Model	59.8848953	3	19.9616318	Prob > F	=	0.0000
Residual	.731947994	27	.027109185	R-squared	=	0.9879
				Adj R-squared	=	0.9866
Total	60.6168433	30	2.02056144	Root MSE	=	.16465

lnchanliang	Coef.	Std. Err.	t	P>|t|	[95% Conf.	Interval]
lnmianji	.839855	.0762155	11.02	0.000	.6834737	.9962363
lnguangai	.3226706	.0970383	3.33	0.003	.1235645	.5217768
lnjiexie	-.1155442	.0977533	-1.18	0.248	-.3161175	.0850291
_cons	-.8266443	.2254283	-3.67	0.001	-1.289185	-.3641036

3.2 异方差

对于模型

$$Y_i=\beta_0+\beta_1X_{i1}+\beta_2X_{i2}+\cdots+\beta_kX_{ik}+\mu_i \quad i=1,2,\cdots,n \tag{3-8}$$

同方差性假设为

$$V(\mu_i \mid X_1,X_1,\cdots,X_k)=\sigma^2 \quad i=1,2,\cdots,n$$

如果出现

$$V(\mu_i \mid X_{i1},X_{i1},\cdots,X_{ik})=\sigma_i^2 \quad i=1,2,\cdots,n$$

即对于不同的样本点，随机干扰项的方差不再是常数，而是互不相同的，则认为出现了异方差性。

3.2.1 异方差的类型

同方差性假定的意义是指，每个μ_i围绕其零平均值的方差并不随解释变量X_i的变化而变化，无论解释变量是大还是小，每个μ_i的方差保持相同，即

$$\sigma_i^{\ 2}=常数\neq f(X_i)$$

在异方差的情况下，$\sigma_i^{\ 2}$已不是常数，它随X_i的变化而变化，即

$$\sigma_i^{\ 2}=f(X_i)$$

异方差一般可归结为以下三种类型。

(1) 单调递增型：$\sigma_i^{\ 2}$随X的增大而增大。

(2) 单调递减型：$\sigma_i^{\ 2}$随X的增大而减小。

(3) 复杂型：$\sigma_i^{\ 2}$随X的变化呈复杂形式。

单方差与异方差的对比如图 3.1 所示。

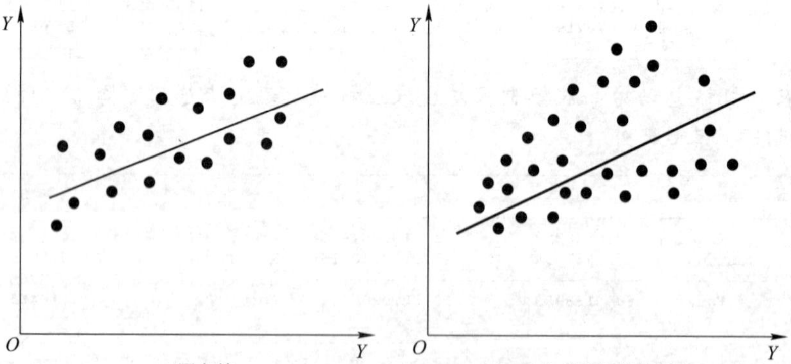

图 3.1 单方差与异方差的比较

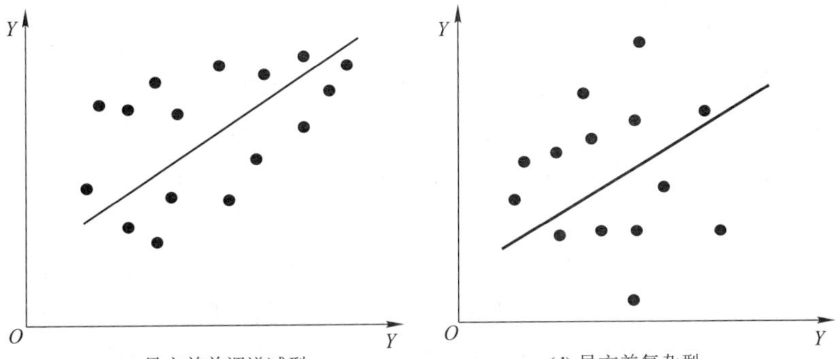

图 3. 1　单方差与异方差的比较（续）

3. 2. 2　实际问题中的异方差性

在实际问题中，哪些情况导致模型出现异方差性?

［例 3-2］　按照误差学习模型，人们在学习过程中，其行为误差会随着时间增加而减少。在这种情况下，预期误差会减少。例如，在给定的时间里，打字出错个数，会随着练习时间的增加而逐渐减少，打字出错个数的方差也有所下降。因此，随机误差项不在为常数。如图 3. 2 所示。

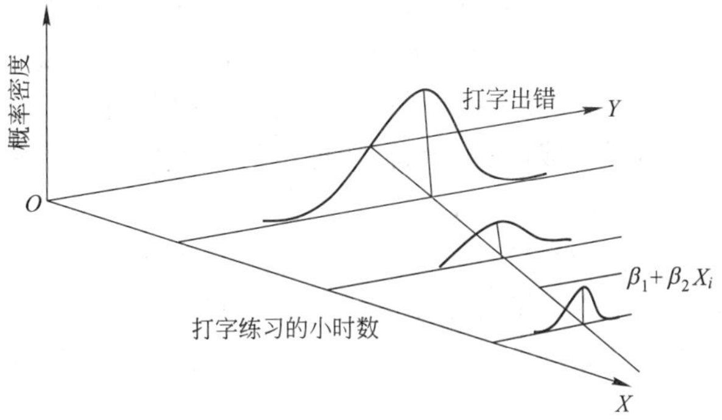

图 3. 2　异方差性示例

［例 3-3］　在横截面数据中，人们对同一时间不同的个体进行观测，如不同的消费者收入、厂商、企业、城市等。这些成员大小不同、特征存在差异，如企业有大、中、小之分，消费者收入有高、中、低差异。一般而言，大企业支付的平均工资较高、小企业支付的平均工资偏低。例如，2019 年腾讯公司一季度薪酬总额为 116. 16 亿元，平均工资达到了 7. 09 万元，第二季度薪酬总额为 126. 43 亿，平均工资达到了 7. 27 万元；而我国的部分地区中小企业月工资仅两三千元。薪酬标准差一般随着工资额度的增加而提高。因此，若在模型中输入了不同规模企业的工资数据，就很容易产生异方差问题。

根据研究经验，对于采用截面数据做样本的计量学问题，由于在不同样本点上解释变量以外的其他因素差异较大，所以往往存在异方差性。

3.2.3 异方差性产生的原因

由于现实经济活动的错综复杂性，一些经济现象的变动与同方差性的假定经常是相悖的。所以在计量经济分析中，往往会出现某些因素随其观测值的变化而对被解释变量产生不同的影响，导致随机误差项的方差相异。通常异方差产生的原因如下。

1. 模型中遗漏部分解释变量，因此随机干扰项出现系统模式

模型设定时，由于主观原因导致某些必要的解释变量被遗漏，或者由于客观原因使得某些必要的解释变量无法包括在模型中（如缺少数据），这些被遗漏的解释变量就会包含在 μ_i 中，而它们又会对被解释变量产生不同的影响，导致 μ_i 产生异方差。若遗漏的解释变量随观测值的不同对被解释变量产生差异化的影响，就会产生异方差。

例如，以截面数据为样本，研究家庭收入对服装需求量的影响，设立如下模型：$Q_i=\beta_0+\beta_1 I_i+\mu_i$，其中 Q_i 表代表家庭对服装的需求量，I_i 代表家庭收入，μ_i 为随机误差项，家庭收入以外影响服装需求量的因素纳入到随机误差项 μ_i 中，如家庭消费习惯、家庭人口规模，气候等。在气候异常需要添加衣服时，高收入家庭在服装上的支出较大，低收入家庭在服装上的支出偏小，不同家庭的 I_i，Q_i 波动幅度存在差异。$V(\mu_i)$ 不再是固定不变的常数，而是随着家庭收入不同产生差异：收入越高，方差越大，于是模型就产生了异方差性。

异方差在截面数据中更容易出现是因为截面数据通常指的是某一确定时间点上的总体单位，对不同的样本点，除解释变量以外的其他因素的差异较大。例如，对来自同一班级的同学，影响消费的最重要因素是收入，但是每一个同学来自不同的家庭，都有不同的家庭背景或生活水平，消费观念和习惯会有差异。消费除了受收入的影响外，还受到其他很多因素的影响，异方差就产生了。所以一般以截面数据作样本时，往往更容易受异方差的影响。

2. 模型设定误差

模型设定最重要的两点，一是选择合适变量，二是为变量选择恰当的组织形式，即函数表达式。在模型设定时，如果出现遗漏变量，被遗漏的变量将会进入到随机误差项中。由于遗漏变量的变化，引起随机误差项的方差也发生变化，导致异方差问题。

3. 测量误差的变化

测量误差也有可能导致异方差。当测量误差增加时，如误差在多次测量中不断累积或者变量的数值不断增加，测量误差增加导致随机误差项方差变大；当测量误差减少时，如优化数据收集办法、完善数据清洗流程等，测量误差减少导致随机误差项方差变小。在时间系列数据中，经常会出现由测量误差变化导致的异方差。

例如，以打错字数 Y_t 为被解释变量，以练习打字的时间 X_t 为解释变量。错误字数 Y_t 随着练习时间的增加而减少，方差也会随着时间 X_t 的增加而减少，所以存在异方差。

再如，不同收入群体的人数 Y_t 为被解释变量，收入为解释变量。不同收入组的人数呈现正态分布，组内的人数不同导致观测误差不同。因此，模型随机误差项的方差 $V(\mu_i)$ 也呈现先减后增的 U 型变化趋势，所以存在异方差。

4. 截面数据在总体各单位上的差异

相比时间序列数据，截面数据产生异方差的概率更高。例如，用截面数据来研究消费和

收入之间的关系时，对于收入较低的家庭，其主要消费支出用于购买生活必需品，剩余的部分比较少，消费的方差不大。对于收入水平较高的家庭，除了购买生活必需品，还有更广泛的选择，比如购买奢侈品，或者用于投资，方差比较大，异方差就出现了。异方差可能在截面数据中比在时间序列数据中更容易出现。因为在同一时间主体间的差异通常大于同一主体不同时间的差异。但是，若时间序列数据时间跨度较长，尤其是中间经历过较大的制度或政策变化，也可能产生严重的异方差，异方差的严重性时间序列数据甚至超过横截面数据。

当然，以上仅是对可能引发异方差的原因进行经验总结。在实际研究模型时，必须从实际问题出发，仔细分析各个变量的经济学含义，从而找出产生或不产生异方差的原因。

3.2.4　异方差性的后果

计量经济学模型中一旦出现异方差性，如果仍采用普通最小二乘法估计模型参数，会产生一系列不良后果。

1. 参数估计量非有效

根据参数估计量的无偏性和有效性的证明过程，可看出，当计量经济学模型出现异方差性时，其普通最小二乘法参数估计量仍然具有线性性、无偏性，但不具有有效性。因为在有效性证明中利用了

$$E(\mu\mu' \mid X)=\sigma^2 I$$

而且，在大样本的情况下，尽管参数估计量具有一致性，但仍然不具有渐近有效性。

2. 变量的显著性检验失去意义

在关于变量的显著性检验中，构造了 t 统计量，它是建立在随机干扰项共同的方差 σ^2 不变而正确估计了参数方差 $S_{\hat{\beta}_j}$ 的基础上的。如果出现了异方差性，估计的 $S_{\hat{\beta}_j}$ 出现偏误，t 检验将失去意义。其他检验也是如此。

如对一元回归模型

$$Y_i=\beta_0+\beta_1 X_i+\mu_i$$

的普通最小二乘估计有

$$\hat{\beta}_1=\beta_1+\sum k_i\mu_i=\beta_1+\frac{\sum x_i\mu_i}{\sum x_i^2}$$

可以证明，存在异方差的情况下正确的 $\hat{\beta}_1$ 的方差应为

$$V(\hat{\beta}_1)=\frac{\sum x_i^2\sigma_i^2}{(\sum x_i^2)^2} \tag{3-9}$$

而普通最小二乘法仍按下式

$$V(\hat{\beta}_1)=\frac{\sigma_i^2}{\sum x_i^2} \tag{3-10}$$

显然，只有同方差性满足时，式（3-9）与式（3-10）才会相同，否则普通最小二乘法给出的估计结果就会出现偏误，在有偏误的方差基础上构造的 t 统计量不再服从真实的 t 分布，相应的 t 检验也就失去了意义。

3. 模型的预测失效

一方面，由于上述后果，该模型不具备良好的统计学特性；另一方面，预测值的置信区

间包括含有参数方差的估计量 $S_{\hat{\beta}_j}$。因此，如果模型出现异方差，使用普通最小二乘法估计将导致预测区间过大或过小，预测功能无效。

3.2.5 异方差性的检验

检验异方差的方法是计量经济学中的一个重要课题，检验方法也多种多样，但它们有一个共同的出发点。如前文所言，异方差是随机误差项的方差不再是常数，随解释变量的不同而不同。因此，判断是否存在异方差，只需要检验随机误差项方差和解释变量之间的相关性。按此思路，目前已经出现了各种检验方法。下面介绍三种异方差检验方法。

1. 图示检验法

图示检验法既可以用 Y-X 散点图进行判断，也可以用某个 e_i^2-X 的散点图进行判断。对前者看是否存在明显的散点扩大、缩小或复杂型趋势（不在一个固定的带形域中），对后者看是否形成一条斜率为零的直线，如图 3.3 所示。

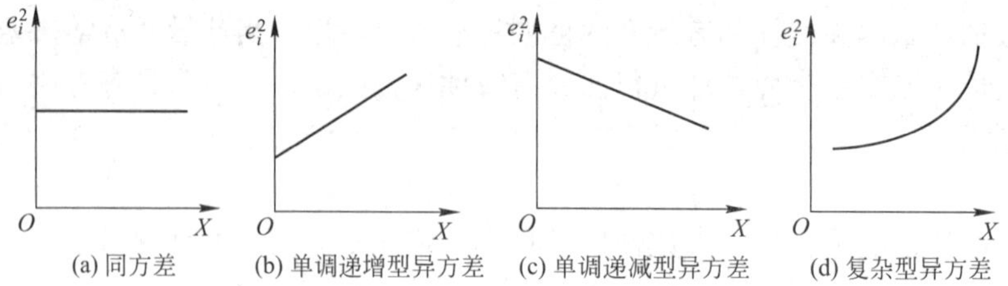

图 3.3 不同异方差类型

图示检验法只能进行大概的判断，其他的统计检验方法则更为严格。

2. Breush—Pagan（简称 BP）检验法

对于多元线性回归模型

$$Y_i=\beta_0+\beta_1X_{i1}+\beta_2X_{i2}+\cdots++\beta_kX_{ik}+\mu_i$$

异方差的含义是

$$V\ (\mu_i \mid X_{i1},\ X_{i2}\cdots X_{ik})\ \neq 0$$

或者说，随机误差项或随机误差项的平方与某一个或某一些解释变量相关。

假设随机误差项的平方与解释变量存在线性相关关系

$$\mu_i^2=\delta_0+\delta_1X_{i1}+\delta_2X_{i2}+\cdots+\delta_kX_{ik} \tag{3-11}$$

只需要检验 H_0：$\delta_0=\delta_1=\cdots=\delta_k=0$ 是否成立。

若 H_0 成立，则随机误差项同方差，若 H_0 不成立，则随机误差项异方差。

实际操作时，可以用 e_i^2 近似替代 μ_i^2。即作辅助回归

$$e_i^2=\delta_0+\delta_1X_{i1}+\delta_2X_{i2}+\cdots+\delta_kX_{ik}$$

检验 H_0：$\delta_0=\delta_1=\cdots=\delta_k=0$ 是否成立。

3. 怀特检验法

在 BP 检验法中，假设随机误差项的平方与解释变量存在线性相关关系。事实上，可能存在线性关系，也可能存在非线性关系，比如存在解释变量的平方项或交互项。怀特

（White）检验法可以看作扩展的 BP 检验法。假设回归模型的形式为

$$Y_i = \beta_0 + \beta_1 X_{i1} + \beta_2 X_{i2} + \mu_i$$

首先可以先对该模型作 OLS 回归，并得到残差项的平方 e_i^2，然后做如下辅助回归

$$e_i^2 = \delta_0 + \delta_1 X_{i1} + \delta_2 X_{i2} + \delta_3 X_{i1}^2 + \delta_4 X_{i2}^2 + \delta_5 X_{i1} X_{i2} + \varepsilon_i$$

要检验的同方差性假设

$$H_0: \delta_1 = \delta_2 = \cdots = \delta_5 = 0$$

怀特检验法的辅助回归方程式（3-14）是检验随机误差项的近似值 e_i^2 与解释变量可能的组合是否存在相关关系。当然，辅助回归方程式（3-14）中还可引入解释变量的三次项及更高次项。需要注意的是，引入过多的解释变量会降低模型的自由度。

3.2.6　异方差的修正

1. 加权最小二乘法

加权最小二乘法是将原始模型加权为一个没有异方差的新模型，然后用普通最小二乘法估计其参数。加权的基本思想是：普通最小二乘法给较小的残差平方 e_i^2 分配较大的权重，给较大的残差平方 e_i^2 分配较小的权重，以达到调节异方差的目的。加权以后，模型变为同方差，得到的参数估计量具有 BLUE 性质。

加权最小二乘法就是加了权重的残差平方和实施普通最小二乘法

$$\sum w_i e_i^2 = \sum w_i [Y_i - (\beta_0 + \beta_1 X_1 + \cdots + \beta_k X_k)]^2 \tag{3-12}$$

其中，w_i 为权数。

WLS 比 OLS 有更广泛的含义，或者说 OLS 只是 WLS 的一个特例，其中权重为常数 1。实际操作中通常不对原模型进行异方差性检验，而是直接选择 WLS，当存在异方差时，异方差可以被消除，若不存在异方差，则等价于 OLS。因此 WLS 也被称为广义最小二乘法（generalized least squares，GLS）。

2. 异方差稳健标准误法

加权最小二乘法的关键是找到模型中随机误差项 μ 的方差和解释变量之间恰当的函数关系式，这不是一个简单的任务。在某些情况下，很难获得与解释变量有关的 μ 的方差的正确函数形式。在这种情况下，可以使用下面描述的异方差稳健标准误方法来消除异方差存在的不良影响。

在模型存在异方差时，如果仍然采用普通最小二乘估计，参数估计量中的无偏性和一致性仍然保留，但破坏了估计的有效性。估计效率的损失会降低常规检验的说服力。因此，可以采用“头痛医头、脚痛医脚”的模式，只需要完成对方差的纠正即可。

1980 年怀特提出的方法是，用普通最小二乘法估计的残差的平方 e_i^2 作为相应的 σ_i^2 的代表。如在一元线性回归中，估计的斜率 $\hat{\beta}_1$ 的正确的方差应为

$$V(\hat{\beta}_1) = \frac{\sum x_i^2 \sigma_i^2}{(\sum x_i^2)^2} \tag{3-13}$$

于是用普通最小二乘估计的残差的平方 e_i^2 作为相应 σ_i^2 的代表，即用下式作为 $V(\hat{\beta}_1)$ 的估计

$$\frac{\sum x_i^2 e_i^2}{(\sum x_i^2)^2} \tag{3-14}$$

怀特证明了大样本下，式（3-14）是式（3-9）的一致估计。式（3-15）的平方根称为$\hat{\beta}_1$的异方差稳健标准误。

在存在异方差的情况下，异方差稳健标准误法不能提供有效的估计值，但由于它提供的方差估计值对普通最小二乘估计是正确的，使得以方差为基础建立的检验变为有效。当不能有效实施 WLS 方法时，应该首先考虑用异方差稳健标准误法来处理异方差问题。

3.3 案例分析

TC 为某地区电力的价格，Q 为电力供应量，PL 为劳动力价格，PF 为燃料价格，PK 为资本价格，具体数据见表 3.2。

表 3.2 某地区电力价格具体数据

TC/(美元/kW)	Q/kW	PL/(美元/h)	PF/(美元/t)	PK/(美元/单位)	TC/(美元/kW)	Q/kW	PL/(美元/h)	PF/(美元/t)	PK/(美元/单位)
0.082	2	2.1	17.9	183	6.8	1 118	2.3	23.6	161
0.661	3	2.1	35.1	174	7.743	1 122	2.2	29.1	162
0.99	4	2.1	35.1	171	7.968	1 137	2.0	20.7	158
0.315	4	1.8	32.2	166	8.858	1 156	2.3	33.5	176
0.197	5	2.1	28.6	233	8.588	1 166	1.7	26.9	183
0.098	9	2.1	28.6	195	6.449	1 170	2.1	35.1	166
0.949	11	2.0	35.5	206	8.488	1 215	2.2	29.1	164
0.675	13	2.1	35.1	150	8.877	1 279	2.0	34.3	207
0.525	13	2.2	29.1	155	10.274	1 291	2.3	31.9	175
0.501	22	1.7	15.0	188	6.024	1 290	1.6	28.2	225
1.194	25	2.1	17.9	170	8.258	1 331	2.1	30.0	178
0.67	25	1.7	39.7	167	13.376	1 373	2.2	36.2	157
0.349	35	1.8	22.6	213	10.69	1 420	2.2	36.2	138
0.423	39	2.3	23.6	164	8.308	1 474	1.9	24.6	163
0.501	43	1.8	42.8	170	6.082	1 497	1.8	10.3	168
0.55	63	1.8	10.3	161	9.284	1 545	1.8	20.2	158
0.795	68	2.0	35.5	210	10.879	1 649	2.3	31.9	177
0.664	81	2.3	28.5	158	8.477	1 668	1.8	20.2	170
0.705	84	2.2	29.1	156	6.877	1 782	2.1	10.7	183
0.903	73	1.8	42.8	176	15.106	1 831	2.0	35.5	162

续表

TC/(美元/kW)	Q/kW	PL/(美元/h)	PF/(美元/t)	PK/(美元/单位)	TC/(美元/kW)	Q/kW	PL/(美元/h)	PF/(美元/t)	PK/(美元/单位)
1. 504	99	2. 2	36. 2	170	8. 031	1 833	1. 8	10. 3	177
1. 615	101	1. 7	33. 4	192	8. 082	1 838	1. 5	17. 6	196
1. 127	119	1. 9	22. 5	164	10. 866	1 787	2. 2	26. 5	164
0. 718	120	1. 8	21. 3	175	8. 596	1 918	1. 7	12. 9	158
2. 414	122	2. 1	17. 9	180	8. 673	1 930	1. 8	22. 6	157
1. 13	130	1. 8	38. 9	176	15. 437	2 028	2. 1	24. 4	163
0. 992	138	1. 8	20. 2	202	8. 211	2 057	1. 8	10. 3	161
1. 554	149	1. 9	22. 5	227	11. 982	2 084	1. 8	21. 3	156
1. 225	196	1. 9	29. 1	186	16. 674	2 226	2. 0	34. 3	217
1. 565	197	2. 2	29. 1	183	12. 62	2 304	2. 3	23. 6	161
1. 936	209	1. 9	22. 5	169	12. 905	2 341	2. 0	20. 7	183
3. 154	214	1. 5	27. 5	168	11. 615	2 353	1. 7	12. 9	167
2. 599	220	1. 9	22. 5	164	9. 321	2 367	1. 8	10. 3	161
3. 298	234	2. 2	36. 2	164	12. 962	2 451	2. 0	20. 7	163
2. 441	235	2. 1	24. 4	170	16. 932	2 457	2. 2	36. 2	170
2. 031	253	1. 9	22. 5	158	9. 648	2 507	1. 8	10. 3	174
4. 666	279	2. 1	35. 1	177	18. 35	2 530	2. 3	33. 5	197
1. 834	290	1. 7	33. 4	195	17. 333	2 576	1. 9	22. 5	162
2. 072	290	1. 8	20. 2	176	12. 015	2 607	1. 8	10. 3	155
2. 039	295	1. 8	21. 3	188	11. 32	2 870	1. 8	10. 3	167
3. 398	299	1. 7	26. 9	187	22. 337	2 993	2. 3	33. 5	176
3. 083	324	2. 1	35. 1	152	19. 035	3 202	2. 3	23. 6	170
2. 344	333	2. 2	29. 1	157	12. 205	3 286	1. 6	17. 8	183
2. 382	338	1. 9	24. 6	163	17. 078	3 312	1. 7	28. 8	190
2. 657	353	2. 2	29. 1	143	25. 528	3 498	2. 1	30. 0	170
1. 705	353	2. 1	10. 7	167	24. 021	3 538	2. 1	30. 0	176
3. 23	416	1. 5	26. 2	217	32. 197	3 794	2. 1	35. 1	159
5. 049	420	1. 5	27. 5	144	26. 652	3 841	2. 3	28. 5	157
3. 814	456	2. 1	30. 0	178	20. 164	4 014	2. 1	24. 4	161
4. 58	484	1. 8	42. 8	176	14. 132	4 217	1. 5	18. 1	172
4. 358	516	2. 3	23. 6	167	21. 41	4 305	2. 1	24. 4	203
4. 714	550	2. 1	35. 1	158	23. 244	4 494	2. 0	20. 7	167
4. 357	563	2. 3	31. 9	162	29. 845	4 764	2. 2	29. 1	195
3. 919	566	2. 3	33. 5	198	32. 318	5 277	1. 9	29. 1	161
3. 442	592	1. 9	22. 5	164	21. 988	5 283	2. 0	20. 7	159

续表

TC/(美元/kW)	Q/kW	PL/(美元/h)	PF/(美元/t)	PK/(美元/单位)	TC/(美元/kW)	Q/kW	PL/(美元/h)	PF/(美元/t)	PK/(美元/单位)
4.898	671	2.1	35.1	164	35.229	5 668	2.1	24.4	177
3.584	696	1.8	10.3	161	17.467	5 681	1.8	10.3	157
5.535	719	1.7	26.9	174	22.828	5 819	1.8	18.5	196
4.406	742	2.0	20.7	157	33.154	6 000	2.1	24.4	183
4.289	795	2.2	26.5	185	32.228	6 119	1.5	26.2	189
6.731	800	1.7	26.9	157	34.168	6 136	1.9	22.5	160
6.895	808	1.7	39.7	203	40.594	7 193	2.1	28.6	162
5.112	811	2.3	28.5	178	33.354	7 886	1.6	17.8	178
5.141	855	2.0	34.3	183	64.542	8 419	2.3	31.9	199
5.72	860	2.3	33.5	168	41.238	8 642	2.2	26.5	182
4.691	909	1.5	17.6	196	47.993	8 787	2.3	33.5	190
6.832	913	1.7	26.9	166	69.878	9 484	2.1	24.4	165
4.813	924	1.8	10.3	172	44.894	9 956	1.7	28.8	203
6.754	984	1.7	26.9	158	67.12	11 477	2.2	26.5	151
5.127	991	2.1	30.0	174	73.05	11 796	2.1	28.6	148
6.388	1 000	1.6	28.2	225	139.422	14 359	2.3	33.5	212
4.509	1 098	2.1	24.4	168	119.939	16 719	2.3	23.6	162
7.185	1 109	2.1	35.1	177					

(1) 画出残差与解释变量 ln Q 的散点图如图 3.4 所示，可以看出扰动项的方差随着解释变量值的变化而变化，因此模型很可能存在异方差。

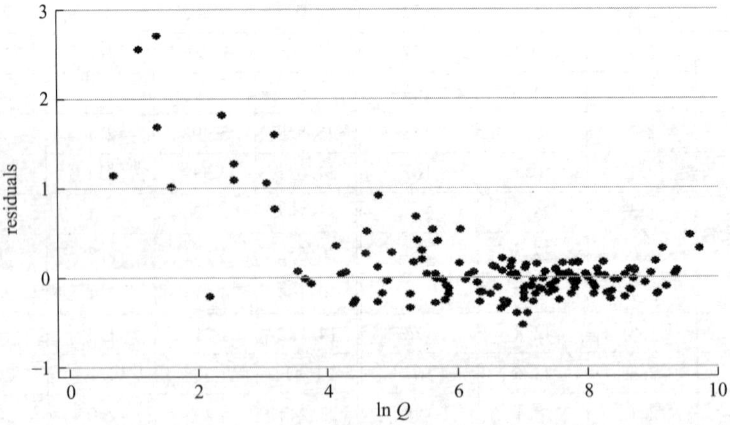

图 3.4 残差与解释变量 ln Q 的散点图

(2) 怀特检验

结果显示，p 等于 0.000 0，强烈拒绝同方差的假设，认为存在异方差，这个检验结果证实了根据残差图进行的的大致判断。

```
White's test for Ho: homoskedasticity
         against Ha: unrestricted heteroskedasticity

         chi2(14)      =    73.88
         Prob > chi2   =   0.0000

Cameron & Trivedi's decomposition of IM-test
```

Source	chi2	df	p
Heteroskedasticity	73.88	14	0.0000
Skewness	22.79	4	0.0001
Kurtosis	2.62	1	0.1055
Total	99.29	19	0.0000

（3）加权最小二乘法

Source	SS	df	MS
Model	173.069988	4	43.2674971
Residual	6.76790874	140	.048342205
Total	179.837897	144	1.24887428

Number of obs	=	145
F(4, 140)	=	895.03
Prob > F	=	0.0000
R-squared	=	0.9624
Adj R-squared	=	0.9613
Root MSE	=	.21987

lntc	Coef.	Std. Err.	t	P>|t|	[95% Conf.	Interval]
lnq	.8759035	.0153841	56.94	0.000	.8454883	.9063187
lnpf	.4672438	.0616476	7.58	0.000	.3453632	.5891243
lnpk	-.0929807	.1960402	-0.47	0.636	-.4805627	.2946014
lnpl	.5603879	.1734141	3.23	0.002	.2175389	.9032369
_cons	-5.522088	.9928472	-5.56	0.000	-7.485	-3.559176

课后习题

1. 对一元回归模型 $Y_i=\beta_0+\beta_1X_i+\mu_i$，假如其他基本假设全部满足，但 $V(\mu_i)=\sigma_i^2\neq\sigma^2$，试证明估计的斜率项仍是无偏的，但方差变为 $V(\tilde{\beta}_1)=\dfrac{\sum x_i^2\sigma_i^2}{(\sum x_i^2)^2}$。

2. 对习题1中的一元线性回归模型，如果已知 $V(\mu_i)=\sigma_i^2$，可对原模型加权 $\dfrac{1}{\sigma_i}$ 相乘后变换成二元模型 $\dfrac{Y_i}{\sigma_i}=\dfrac{\beta_0}{\sigma_i}+\dfrac{\beta_1X_i}{\sigma_i}+\dfrac{\mu_i}{\sigma_i}$，对该模型进行OLS估计就是加权最小二乘法。试证明该模型的随机干扰项是同方差的。

3. 以某一行业的企业数据为样本建立柯布道格拉斯生产函数模型，其中被解释变量：产出量 Y，解释变量：资本 K、劳动 L、技术 A。

$$Y_i=A_i^{\alpha}K_i^{\beta}L_i^{\gamma}e^{u_i}$$

分析上述模型中存在的异方差性。

4. 试述产生模型设定偏误的主要原因是什么？模型设定偏误的后果以及检验方法有哪些？

5. 什么是异方差性？试举例说明经济现象中的异方差性。

第 4 章　含虚拟变量的模型

在回归分析中，经常会遇到这样一种情况，即被解释变量的变化波动不仅依赖于那些能够量化的变量，还依赖于某些定性的变量，如季节、性别等。在经济系统中，也有许多变动是不能定量的，如汇率由固定变为浮动、战争时期转到和平时期时的经济状况、自然灾害对经济的影响等。为了能够在模型中反映这些因素的影响，提高模型精确程度，需要将它们进行"量化"，此时需要利用引入"虚拟变量"来完成。

4.1　虚拟变量的引入

在经济中，一些对经济产生影响的因素无法定量描述，如和平时期和战争时期，男性和女性，东方和西方等。如何描述这些变量对经济的影响呢？通常构造一些虚拟变量来在回归中表示它们。人们一般根据这些因素的属性来构造虚拟变量（dummy variable），记为 D。虚拟变量是一种人工设定变量，它经常被构造成每当它所代表的定性现象发生时取值为 1，否则为 0。这些虚拟变量，就像任何其他解释变量一样，用于经典线性回归模型，产生标准的普通最小二乘结果。

虚拟变量实质上就是把数据严格划分为若干部分的工具，其中这些被划分为不同部分的数据相互排斥。例如，反映职业是否为医生的虚拟变量可取

$$D=\begin{cases}1 & \text{医生}\\0 & \text{非医生}\end{cases}$$

对二值虚拟变量，在模型中加入一个虚拟变量的时候，必须决定相互对立的两部分数据如何取值。比如，哪一部分的数据值取 1，哪一部分的数据值取 0。在设置虚拟变量时，默认的规则是用数字 1 表示肯定与基础类型的变量，用数字 0 表示比较与否定类型的变量。其实虚拟变量可以取任何参数值，来对给经济模型带来影响的定性信息进行定量描述，但是用 0-1 变量代表定性信息对经济模型产生的影响可以使回归模型中的参数更加自然。

例如，考察毕业大学生工资的模型，把性别作为虚拟变量，设置如下：

$$Y_i=\beta_0+\beta_1 X_i+\beta_2 D_i+\mu_i$$

其中，Y_i 表示毕业大学生的工资，X_i 表示出勤天数，D_i 表示大学生性别，D_i 取值为 0 或 1，取 0 的时候代表女生，取 1 的时候代表男生。

虚拟变量作为解释变量引入模型有两种基本方法，即加法方式和乘法方式。

1. 加法方式

上述毕业大学生工资模型中，虚拟变量性别 D_i 对被解释变量毕业大学生工资的影响是

通过相加的方式实现的，这就是通过加法方式引进虚拟变量。如果在此模型中仍保持 $E(\mu_i)=0$ 这一假定条件，则女毕业大学生的工资为

$$E(Y_i \mid X, D=0)=\beta_0+\beta_1 X_i \tag{4-1}$$

男毕业大学生的平均薪资为

$$E(Y_i \mid X, D=1)=(\beta_0+\beta_2)+\beta_1 X_i \tag{4-2}$$

由式（4-1）与式（4-2）可以发现，男毕业大学生的工资和女毕业大学生的工资表现在图上只是截距不同。由图 4.1 可以发现，假定 $\beta_2>0$，虽然两个函数图像的截距不同，但它们的斜率相等。男毕业大学生比女毕业大学生的工资高一个固定的值。这个差距也就是截距之差，不受教育水平的影响，这也解释了不同性别毕业大学生的工资-教育水平曲线的斜率是相等的（两条曲线平行）。这就表明，男女毕业大学生的工资受出勤天数变化的影响程度一样，但是两者的工资水平不同，二者间差距为 β_2。可以通过传统的回归检验来判断男毕业大学生的工资和女毕业大学生的工资之间是否存在显著的差异，这一回归检验就是对 β_2 的统计显著性进行检验。

又如，在截面数据基础上，考虑保健支出对个人收入和教育水平的回归。教育水平考虑三个层次：高中以下、高中、本科及以上三种教育水平。此时需要引入两个虚拟变量

$$D_1=\begin{cases}1, & \text{高中}\\ 0, & \text{其他}\end{cases}$$

$$D_2=\begin{cases}1, & \text{大学及以上}\\ 0, & \text{其他}\end{cases}$$

模型可设定如下

$$Y_i=\beta_0+\beta_1 X_i+\beta_2 D_1+\beta_3 D_2+\mu_i \tag{4-3}$$

在 $E(\mu_i \mid X, D_1, D_2)=0$ 的初始假定下，容易得到高中以下、高中、大学及以上教育水平保健支出的函数

高中以下：　$E(Y_i \mid X, D_1=0, D_2=0)=\beta_0+\beta_1 X_i$

高中：　$E(Y_i \mid X, D_1=1, D_2=0)=(\beta_0+\beta_2)+\beta_1 X_i$

大学及以上：　$E(Y_i \mid X, D_1=0, D_2=1)=(\beta_0+\beta_3)+\beta_1 X_i$

此时，假设 $\beta_3>\beta_2$，其几何意义如图 4.2 所示

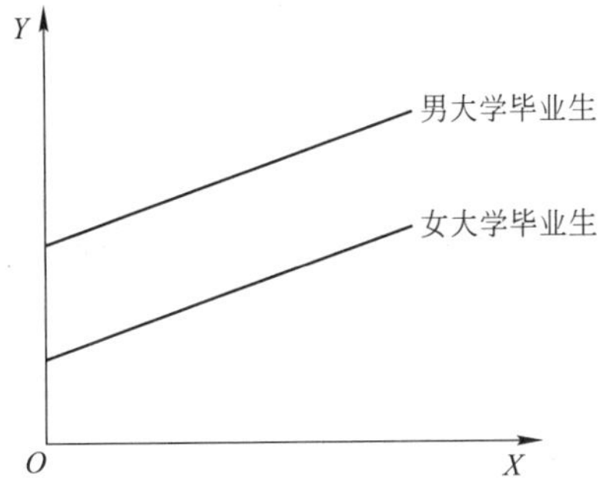

图 4.1　男女大学毕业生平均薪金示意图

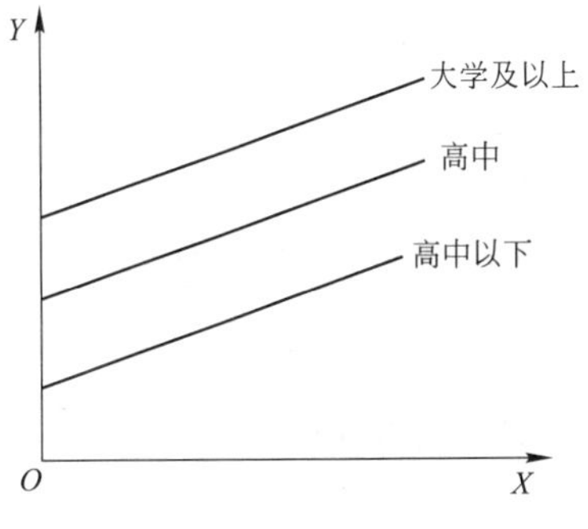

图 4.2　不同教育水平人员保健支出示意图

还可将多个虚拟变量引入模型中以考察多种“定性”因素的影响。例如，在上述工资

模型中，引入学历的虚拟变量 D_2

$$D_2=\begin{cases}1, & \text{本科及以上学历}\\0, & \text{本科以下学历}\end{cases}$$

则工资的回归模型可设计如下

$$Y_i=\beta_0+\beta_1X_i+\beta_2D_1+\beta_3D_2+\mu_i \tag{4-4}$$

于是，不同性别、不同学历职工的平均薪资分别由下面各式给出。

女性职工本科以下学历的平均工资

$$E(Y_i\mid X,D_1=0,D_2=0)=\beta_0+\beta_1X_i$$

男性职工本科以下学历的平均工资

$$E(Y_i\mid X,D_1=1,D_2=0)=(\beta_0+\beta_2)+\beta_1X_i$$

女性职工本科以上学历的平均工资

$$E(Y_i\mid X,D_1=0,D_2=1)=(\beta_0+\beta_3)+\beta_1X_i$$

男性职工本科以上学历的平均工资

$$E(Y_i\mid X,D_1=1,D_2=1)=(\beta_0+\beta_2+\beta_3)+\beta_1X_i$$

2. *乘法方式*

当模型的截距不同时，采用加法方式引入虚拟变量。然而很多时候，斜率也会变化，则虚拟变量采用乘法的方法来表示模型斜率的变化。例如，在研究中国居民的边际消费倾向时，城镇居民的边际消费倾向和农村居民的边际消费倾向是否存在着城乡差异？可以利用虚拟变量的乘法来刻画这种城乡差异，考虑在收入系数中通过乘法的方式引进虚拟变量来实现

$$D_i=\begin{cases}1, & \text{农村居民}\\0, & \text{城镇居民}\end{cases}$$

则可得到全体居民的消费模型

$$C_i=\beta_0+\beta_1X_i+\beta_2D_iX_i+\mu_i \tag{4-5}$$

其中，C_i，X_i 分别表示中国居民人均年消费支出与年可支配收入，虚拟变量 D_i 以与 X_i 相乘的方式引入模型，从而可用来考察边际消费倾向的差异。在 $E(\mu_i\mid X,D)=0$ 的假定下，上述模型所表示的函数可化为

农村居民：$E(C_i\mid X,D=1)=\beta_0+(\beta_1+\beta_2)X_i$

城镇居民：$E(C_i\mid X,D=0)=\beta_0+\beta_1X_i$

显然，如果 β_2 显著地异于 0，则可以判定农村居民与城镇居民的边际消费倾向有差异。

4.2 虚拟变量的设置

尽管在回归模型中包含虚拟变量很容易，但在使用它们时仍必须小心，具体而言，需考虑如下方面。

（1）确定虚拟变量的数量有明确的规则：设置的虚拟变量的个数要比定性变量的个数少 1。否则，两者相等时，比如，k 个定性变量如果引入 k 个虚拟变量会导致模型解释变量间出现完全共线性或多重共线性的情况。模型中由于引入与定性变量个数一样多的虚拟变量而导致模型无法正确估计的情况，称为“虚拟变量陷阱”。

众所周知，一年中四个季节的变化对衣服销售额有显著影响。所以衣服销售量 Y_i 除了受到 k 种定量变量的影响，还会受到季节变化的影响。用 X_k 表示定量变量对卫衣销售量 Y_i 的影响，用虚拟变量表示季节变化对卫衣销售量 Y_i 的影响，引入三个虚拟变量可以代表春、夏、秋、冬四个季节的影响。

$$D_{i1}=\begin{cases}1, & \text{春季}\\0, & \text{其他}\end{cases}$$

$$D_{i2}=\begin{cases}1, & \text{夏季}\\0, & \text{其他}\end{cases}$$

$$D_{i3}=\begin{cases}1, & \text{秋季}\\0, & \text{其他}\end{cases}$$

则该卫衣销售量的模型为

$$Y_i=\beta_0+\beta_1X_{i1}+\cdots+\beta_kX_{ik}+\alpha_1D_{i1}+\alpha_2D_{i2}+\alpha_3D_{i3}+\mu_i$$

在以上模型中，若再引入第 4 个虚拟变量

$$D_{i4}=\begin{cases}1, & \text{冬季}\\0, & \text{其他}\end{cases}$$

则该卫衣销售模型变量为

$$Y_i=\beta_0+\beta_1X_{i1}+\cdots+\beta_kX_{ik}+\alpha_1D_{i1}+\alpha_2D_{i2}+\alpha_3D_{i3}+\alpha_4D_{i4}+\mu_i$$

其矩阵形式为

$$\boldsymbol{Y}=(\boldsymbol{X}\,\vdots\,\boldsymbol{D})\begin{pmatrix}\beta\\ \cdots\\ \alpha\end{pmatrix}+\mu$$

如果只取 6 个观测值，其中春季与夏季取了两次观测值，秋季、冬季各取了一次观测值，则其中

$$(\boldsymbol{X}\,\vdots\,\boldsymbol{D})=\begin{pmatrix}1 & X_{11} & \cdots & X_{1k} & 1 & 0 & 0 & 0\\1 & X_{21} & \cdots & X_{2k} & 0 & 1 & 0 & 0\\1 & X_{31} & \cdots & X_{3k} & 0 & 0 & 1 & 0\\1 & X_{41} & \cdots & X_{4k} & 0 & 0 & 0 & 1\\1 & X_{51} & \cdots & X_{5k} & 0 & 1 & 0 & 0\\1 & X_{61} & \cdots & X_{6k} & 1 & 0 & 0 & 0\end{pmatrix}$$

$$\boldsymbol{\beta}=\begin{pmatrix}\beta_0\\ \beta_1\\ \vdots\\ \beta_k\end{pmatrix},\quad \boldsymbol{\alpha}=\begin{pmatrix}\alpha_1\\ \alpha_2\\ \alpha_3\\ \alpha_4\end{pmatrix}$$

显然，$(X\,\vdots\,D)$ 中的第一列可以表示成后 4 列的线性组合，从而 $(X\,\vdots\,D)$ 不满秩，参数无

法唯一求出。这就是所谓的“虚拟变量陷阱”，应该避免这种情况发生。

(2) 基组，就是不具有虚拟变量的那一组，也可以称之为基准组、省略组、参照组或比较组。基准组作为衡量标准，每一个其他的组都会与其进行比较。在上述例子中，冬季即为基组，基组的均值由截距值β_0表示。具体选择哪一组作为基组，通常由研究者根据具体问题来定。一般情况下，无论选择哪一组作为基组，不改变模型的估计结果。

(3) 我们之前已经提醒过要避免出现虚拟变量陷阱。为了使模型中不出现虚拟变量陷阱，可以将方程中的截距项去掉。此时，模型中虚拟变量个数等于变量的类别数。把上述方法用于式（4-3）中，得到如下模型：

$$Y_i=\beta_1 X_{i1}+\cdots+\beta_k X_{ik}+\alpha_1 D_{i1}+\alpha_2 D_{i2}+\alpha_3 D_{i3}+\alpha_4 D_{i4}+\mu_i \tag{4-6}$$

此时不会陷入虚拟变量陷阱，因为它没有完全共线性。

那么式（4-6）有什么意义呢？对上述方程求期望值，可以得到

α_1=春季对卫衣销售量影响的均值

α_2=夏季对卫衣销售量影响的均值

α_3=秋季对卫衣销售量影响的均值

α_4=冬季对卫衣销售量影响的均值

换言之，利用消除截距项并对每个种类的定性变量都引入一个虚拟变量的方法，可以得到各个群组的均值。

(4) 综上，引入虚拟变量有以下两种方式：①不含截距项，m个定性变量引入m个虚拟变量；②含有截距项，m个定性变量引入$m-1$个虚拟变量。

4.3 二元离散选择模型

在经典的计量经济学模型中，被解释变量通常是一个连续的数值。但是，在现实生活中经常遇到离散变量作为被解释变量的情况，例如，研究劳动力是否转移、研究土地是否流转、对某项政策是否支持，等等。

离散选择模型的研究对象通常是选择的问题。在实际日常经济活动中，一般有多个方案可供决策者选择。可以通过把这些方案进行量化来表示选择哪个方案，例如，用1表示一件事情发生，用0表示这件事情不发生；对某件事物的态度，可以划分为多个层次，比如支持、中立、反对，分别用2，1，0来表示这些态度。建立在决策结果（离散的被解释变量）之上的计量经济学模型是一个明确的选择模型，即离散选择模型。根据被解释变量所具有的选择数量，可以将其划分为二元选择模型和多元选择模型。

4.3.1 二元选择模型的经济背景

1. 研究选择结果与影响因素之间的关系

选择结果：0、1。

影响选择结果的因素包括两部分：决策者的属性和备选方案的属性。

2. 在实际生活中人们经常遇到二元选择问题

例如，购买哪一个品牌的私家车就是一个选择问题。它取决于两种属性：一是决策者属

性，包括收入状况、家庭条件等因素；二是产品属性，诸如汽车的外观、性能、燃油情况等。可以通过分析大量的数据，发现选择结果和影响因素之间的因果关系。通过构建计量经济学模型来研究因果关系，将此因果关系付诸于预测研究的实践中，有助于制订更理性的购车计划。

4.3.2 二元离散选择模型的建立

1. 原始模型

对于二元选择问题，可以建立如下模型

$$Y_i = X_i\beta + \mu_i \tag{4-7}$$

其中，Y_i为观测值为1或0的决策被解释变量，X_i为解释变量，包括选择对象所具有的属性和选择主体所具有的属性。在式（4-7）中因为$E(\mu_i)=0$，所以$E(Y_i)=X_i\beta$。令

$$p_i = P(Y_i=1),\quad 1-p_i = P(Y_i=0)$$

于是

$$E(Y_i) = 1\cdot P(Y_i=1) + 0\cdot P(Y_i=0) = p_i$$

所以有

$$E(Y_i) = P(Y_i=1) = X_i\beta \tag{4-8}$$

对于式（4-8）右端的$X_i\beta$，并没有处于［0，1］范围内的限制，实际上很可能超出［0，1］范围；而对于式（4-8）左端的$P(Y_i=1)$，则要求处于［0，1］范围内，于是式（4-8）产生了矛盾。另外，对于随机干扰项，有

$$\mu_i = \begin{cases} 1-X_i\beta & \text{当 } Y_i=1\text{，其概率为 } X_i\beta \\ -X_i\beta & \text{当 } Y_i=0\text{，其概率为 } 1-X_i\beta \end{cases}$$

显然，具有这种概率结构的随机干扰项具有异方差性。由于存在这两方面的问题，主要是模型左右端矛盾，所以式（4-7）不能作为实际研究的二元选择模型。需要将原始模型变换为效应模型，即潜变量模型（latent variable model），这是离散选择模型的关键。

2. 效用模型

为了使二元选择问题的研究成为可能，必须首先建立随机效用模型。

以私家车品牌的选择问题为例。假设有A、B两种品牌的私家车可供选择，用U_i^1表示第i个个体选择A品牌私家车的效用，其中上标表示选择结果，下标表示第i个个体。该效用是随机变量，效用的大小取决于A品牌私家车的性能和购买者的感受。于是有

$$U_i^1 = X_i\beta^1 + \varepsilon_i^1 \tag{4-9}$$

同理，U_i^0表示第i个个体选择B品牌私家车的效用，U_i^0的含义和U_i^1类似，表示由B品牌私家车的性能和购买者的感受决定的效用。于是有

$$U_i^0 = X_i\beta^0 + \varepsilon_i^0 \tag{4-10}$$

值得着重注意的是在式（4-9）和式（4-10）中，效用是不可观测的，即U_i^0和U_i^1未知。能够得到的观测值也就是0和1两种情形。但是很显然，如果不可观测的效用值$U_i^1 > U_i^0$，也就是观测值取1的时候，因为该个体选择A品牌私家车的效用更大，所以他会选择购买A品牌私家车；相反，如果不可观测的效用值$U_i^1 \leqslant U_i^0$，也就是观测值取0的时候，因为该个体选择B品牌私家车的效用更大，所以他会选择购买B品牌私家车。

将式（4-9）与式（4-10）相减，得

$$U_i^1-U_i^0=X_i(\beta^1-\beta^0)+(\varepsilon_i^1-\varepsilon_i^0)$$

记为

$$Y_i^*=X_i\beta+\mu_i^* \tag{4-11}$$

这就是要研究的二元选择模型，这是个线性模型，其中 Y_i^*，X_i，β，μ_i^* 分别为模型的被解释变量、解释变量、待估计参数和随机干扰项。

4.3.3　二元 Probit 离散选择模型及其参数估计

二元 Probit 离散选择模型是将标准正态分布作为式（4-11）中 μ_i^* 的概率分布而推导得到的。因为正态分布被认为是任何分布的自然的和首先的选择，于是二元 Probit 模型成为最常用的二元选择模型。标准正态分布的概率分布函数是

$$F(t)=\int_{-\infty}^{t}(2\pi)^{-\frac{1}{2}}\exp\left(-\frac{x^2}{2}\right)\mathrm{d}x \tag{4-12}$$

概率密度函数是

$$f(x)=(2\pi)^{-\frac{1}{2}}\exp\left(-\frac{x^2}{2}\right) \tag{4-13}$$

1. 重复观测值不可以得到的情况下二元 Probit 离散选择模型的参数估计

$$\begin{aligned}\frac{\partial\ln L}{\partial\beta}&=\sum_{y_i=0}\frac{-f_i}{1-F_i}X_i+\sum_{y_i=1}\frac{f_i}{F_i}X_i\\&=\sum_{i=1}^{n}\left[\frac{q_i f(q_iX_i\beta)}{F(q_iX_i\beta)}X_i\right]\\&=\sum_{i=1}^{n}\lambda_iX_i\\&=0\end{aligned} \tag{4-14}$$

其中式（4-14）是关于 β 的非线性函数，不能直接求解，需采用完全信息最大似然法中所采用的迭代方法。

这里所谓“重复观测值不可以得到”，是指对每个决策者只有一个观测值。即使有多个观测值，也将其看作多个不同的决策者。

2. 重复观测值可以得到的情况下二元 Probit 离散选择模型的参数估计

从理论上来讲，“重复观测值可以得到”的情况是存在的，即对每个决策者有多个重复的观测值。例如，观察某个人在外部条件不变的情况下对公共交通工具和私人交通工具的多次重复选择。在此情况下，可采用广义最小二乘法估计二元选择模型。但由于实际经济和社会生活中不能进行类似实验室才能进行的重复实验，所以“外部条件不变”很难满足，该模型的应用价值受到限制。

对第 i 个决策者重复观测 n_i 次，选择 $Y_i=1$ 的次数比例为 p_i，那么可以将 p_i 作为真实概率 P_i 的一个估计量。于是有

$$p_i=P_i+e_i=F(X_i\beta)+e_i \tag{4-15}$$

其中

$$E(e_i)=0, V(e_i)=p_i\frac{1-p_i}{n_i}$$

对于标准正态分布的概率分布函数式，定义“观测到的”“概率单位”为

$$v_i=F^{-1}(p_i)=F^{-1}(P_i+e_i) \tag{4-16}$$

其中，F^{-1}是标准正态分布的概率分布函数的反函数。用泰勒级数展开式（4-16）只保留一阶项，则有

$$F^{-1}(P_i+e_i)=F^{-1}(P_i)+\frac{e_i}{f[F^{-1}(P_i)]} \tag{4-17}$$

于是式（4-16）可改写为

$$v_i=F^{-1}(P_i)+u_i$$

其中

$$E(u_i)=0$$

$$V(u_i)=\frac{P_i(1-P_i)}{n_i\{f[F^{-1}(P_i)]\}^2}$$

因为

$$F^{-1}(P_i)=X_i\beta$$

有

$$v_i=X_i\beta+u_i$$

$$\boldsymbol{V}=\boldsymbol{X\beta}+\boldsymbol{U} \tag{4-18}$$

采用广义最小二乘法估计式（4-18），得到

$$\hat{\boldsymbol{\beta}}=(\boldsymbol{X}^{\mathrm{T}}\Omega^{-1}\boldsymbol{X})^{-1}\boldsymbol{X}^{\mathrm{T}}\Omega^{-1}\boldsymbol{V} \tag{4-19}$$

其中 $\boldsymbol{\Omega}$ 为 U 的方差-协方差矩阵。实际估计中用它的估计量代替，即

$$\hat{\boldsymbol{\beta}}=(\boldsymbol{X}^{\mathrm{T}}\hat{\boldsymbol{\Omega}}^{-1}\boldsymbol{X})^{-1}\boldsymbol{X}^{\mathrm{T}}\hat{\boldsymbol{\Omega}}^{-1}\boldsymbol{V} \tag{4-20}$$

而$\hat{\boldsymbol{\Omega}}$则由 P_i的估计量 p_i构成，为了提高估计量的质量，可以采用迭代方法反复求得 P_i的估计量。式（4-20）中 V 的观测值通过求解标准正态分布的概率分布函数

$$P_i=\int_{-\infty}^{y_i}(2\pi)^{-\frac{1}{2}}\exp\left(-\frac{t^2}{2}\right)\mathrm{d}t$$

的反函数得到，而其中的 p_i是实际观测得到的。为了使 p_i的观测值比较可靠，一般要求对每个决策者都进行一定数量次数的观测。

4.3.4　二元 Logit 离散选择模型及其参数估计

在二元选择问题研究中，Probit 模型和 Logit 模型都被广泛应用，而在多元选择问题研究中，几乎均会采用 Logit 模型。

逻辑分布的概率分布函数是

$$F(t)=\frac{1}{1+e^{-t}} \tag{4-21}$$

概率密度函数是

$$f(t)=\frac{e^{-t}}{(1+e^{-t})^2} \tag{4-22}$$

式（4-21）可以改写成

$$F(t)=\frac{e^t}{1+e^t}=\Lambda(t) \tag{4-23}$$

这里 Λ 是通常用来表示逻辑分布的概率分布的符号。式（4-22）可以改写成

$$f(t)=\frac{e^t}{(1+e^t)^2}=\Lambda(t)[1-\Lambda(t)] \tag{4-24}$$

1. 重复观测值不可以得到的情况下二元 Logit 离散选择模型的参数估计

$$\frac{\partial \ln L}{\partial \beta}=\sum_{i=1}^{n}\left[\frac{Y_i f_i}{F_i}+(1-Y_i)\frac{-f_i}{1-F_i}\right]X_i$$

$$=\sum_{i=1}^{n}[Y_i-\Lambda(X_i\beta)]X_i=0 \tag{4-25}$$

式（4-25）是关于 β 的非线性函数，不能直接求解。

同样，这里所谓的“重复观测不可以得到”，是指对每个决策者只有一个观测值。

2. 重复观测值可以得到的情况下二元 Logit 离散选择模型的参数估计

在重复观测值可以得到的情况下，同样可以采用广义最小二乘法估计二元 Logit 选择模型。

由式（4-21）可以得到

$$\frac{F(t)}{1-F(t)}=e^t \tag{4-26}$$

同样地，对第 i 个决策者重复观测 n_i 次，选择 $Y_i=1$ 的次数比例为 p_i，那么可以将 p_i 作为真实概率 P_i 的一个估计量。于是有

$$p_i=P_i+e_i=F(X_i\beta)+e_i \tag{4-27}$$

其中

$$E(e_i)=0, V(e_i)=p_i\frac{(1-p_i)}{n_i}$$

用样本重复观测得到的 p_i 构成“成败比例” $\frac{p_i}{1-p_i}$，取对数并进行泰勒展开，有

$$\ln\frac{p_i}{1-p_i}\approx\ln\frac{P_i}{1-P_i}+\frac{e_i}{P_i(1-P_i)} \tag{4-28}$$

在式（4-26）中，用 P_i 代替 $F(t)$，再用 $X_i\beta$ 代入 t，然后代入式（4-28），得到

$$\ln\frac{p_i}{1-p_i}\approx\ln e^{X_i\beta}+u_i=X_i\beta+u_i \tag{4-29}$$

令 $v_i=\ln\frac{p_i}{1-p_i}$，则有

$$v_i=X_i\beta+u_i$$

$$V = X\beta + U \tag{4-30}$$

采用广义最小二乘法估计式（4-30），得到

$$\hat{\beta} = (X^{T}\hat{\Omega}^{-1}X)^{-1}X^{T}\hat{\Omega}^{-1}V \tag{4-31}$$

其中$\hat{\Omega}$由 P_i 的估计量 p_i 构成。

4.3.5　二元离散选择模型的检验

要通过检验来判定二元离散选择模型是否契合实际。最广泛应用的检验方法包括异方差性检验、拟合优度检验、总体显著性检验、预测效果检验等。本部分主要介绍常用的拟合优度检验和总体显著性检验。

1. 拟合优度检验

$$R^2 = 1 - \frac{\ln L}{\ln L_0} \qquad \ln L_0 = n\ [P\ln P + (1-P)\ \ln\ (1-P)\ ]$$

其中，P 表示样本观测值中被解释变量等于 1 的比例，设 L 为模型估计得到的似然函数值，L_0 为模型中所有解释变量的系数都为 0 时的似然函数值，n 为样本数量。

$R^2=1$，即 $L=1$，完全拟合；

$R^2=0$，即 $L=L_0$，完全不拟合；

R^2 在［0，1］内取值，R^2 越大，拟合程度越高。

2. 总体显著性检验

$$H_0: \beta_1 = \beta_2 = \cdots = \beta_k = 0 \qquad LR = -2\ (\ln L_0 - \ln L)\ \sim \chi^2\ (k)$$

如果 LR 越大，表明 L_0 与 L 之间的差较大，则拒绝零假设，模型总体显著。

4.4　案例分析

数据来自某地区健康和退休研究（HRS）问卷调查数据。HRS 中包含各种医疗服务使用的信息。老年人可以通过自己购买或参加雇主资助的计划获得额外保险服务。使用这些数据来分析以任何渠道购买的私人保险（ins），包括私人市场或组织。被解释变量为是否购买私人保险，解释变量包括年龄、种族、性别、婚姻状况、受教育状况、是否退休等（age、white、female、eduyear、marrie、retire），见表 4.1。

表 4.1　某地区健康和退休研究问卷调查数据

number	ins	age	white	female	educyear	married	retire
1	0	62	0	1	12	0	0
2	1	69	1	1	12	0	0
3	0	59	1	1	12	0	0
4	0	60	0	0	13	0	1

续表

number	ins	age	white	female	educyear	married	retire
5	0	62	1	1	10	0	0
6	1	66	1	0	17	1	0
7	1	67	1	1	17	1	1
8	1	74	1	0	17	1	1
9	0	54	1	1	9	0	0
10	0	62	1	1	12	1	1
11	0	59	0	0	5	1	0
12	0	59	1	1	11	0	0
13	0	65	0	0	14	0	0
14	0	58	1	1	12	0	0
15	0	60	1	1	11	0	0
16	1	61	0	1	12	0	1
17	0	64	1	0	10	1	0
18	0	59	1	1	10	1	0
19	0	58	0	1	8	0	0
20	0	62	0	0	14	0	0
21	1	65	1	1	14	0	0
22	1	63	1	0	16	0	0
23	0	67	0	1	8	0	0
24	1	69	1	1	9	0	0
25	0	59	1	0	12	1	0
26	0	59	1	1	10	1	0
27	0	65	0	1	12	0	0
28	0	61	0	1	9	0	0
29	1	67	1	1	16	1	1
30	1	73	1	0	16	1	0
31	1	70	1	0	17	1	1
32	1	67	1	1	17	1	1
33	1	65	1	1	17	1	0
34	1	69	1	0	17	1	1
35	0	69	0	1	5	0	0
36	0	67	0	1	9	1	0

续表

number	ins	age	white	female	educyear	married	retire
37	1	65	1	1	12	1	0
38	0	68	1	1	12	1	1
39	1	70	1	0	14	1	1
40	1	66	1	0	12	0	1
41	1	68	1	1	15	1	0
42	1	73	1	0	16	1	1
43	1	65	1	0	17	1	1
44	0	67	1	0	12	1	1
45	1	68	1	1	16	1	1
46	1	66	1	0	16	1	1
47	1	65	1	1	16	1	0
48	0	72	1	0	10	1	0
49	1	66	1	1	12	1	1
50	1	65	1	1	10	1	1
51	1	68	1	0	12	1	1
52	1	66	1	1	12	1	0
53	1	67	1	0	16	1	1
54	1	66	1	0	10	1	1
55	1	67	1	1	14	1	1
56	0	72	1	0	17	1	1
57	1	69	1	1	13	1	0
58	1	65	0	0	16	1	0
59	0	63	1	0	16	1	1
60	1	73	1	0	10	1	1
61	1	72	1	0	12	1	1
62	1	59	1	0	11	1	1
63	1	65	0	0	17	1	1
64	0	68	1	0	16	1	1
65	0	70	1	0	12	1	1
66	0	69	0	1	14	1	0
67	1	72	0	0	17	1	1
68	1	62	1	0	10	1	1

续表

number	ins	age	white	female	educyear	married	retire
69	0	66	1	0	14	1	0
70	0	65	1	1	12	1	0
71	1	69	1	1	12	1	1
72	1	58	1	1	12	1	0
73	1	69	1	0	10	1	0
74	1	65	1	0	8	1	0
75	1	66	0	1	12	0	1
76	0	67	0	0	3	1	1
77	1	65	1	1	12	0	1
78	0	65	1	0	8	0	1
79	0	63	1	1	12	1	0
80	0	65	0	1	12	0	1
81	0	61	1	1	9	0	0
82	0	66	1	1	13	0	1
83	0	62	1	1	12	0	1
84	0	60	1	1	11	0	0
85	0	69	0	1	6	0	0
86	1	63	1	0	8	1	0
87	0	67	1	1	8	0	1
88	0	66	1	1	10	0	0
89	0	68	1	1	12	0	1
90	1	66	1	1	12	0	0
91	0	61	0	1	10	0	0
92	0	59	0	1	9	0	1
93	1	68	1	1	17	0	1
94	1	73	1	0	17	1	1
95	1	68	1	1	16	1	1
96	1	66	1	0	9	1	1
97	1	68	1	1	12	1	1
98	1	68	1	1	17	0	1
99	1	65	1	1	12	1	1
100	1	66	1	0	12	1	1

```
Iteration 0:   log likelihood = -68.994376
Iteration 1:   log likelihood =  -48.90064
Iteration 2:   log likelihood = -48.813336
Iteration 3:   log likelihood = -48.813296
Iteration 4:   log likelihood = -48.813296

Probit regression                         Number of obs    =       100
                                          LR chi2(6)       =     40.36
                                          Prob > chi2      =    0.0000
Log likelihood = -48.813296               Pseudo R2        =    0.2925
```

ins	Coef.	Std. Err.	z	P>|z|	[95% Conf.	Interval]
age	.0790805	.0427822	1.85	0.065	-.004771	.1629321
white	.6691778	.3978077	1.68	0.093	-.110511	1.448866
female	.1364175	.3278481	0.42	0.677	-.506153	.778988
educyear	.1414231	.0554678	2.55	0.011	.0327083	.2501379
married	.5557069	.3496891	1.59	0.112	-.1296711	1.241085
retire	.3432851	.3092103	1.11	0.267	-.262756	.9493262
_cons	-7.948234	2.747877	-2.89	0.004	-13.33397	-2.562494

课后习题

1. 为什么在回归模型中引入虚拟变量？虚拟变量的引入方法有哪些？这些方法分别在什么情形下使用？

2. 以下情况需要引入多少个虚拟变量？

（1）一年中所有12个月份都表现出季节类型。

（2）只有奇数月份表现出季节类型。

3. 什么是虚拟变量陷阱？

4. 某研究机构在分析高校大学生和研究生的生活消费支出时指出，他们的消费支出会受到家庭收入、家庭财富的影响。另外，一些虚拟变量也会影响他们的消费支出，如能否得到奖学金，家庭居住地是农村还是城市，生源地是发达地区还是欠发达地区，学生的性别等。请构建恰当的模型，分析下列情形：

（1）来自欠发达农村地区的女生、未得到奖学金；

（2）来自欠发达地区城市的男生、得到奖学金；

（3）来自发达地区的农村女生、得到奖学金；

（4）来自发达地区的城市男生、未得到奖学金；

5. 在观察某地区进口生活用品消费量 Y 与人均收入 X 的散点图时，发现改革开放前后进口生活用品消费量 Y 对人均收入 X 的回归关系差别较大。具体体现在消费结构发生变化：生活必需品部分减少了，而边际消费倾向增加了。

（1）试向模型中加入适当的变量反映经济体制变迁的影响。

（2）写出模型的设定形式。

第 5 章　时间序列计量经济学模型

计量经济学常用的三类数据分别是截面数据、时间序列数据和面板数据，本章主要介绍时间序列数据的理论与方法。时间序列数据的重要特征是研究的对象只有一个，研究对象的数据按照时间进行排列，如中国改革开放以来历年 GDP 的数据。

5.1　时间序列的相关性

在学习普通最小二乘法时，基本假设要求多元线性回归模型的随机误差项互相独立，即 $\sigma_{\mu_i\mu_j}=0$，若随机误差项不满足该假设，则称存在序列相关性。

如果截面数据模型的样本是独立且随机抽取的，从理论上保证了模型中随机干扰项之间相互独立，不存在序列相关。如果样本数据不是独立且随机抽取的，则随机干扰项既可能存在相关关系，也可能不存在相关关系。如果随机干扰项的相关性出现在截面数据或面板数据中，称为空间相关性；如果随机干扰项的相关性出现在时间序列数据中，称为序列相关性。本章主要探讨后者，即时间序列的相关性问题。在构建计量模型时，将表示不同时间的符号用下标 t 来表示，见式（5-1）。

5.1.1　序列相关性

在计量经济学中，序列相关性是指对于不同的样本值，随机干扰项之间不再是完全相互独立的，而是存在某种相关性。

对于模型

$$Y_t=\beta_0+\beta_1X_{t1}+\beta_2X_{t2}+\cdots+\beta_kX_{tk}+\mu_t \quad t=1,\ 2,\ \cdots,\ T \tag{5-1}$$

在其他假设仍成立的条件下，随机干扰项序列相关可表示为

$$\sigma_{\mu_i\mu_j}=E(\mu_i\mu_j)\neq 0$$

或者可以表示为

$$V(\boldsymbol{\mu})=E(\boldsymbol{\mu\mu}^{\mathrm{T}})=\begin{pmatrix}\sigma^2 & \cdots & E(\mu_1\mu_T)\\ \vdots & & \vdots\\ E(\mu_T\mu_1) & \cdots & \sigma^2\end{pmatrix}=\begin{pmatrix}\sigma^2 & \cdots & \sigma_{1T}\\ \vdots & & \vdots\\ \sigma_{T1} & \cdots & \sigma^2\end{pmatrix}$$
$$=\sigma^2\boldsymbol{\Omega}\neq\sigma^2\boldsymbol{I} \tag{5-2}$$

如果仅存在

$$E(\mu_t\,\mu_{t+1})\neq 0 \quad t=1,2,\cdots,T-1 \tag{5-3}$$

则称为一阶序列相关或自相关（autocorrelation），这是最常见的一种序列相关问题。一阶序

列相关往往可写成

$$\mu_t = \rho\mu_{t-1} + \varepsilon_t \quad -1<\rho<1 \tag{5-4}$$

其中，ρ 称为自协方差系数（coefficient of autocovariance）或一阶自相关系数（first-order coefficient of autocorrelation），ε_t 是满足以下标准普通最小二乘法假定的随机干扰项

$$E(\varepsilon_t)=0,\quad V(\varepsilon_t)=\sigma^2,\quad \sigma_{\varepsilon_t\varepsilon_{t-s}}=0 \quad (s\neq 0)$$

5.1.2　弱序列相关性

对于一个平稳时间序列过程 $\{X_t: t=1, 2\cdots\}$，随着 h 无限增大，X_t 和 X_{t+h} 之间的相关系数趋于 0，近乎独立，则称之为弱相关，如果序列是非平稳的，也有一个类似的命题成立，但必须假定近乎独立的概念不取决于起点 t。

5.1.3　实际经济问题中的序列相关性

在实际经济问题中，序列相关性产生的原因主要来自以下三个方面。

1. 经济变量固有惯性

惯性存在于许多经济事件中，在时间序列数据中表现得更加明显。比如在农产品的生产模型中，以农产品产量为被解释变量，以农产品上一期的价格为解释变量，构建模型如下：

$$Q_t = \beta_0 + \beta_1 P_{t-1} + \mu_t$$

农产品生产依赖于上一期的产量：上一期产量低时，价格就会偏高，农户积极性提高，会增加今年的种植规模，今年的产量可能增加；上一期产量高时，价格就会偏低，农户积极性受损，会减少今年的种植规模，今年的产量可能减少。可以看出，当期产量和上一期产量存在相关性，随机干扰项存在负相关。

2. 模型设定偏误

所谓模型设定偏误是指所设定的模型“不正确”，主要表现在模型中丢掉了重要的解释变量或者模型函数形式有偏误。例如，本来应该估计的模型为

$$Y_t = \beta_0 + \beta_1 X_{t1} + \beta_2 X_{t2} + \beta_3 X_{t3} + \mu_t$$

但在模型设定中做了下述的回归

$$Y_t = \beta_0 + \beta_1 X_{t1} + \beta_2 X_{t2} + v_t$$

因此，$v_t = \beta_3 X_{t3} + \mu_t$。因此在 X_3 确实对 Y_t 有影响的情况下，这种设定的偏误往往导致随机干扰项中出现系统性偏误，使其呈序列相关性。

又如，如果真实的边际成本回归模型应为

$$Y_t = \beta_0 + \beta_1 X_t + \beta_2 X_t^2 + \mu_t$$

其中，Y_t 代表边际成本，X_t 代表产出量。但在建模时设立了如下模型

$$Y_t = \beta_0 + \beta_1 X_t + v_t$$

由于 $v_t = \beta_2 X_t^2 + \mu_t$，包含了产出的平方对随机干扰项的系统性影响，随机干扰项也呈现序列相关性。

3. 数据的“编造”

在实际经济问题中，有些数据是因为必须而通过已知数据生成。因此，新生成的数据与原数据之间就有了内在的联系，表现出了序列相关性，例如，季度数据来自月度数据的简单

平均，这种平均的计算减弱了因为每月数据波动导致的数据中的匀滑性，这种匀滑性本身就能使随机干扰项中出现系统性的因素，从而出现序列相关性。另外，两个时间点之间的"内插"技术也会导致随机干扰项的序列相关性。

根据研究经验，对于采用时间序列数据作样本的计量经济学问题，由于在不同样本点上解释变量以外的其他因素在时间上的连续性，带来它们对被解释变量影响的连续性，所以往往存在序列相关性。

5.1.4 序列相关性的后果

计量经济学模型一旦出现序列，相关性如果仍采用普通最小二乘法，估计模型参数会产生许多不良后果。

1. 参数估计量非有效

从普通最小二乘估计中关于参数估计量的无偏性和有效性的证明过程可以看出，当计量经济学模型出现序列相关性时，它的普通最小二乘参数估计仍然具有线性无偏性，但不具有有效性，因为在有效性证明中利用了同方差性和相互独立性条件

$$E(\boldsymbol{\mu\mu}^{\mathrm{T}})=\sigma^2\boldsymbol{I}$$

并且，在大样本情况下，参数估计量虽然具有一致性，但是仍然不具有渐进有效性。

2. 变量的显著性检验失去意义

在变量的显著性检验中，建立在参数方差正确估计基础之上的 t 统计量，这只有当随机干扰项满足同方差性和相互独立性时才能成立。如果存在序列相关性，估计的参数方差 $S_{\hat{\beta}_j}$ 出现偏误（无论偏大或偏小），t 检验都将失去意义。其他检验也是这样。

如对一元回归模型

$$Y_t=\beta_0+\beta_1X_t+\mu_t \quad t=1,2,\cdots,T$$

的普通最小二乘估计有

$$\hat{\beta}_1=\beta_1+\sum k_t\mu_t=\beta_1+\frac{\sum k_t\mu_t}{\sum x_t^2}$$

由上可知，存在式（5-4）所示的一阶序列相关的情况下正确的 $\hat{\beta}_1$ 的方程应为

$$V(\hat{\beta}_1)=\frac{\sigma^2}{\sum x_t^2}+\frac{2\sigma^2}{\sum x_t^2}\left[\rho\frac{\sum\limits_{t=1}^{T-1}x_tx_{t+1}}{\sum x_t^2}+\rho^2\frac{\sum\limits_{t=1}^{T-2}x_tx_{t+2}}{\sum x_t^2}+\cdots+\rho^{T-1}\frac{x_1x_T}{\sum x_t^2}\right] \tag{5-5}$$

而普通最小二乘法仍按式（5-6）给出 $\hat{\beta}_1$ 的方差估计

$$V(\hat{\beta}_1)=\frac{\sigma^2}{\sum x_t^2} \tag{5-6}$$

显然，只有当序列无关性满足时，式（5-5）与式（5-6）才会相同，否则最小普通二乘法给出的结果就会出现偏误，在有偏误的方差基础上构造的 t 检验也就没有意义。

3. 模型的预测失效

区间预测与参数估计量的方差有关，在参数估计有偏误的情况下，预测估计就不准确，

预测精度降低，所以当模型出现序列相关性时，预测功能就会失效，没有意义。

5.1.5　序列相关性的检验

序列相关性的检验方法有多种，如回归检验法、D. W. 检验法等。这些检验方法的共同思路是首先采用普通最小二乘法估计模型，以求得残差 e_t，表示为

$$\tilde{e}_t = Y_t - (\hat{Y}_t)_{\text{OLS}}$$

利用残差 e_t 是 μ_t 的“近似估计量”，从而分析 e_t 自身的相关性，以达到判断随机干扰项是否具有序列相关性的目的。下面介绍几种常用的检验方法。

1. 图示法

由于残差 e_t 可以作为 μ_t 的估计，因此，如果 μ_t 存在序列相关性，必然会由残差项 e_t 反映出来，因此可利用 e_t 的变化图形来判断随机干扰项的序列相关性，如图 5.1 所示。

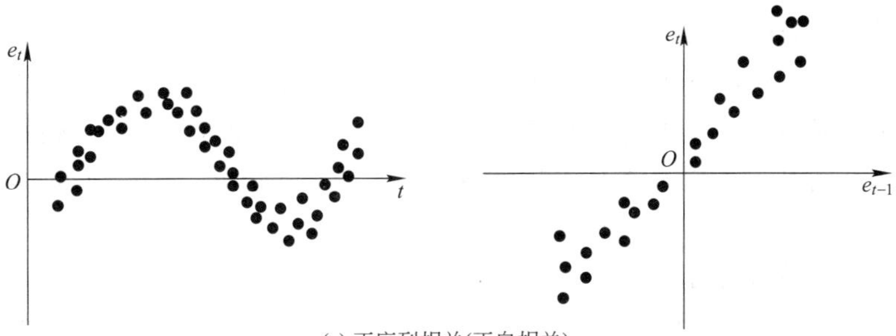

(a) 正序列相关(正自相关)

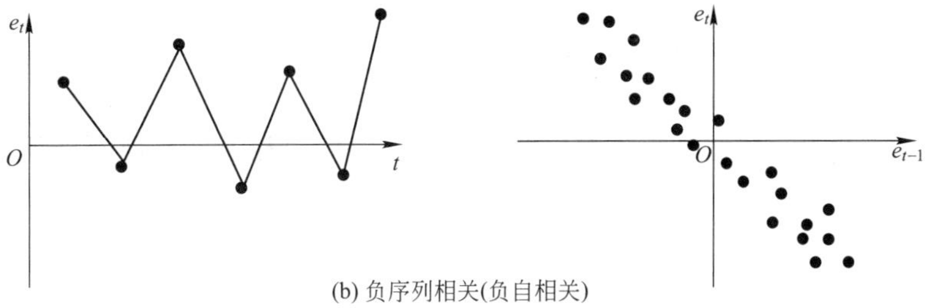

(b) 负序列相关(负自相关)

图 5.1　残差项的序列相关性

2. 回归检验法

以 e_t 为被解释变量，以各种可能的相关量，诸如 e_{t-1}，e_{t-2}，e_t^2 等为解释变量，建立各种方程

$$e_t = \rho e_{t-1} + \varepsilon_t \qquad t = 2, \cdots, T$$

$$e_t = \rho_1 e_{t-1} + \rho_2 e_{t-2} + \varepsilon_t \qquad t = 3, \cdots, T$$

$$\vdots$$

对方程进行估计并进行显著性检验，如果存在某一种函数形式，使得方程显著成立，则说明原模型存在序列相关性。回归检验法的优点是只要确定了模型存在序列相关性，也就知道了相关的形式，而且它适用于任何类型的序列相关性问题的检验。

3. D. W. 检验法

D. W. 检验法是杜宾和沃森于 1951 年提出的一种检验序列自相关的方法，该方法的假

定条件为：

（1）解释变量 X 非随机；

（2）随机干扰项 μ_t 为一阶自回归形式

$$\mu_t=\rho\mu_{t-1}+\varepsilon_t$$

（3）回归模型中不应含有滞后被解释变量作为解释变量，即不应出现下列形式

$$Y_t=\beta_0+\beta_1X_{t1}+\cdots+\beta_kX_{tk}+\gamma Y_{t-1}+\mu_t$$

（4）回归模型含有截距项。

杜宾和沃森针对原假设 H_0：$\rho=0$，即 μ_t 不存在一阶自回归，构造如下统计量

$$\text{D. W.}=\frac{\sum_{t=2}^{n}(e_t-e_{t-1})^2}{\sum_{t=1}^{n}e_t^{\,2}} \tag{5-7}$$

该统计量的出现意味着需要全套经典线性模型假设，很难计算出精确的分布。但相关文献成功地计算出了 D. W. 临界值的上限 d_U 与下限 d_L，d_U 和 d_L 的取值不依赖解释变量的值，只与样本容量 T 以及解释变量的数量 k 有关。因此，只需要计算出 D. W. 统计量的值，再根据样本容量数 T 和解释变量数 k 查 D. W. 分布表，得到临界值 d_L 和 d_U，然后按照下列准则判断序列相关性

若 $0<\text{D. W.}<d_L$，则存在正相关；

若 $d_L<\text{D. W.}<d_U$，则不能确定；

若 $d_U<\text{D. W.}<(4-d_U)$，则无自相关；

若 $4-d_U<\text{D. W.}<(4-d_L)$，则不能确定；

若 $4-d_L<\text{D. W.}<4$，则存在负自相关。

也就是说，当 D. W. 值在 2 附近时，模型不存在一阶自相关。其证明过程如下

展开 D. W. 统计量

$$\text{D. W.}=\frac{\sum_{t=2}^{T}e_t^2+\sum_{t=2}^{T}e_{t-1}^2-2\sum_{t=2}^{T}e_te_{t-1}}{\sum_{t=1}^{T}e_t^{\,2}} \tag{5-8}$$

当 T 较大时，$\sum_{t=2}^{T}e_t^2$，$\sum_{t=2}^{T}e_{t-1}^2$，$\sum_{t=1}^{T}e_t^2$ 大致相等，将式（5-8）进行化简

$$\text{D. W.}\approx 2\left(1-\frac{\sum_{t=2}^{T}e_te_{t-1}}{\sum_{t=1}^{T}e_t^2}\right)\approx 2(1-\rho)$$

其中，$\frac{\sum_{t=2}^{T}e_te_{t-1}}{\sum_{t=1}^{T}e_t^2}\approx\frac{\sum_{t=2}^{T}e_te_{t-1}}{\sum_{t=2}^{T}e_t^2}=\rho$ 作为一阶自相关模型式（5-4）的参数估计。

如果存在完全一阶正相关，则 $\rho\approx1$，$\text{D. W.}\approx0$

如果存在完全一阶负相关，则$\rho \approx -1$，D. W. ≈ 4

如果完全不相关，则$\rho = 0$，D. W. ≈ 2。

从判断准则中可以得出：存在一个不能确定的 D. W. 值区域，这是这种检验方法的一大缺陷。并且 D. W. 检验法只能检验一阶自相关，对存在滞后被解释变量的模型无法检验。

4. 拉格朗日乘数检验法

拉格朗日乘数（LM）检验法克服了 D. W. 检验法的缺陷，适合于高阶序列相关及模型中滞后被解释变量的情况。它是由布劳殊与戈弗雷于 1978 年提出的，也称为 GB 检验法。

对于式（5-1），如果怀疑随机干扰项存在p阶序列相关

$$\mu_t = \rho_1 \mu_{t-1} + \rho_2 \mu_{t-2} + \cdots + \rho_p \mu_{t-p} + \varepsilon_t \tag{5-9}$$

拉格朗日乘数检验法就可用来检验如下受约束回归方程

$$Y_t = \beta_0 + \beta_1 X_{t1} + \cdots + \beta_k X_{tk} + \rho_1 \mu_{t-1} + \cdots + \rho_p \mu_{t-p} + \varepsilon_t \tag{5-10}$$

约束条件为

$$H_0: \rho_1 = \rho_2 = \cdots = \rho_p = 0 \tag{5-11}$$

如果约束条件H_0为真，则 LM 估计量服从大样本下自由度为p的渐近χ^2分布

$$\mathrm{LM} = nR^2 \sim \chi^2(p) \tag{5-12}$$

其中，$(T-p)$、R^2分别为如下辅助回归的样本容量与可决系数

$$\tilde{e}_t = \beta_0 + \beta_1 X_{t1} + \cdots + \beta_k X_{tk} + \rho_1 \tilde{e}_{t-1} + \cdots + \rho_p \tilde{e}_{t-p} + \varepsilon_t \tag{5-13}$$

$\tilde{e}_t$为式（5-1）经过普通最小二乘估计得到的残差项。给定显著水平α，查自由度p的χ^2分布的相应临界值χ^2_α（p），如果计算的 LM 统计量的值超过该临界值，则拒绝约束条件为真的原假设，表明可能存在直到p阶的序列相关性。在实际检验中，可从 1 阶、2 阶……逐次向更高阶检验，并用辅助回归式（5-13）中各$\tilde{e}_t$前参数的显著性来帮助判断序列相关的阶数。

5.1.6 序列相关的补救

若已经证明模型存在序列相关性，就需要采用新的方法来估计。有两种基本的方法可以处理序列相关性，即广义最小二乘法和广义差分法。

1. 广义最小二乘法

广义最小二乘法是最具有普遍意义的最小二乘法。它的特例为普通最小二乘法和加权最小二乘法。

一般情况下，对于模型

$$\boldsymbol{Y} = \boldsymbol{X\beta} + \boldsymbol{\mu} \tag{5-14}$$

如果同时存在序列相关性和异方差性，则存在

$$\boldsymbol{\sigma}_{\boldsymbol{\mu\mu}^{\mathrm{T}}} = E(\boldsymbol{\mu\mu}^{\mathrm{T}}) = \begin{pmatrix} \sigma_1^2 & \sigma_{12} & \cdots & \sigma_{1n} \\ \sigma_{21} & \sigma_2^2 & \cdots & \sigma_{2n} \\ \vdots & \vdots & & \vdots \\ \sigma_{n1} & \sigma_{n2} & \cdots & \sigma_T^2 \end{pmatrix} = \sigma^2 \boldsymbol{\Omega}$$

显而易见，$\boldsymbol{\Omega}$是对称矩阵，则存在可逆矩阵$\boldsymbol{D}$，使得

$$\boldsymbol{\Omega} = \boldsymbol{DD}'$$

用$\boldsymbol{D}^{-1}$乘以式（5-14），得到一个新模型

$$\boldsymbol{D}^{-1}Y=\boldsymbol{D}^{-1}\boldsymbol{X\beta}+\boldsymbol{D}^{-1}\boldsymbol{\mu} \tag{5-15}$$

即

$$\boldsymbol{Y}_{*}=\boldsymbol{X}_{*}\boldsymbol{\beta}+\boldsymbol{\mu}_{*}$$

又因为

$$\begin{aligned}E(\boldsymbol{\mu}_{*}\boldsymbol{\mu}_{*}^{\mathrm{T}})&=E[\boldsymbol{D}^{-1}\boldsymbol{\mu\mu}^{\mathrm{T}}(\boldsymbol{D}^{-1})^{\mathrm{T}}]=\boldsymbol{D}^{-1}E(\boldsymbol{\mu\mu}^{\mathrm{T}})(\boldsymbol{D}^{-1})^{\mathrm{T}}\\&=\boldsymbol{D}^{-1}\sigma^{2}\boldsymbol{\Omega}(\boldsymbol{D}^{-1})'=\boldsymbol{D}^{-1}\sigma^{2}\boldsymbol{D}\boldsymbol{D}^{T}(\boldsymbol{D}^{T})^{-1}=\sigma^{2}\boldsymbol{I}\end{aligned}$$

由此可知，模型具有同方差性和随机干扰项相互独立性。

用普通最小二乘法对式（5-15）进行估计，设参数估计量为$\hat{\boldsymbol{\beta}}_{*}$，则

$$\begin{aligned}\hat{\boldsymbol{\beta}}_{*}&=(\boldsymbol{X}_{*}^{\mathrm{T}}\boldsymbol{X}_{*})^{-1}\boldsymbol{X}_{*}^{\mathrm{T}}\boldsymbol{Y}_{*}\\&=[\boldsymbol{X}^{\mathrm{T}}(\boldsymbol{D}^{-1})^{\mathrm{T}}\boldsymbol{D}^{-1}\boldsymbol{X}]^{-1}\boldsymbol{X}^{\mathrm{T}}(\boldsymbol{D}^{-1})^{\mathrm{T}}\boldsymbol{D}^{-1}\boldsymbol{Y}\\&=(\boldsymbol{X}^{\mathrm{T}}\boldsymbol{\Omega}^{-1}\boldsymbol{X})^{-1}\boldsymbol{X}^{\mathrm{T}}\boldsymbol{\Omega}^{-1}Y\end{aligned} \tag{5-16}$$

最终得到式（5-14）的广义最小二乘估计量，是无偏的有效估计量。

通过推导可得到随机误差项的方差-协方差矩阵$\sigma^2\Omega$，此时可用广义最小二乘法来求参数的最佳线性无偏估计量。若只有T个样本点时，要事先对随机误差项自相关的结构给出必要的假设，假设随机误差项具有一阶序列相关性：

$$\mu_t=\rho\mu_{t-1}+\varepsilon_t,\quad -1<\rho<1 \tag{5-17}$$

证明如下：

$$V(\mu_t)=\frac{1}{1-\rho^2}\sigma_\varepsilon^2=\sigma^2$$

$$\sigma_{\mu_t\mu_{t-s}}=\rho^s\frac{1}{1-\rho^2}\sigma_\varepsilon^2=\rho^s\sigma^2$$

因此

$$V(\boldsymbol{\mu})=\frac{\sigma_\varepsilon^2}{1-\rho^2}\begin{pmatrix}1&\rho&\cdots&\rho^{T-1}\\\rho&1&\cdots&\rho^{T-2}\\\vdots&\vdots&&\vdots\\\rho^{T-1}&\rho^{T-2}&\cdots&1\end{pmatrix}=\sigma^2\boldsymbol{\Omega} \tag{5-18}$$

可得

$$\boldsymbol{\Omega}^{-1}=\frac{1}{1-\rho^2}\begin{pmatrix}1&-\rho&0&\cdots&0&0&0\\-\rho&1+\rho^2&-\rho&\cdots&0&0&0\\0&-\rho&1+\rho^2&\cdots&0&0&0\\\vdots&\vdots&\vdots&&\vdots&\vdots&\vdots\\0&0&0&\cdots&1+\rho^2&-\rho&0\\0&0&0&\cdots&-\rho&1+\rho^2&-\rho\\0&0&0&\cdots&0&-\rho&1\end{pmatrix}$$

进而可得

$$D^{-1}=\begin{pmatrix} \sqrt{1-\rho^2} & 0 & 0 & \cdots & 0 & 0 & 0 \\ -\rho & 1 & 0 & \cdots & 0 & 0 & 0 \\ 0 & -\rho & 1 & \cdots & 0 & 0 & 0 \\ \vdots & \vdots & \vdots & & \vdots & \vdots & \vdots \\ 0 & 0 & 0 & \cdots & 1 & 0 & 0 \\ 0 & 0 & 0 & \cdots & -\rho & 1 & 0 \\ 0 & 0 & 0 & \cdots & 0 & -\rho & 1 \end{pmatrix} \tag{5-19}$$

2. *广义差分法*

广义差分法是将原模型变换为满足普通最小二乘法的差分模型，在此基础上进行普通最小二乘估计。若需要克服序列相关性，就要采用广义差分法。

如果原模型为

$$\mu_t=\rho_1\mu_{t-1}+\rho_2\mu_{t-2}+\cdots+\rho_p\mu_{t-p}+\varepsilon_t \tag{5-20}$$

原模型变形为

$$\begin{gathered} Y_t-\rho_1 Y_{t-1}-\cdots-\rho_p Y_{t-p}=\beta_0(1-\rho_1-\cdots-\rho_p)+\beta_1(X_{t1}-\rho_1 X_{t-1,1}-\cdots-\rho_p X_{t-p,1})+\cdots \\ +\beta_k(X_{tk}-\rho_1 X_{t-1,k}-\cdots-\rho_p X_{t-p,k})+\varepsilon_t \\ t=1+p,2+p,\cdots,T \end{gathered} \tag{5-21}$$

式（5-21）因与广义最小二乘法相比，缺少了部分样本观测值，所以称之为广义差分模型，该模型不存在序列相关性。广义拆分法通过对差分模型进行普通最小二乘回归

$$Y_t-\rho Y_{t-1}=\beta_0(1-\rho)+\beta_1(X_{t1}-\rho X_{t-1,1})+\cdots+\beta_k(X_{tk}-\rho X_{t-1,k})+\varepsilon_t \quad t=2,3,\cdots,T$$

或者

$$Y_t^*=\beta_0(1-\rho)+\beta_1 X_{t1}^*+\cdots+\beta_k X_{tk}^*+\varepsilon_t \quad t=2,3,\cdots,T \tag{5-22}$$

这一变换相当于式（5-19）的 $\boldsymbol{D}^{-1}$ 去掉第一行后左边乘以式（5-14），即运用了广义最小二乘法，但第一次观测值被排除了。

值得注意的是，在小样本中观测值会有较大误差，可能对估计结果有所影响。所以在广义差分变换中需弥补这一损失。在一阶序列相关情况下，对损失的第一次观测值进行普莱斯-温斯特变换

$$Y_1^*=\sqrt{1-\rho^2}\,Y_1,\quad X_{1j}^*=\sqrt{1-\rho^2}\,X_{1j}\quad (j=1,2,\cdots,k)$$

这样，广义差分法的估计结果完全等同于广义最小二乘估计量。

5.1.7 虚假序列相关问题

若模型已经检验出存在序列相关问题，如何进一步处理？相关性可能来源于构建模型时遗漏变量问题，这类序列相关称为虚假序列相关；也可能来源于真实的或纯序列相关。对于第一种情况，要在构建模型时避免遗漏变量导致的模型设定偏误。具体方法可以在构建模型时，尽可能多地添加相关解释变量，然后逐渐去除显著性较低的变量。当然在添加较多的变量时，还要注意多重共线性问题。对于第二种情况，需要通过广义最小二乘法或广义差分法等新的估计方法对其修正。

5.2 时间序列的平稳性及检验

5.2.1 问题的提出

2003年诺贝尔经济学奖获得者格兰杰和纽博尔德于1974年提出伪回归的概念。所谓伪回归是指经济意义上没有任何联系，统计意义上存在相关性，这时候建立的模型称为伪回归，也称虚假回归。例如，2000年在中国出生的孩子和2000年在美国种植的小树苗，两者之间没有任何经济联系，但如果将孩子的身高和小树苗的树高作回归，发现两者存在显著正向相关关系。研究发现，伪回归多出现在非平稳的时间序列中，尽管平稳的时间序列可能也会出现，但出现的概率要小很多。因此，在研究时间序列模型时，先进行平稳性检验，可以有效地减少虚假回归。

5.2.2 时间序列数据的平稳性

随机过程的平稳性可以大致的概括为：如果一个随机过程的均值和方差在时间过程中保持常数，任意两期之间的协方差仅依赖两期的距离或滞后，不依赖计算协方差的时间。时间序列平稳性定义如下。

假设某一个随机时间序列 $\{X_t\}(t=1,\ 2,\ \cdots)$，若 X_t 满足以下条件：

(1) 均值 $E(X_t)=\mu$，与时间 t 无关的常数；

(2) 方差 $V(X_t)=\sigma^2$，与时间 t 无关的常数；

(3) 协方差 $\sigma_{X_tX_{t+k}}=\gamma_k$，只与时期间隔 k 有关，与时间 t 无关的常数。

则称该随机时间序列是（宽）平稳的，而该随机过程是一个平稳随机过程（stationary stochastic process）。通俗地讲，如果一个时间序列，均值没有系统的变化（无趋势）、方差没有系统变化，且严格消除了周期性变化，那么这个时间序列就是平稳的。

[**例5-1**] 平稳时间序列——白噪声（white noise）

$\{X_t\}(t=1,\ 2,\ \cdots)$ 是0均值，同方差，独立同分布的序列

$$X_t=\mu_t,\ \mu_t\sim N(0,\ \sigma^2)$$

容易知道：(1) $E(X_t)=0$，均值是常数0，和 t 无关；

(2) $V(X_t)=\sigma^2$，方差是常数，和 t 无关；

(3) $C(X_t,\ X_t+h)=0$，协方差是常数，和 t 无关。

即该时间序列的均值，方差和协方差不随时间 t 变化而变化，是一个平稳时间序列。

[**例5-2**] 非平稳时间序列——随机游走（random walk）

$$X_{t+1}=X_t+\mu_t,\ \mu_t\sim N(0,\ \sigma^2)$$

根据统计学知识容易知道，$E(X_{t+1})=E(X_t)$，$V(X_t)=t\sigma^2$。因此，随机游走时间序列是非平稳的。

事实上，设 $\{X_t\}(t=1,\ 2,\ \cdots)$ 的初始值为 X_0，则

$$X_2 = X_1 + \mu_1$$
$$X_3 = X_2 + \mu_2 = X_1 + \mu_1 + \mu_2$$
$$\vdots$$
$$X_{t+1} = X_t + \mu_t = \cdots = X_1 + \mu_1 + \cdots + \mu_{t+1}$$

需要指出的是，平稳时间序列和非平稳时间序列之间，有时候可以互相转化。例如，对于非平稳的随机游走序列取差分可以得到平稳的时间序列

$$\Delta X_t = X_t - X_{t-1} = \mu_t,$$

由例 5-1 知，$\{\Delta X_t\}$ 是白噪声序列，是平稳的时间序列。

5.2.3　平稳性的图示判断

由于平稳时间序列的均值和方差都是常数，因此可以根据随机过程的时间序列图来大体判断：当随机过程围绕着某一常数（均值）上下波动且振幅变化几乎不变时，判定为平稳时间序列；当随机过程有明显递增或递减的趋势时，判定为非平稳时间序列。如图 5.2（a）为平稳时间序列，图 5.2（b）为非平稳时间序列。

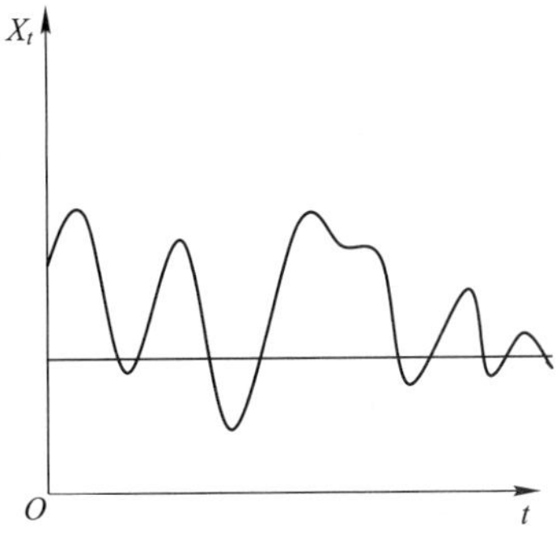

(a) 平稳时间序列

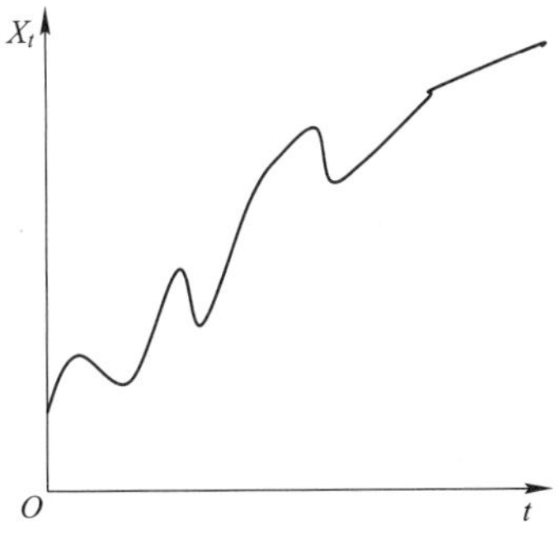

(b) 非平稳时间序列

图 5.2　平稳时间序列与非平稳时间序列图

然而，这种直观的图示也常产生误导，故通过检验样本自相关函数及其图形来进行进一步判别。一般是通过检验样本自相关函数来判别，自相关函数定义如式（5-23）所示。随机时间序列的自相关函数（autocorrelation function，ACF），是指分子是时间序列滞后 k 期的协方差，分母是方差，因此自相关函数是关于滞后期 k 的递减函数。

$$\rho_k = \frac{\gamma_k}{\gamma_0} \tag{5-23}$$

由于实际上对一个随机过程只有一个实现（样本），因此，只能计算样本自相关函数（sample autocorrelation function），也称为样本自相关系数。一个时间序列的样本自相关函数定义为

$$r_k = \frac{\sum_{t=1}^{n-k}(X_t - \overline{X})(X_{t+k} - \overline{X})}{\sum_{t=1}^{n}(X_t - \overline{X})^2}, \quad k = 1,2,3,\cdots \tag{5-24}$$

可知，随着 k 的增加，样本自相关函数下降且趋于零，而且平稳序列的下降速度要比非平稳序列的下降速度快得多。图 5. 3 给出了图 5. 2 中平稳时间序列与非平稳时间序列的样本自相关函数图。

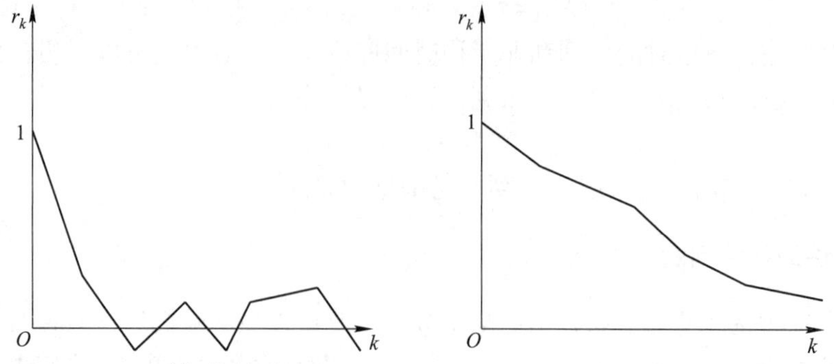

图 5. 3　平稳时间序列与非平稳时间序列样本相关图

判断样本自相关函数某一数值 r_k 趋于 0 的价值体现在：可以检验对应的自相关函数 ρ_k 的真值是否为 0。根据相关文献，若时间序列由白噪声过程生成，则对所有的 $k>0$，样本自相关系数近似地服从均值为 0、方差为 $1/n$ 的正态分布，其中 n 为样本数。

5. 2. 4　平稳性的单位根检验

对时间序列的平稳性检验除了通过图形直观判断外，运用统计量进行统计检验则是更为准确与重要的。单位根检验是统计检验中普遍应用的一种检验方法。

1. 单位根过程

P 阶自回归模型的一般形式为

$$Y_t=\alpha_1 Y_{t-1}+\alpha_2 Y_{t-2}+\cdots+\alpha_P Y_{t-p}+\varepsilon \tag{5-25}$$

为了说明单位根过程的概念，这里侧重以 $Y_t=\alpha_1 Y_{t-1}+\varepsilon_t$ 模型进行分析：

当 $\alpha_1<1$ 时，序列（Y_t）是平稳的，此时模型是经典的 AR(1) 模型。但是，如果 $\alpha_1=1$ 时，则序列生成的过程变为随机游走过程

$$Y_t=Y_{t-1}+\varepsilon_t$$

其中，ε_t 为独立同分布且均值为 0，方差恒定为 σ^2 残差序列（为什么差分后的序列往往能平稳？原因在于 $\Delta Y_t=\varepsilon_t$，而 ε_t 已经是平稳序列）。

随机游走过程的方差则变成

$$\begin{aligned}V(Y_t)&=V(Y_{t-1}+\varepsilon_t)\\&=V(Y_{t-2}+\varepsilon_{t-1}+\varepsilon_t)\\&=V(\varepsilon_1+\varepsilon_2+\cdots+\varepsilon_{t-1}+\varepsilon_t)\\&=t\sigma^2\end{aligned}$$

当 $t\to\infty$ 时，$t\sigma^2\to\infty$，这说明随机游走过程是非平稳的。

如果一个序列是随机游走过程，则称这个序列是一个单位根过程。单位根过程有三种形式：

（1）一般单位根过程

$$Y_t = Y_{t-1} + \varepsilon_t$$

（2）带漂移（含常数项）的单位根过程

$$Y_t = c + Y_{t-1} + \varepsilon_t$$

（3）带漂移和时间趋势的单位根过程

$$Y_t = c + \beta t + Y_{t-1} + \varepsilon_t$$

2. Dickey-Fuller 检验（DF 检验）

已知随机游走序列

$$X_t = X_{t-1} + \mu_t$$

是非平稳的，其中 μ_t 是白噪声。而该序列可看成是随机模型

$$X_t = \rho X_{t-1} + \mu_t \tag{5-26}$$

中参数 $\rho=1$ 时的情形。也就是说，对式（5-26）作回归，如果确实发现 $\rho=1$，则称随机变量 X_t 有一个单位根。显然，一个有单位根的时间序列就是随机游走序列，而随机游走序列是非平稳的。因此，要判断某时间序列是否平稳，可通过式（5-26）判断它是否有单位根。这就是时间序列平稳性的单位根检验。

式（5-26）可变形成差分形式

$$\Delta x = (\rho-1) X_{t-1} + \mu_t = \delta X_{t-1} + \mu_t \tag{5-27}$$

检验式（5-26）是否存在单位根 $\rho=1$，也可通过式（5-27）判断是否有 $\delta=0$。

一般地，检验一个时间序列 X_t 的平稳性，可通过检验带有截距项的一阶自回归模型

$$X_t = \alpha + \rho X_{t-1} + \mu_t \tag{5-28}$$

中的参数 ρ 是否小于 1，或者说检验其等价变形式

$$\Delta X_t = \alpha + \delta X_{t-1} + \mu_t \tag{5-29}$$

中的参数 δ 是否小于 0。

如何来检验式（5-29）中的 δ 是等于 0 还是小于 0 呢？遗憾的是，即使在大样本下，X_{t-1}前面系数 δ 的值也不服从 t 分布。1979 年，迪基（D. A. Dickey）和富勒（W. A. Fuller）提出在此情境下，X_{t-1}前面系数 δ 的估计 t 值服从 τ 统计量。为了纪念他们对计量经济学的贡献，τ 统计量或 τ 检验也称为迪基-富勒检验，简称 DF 检验。需要注意的是，DF 检验的备择假设是 $\delta<0$，$\rho<1$，因此 DF 检验是个单侧检验。

具体的估计过程：首先利用 OLS 对式（5-29）进行估计，将 X_{t-1}前面系数 δ 的估计值除以标准误算出 τ 统计量，对比 DF 分布临界值表（见表 5.1）。如果 τ 统计量的绝对值大于 DF 临界值的绝对值，则拒绝存在单位根的假设，说明时间序列 $\{X_t\}$ 是平稳的。如果 τ 统计量的绝对值小于等于 DF 临界值的绝对值，则不拒绝存在单位根的假设，说明时间序列 $\{X_t\}$ 是非平稳的。

表 5.1　DF 分布临界值表

显著性水平	样本容量					t 分布临界值（$n=+\infty$）
	25	50	100	500	∞	
0.01	−3.75	−3.58	−3.51	−3.44	−3.43	−2.33
0.05	3.00	−2.93	−2.89	−2.87	−2.86	−1.65
0.10	2.63	−2.60	−2.58	−2.57	−2.57	−1.28

3. AugmentedDickey-Fuller 检验（ADF 检验）

在 DF 检验时，假设如式（5-26）所示，序列由一阶自回归生成，但在实际检验时，有可能由滞后二阶、滞后三阶甚至滞后高阶生成，如式（5-30）、式（5-31）和式（5-32）所示。同时，假设式（5-26）中 μ_t 是白噪声，但 μ_t 有可能不是白噪声的。基于此，迪基和富勒提出了增广迪基-富勒检验（augment Dickey-Fuller test），简称 ADF 检验。ADF 检验通过下面三个模型完成。

模型 1（一般形式）

$$\Delta X_t = \delta X_{t-1} + \sum_{i=1}^{m} \beta_i \Delta X_{t-i} + \varepsilon_t \tag{5-30}$$

模型 2（带漂移，含常数项）

$$\Delta X_t = \alpha + \delta X_{t-1} + \sum_{i=1}^{m} \beta_i \Delta X_{t-i} + \varepsilon_t \tag{5-31}$$

模型 3（带漂移和时间趋势）

$$\Delta X_t = \alpha + \beta T + \delta X_{t-1} + \sum_{i=1}^{m} \beta_i \Delta X_{t-i} + \varepsilon_t \tag{5-32}$$

其中 ε_t 为随机扰动项。相对于 DF 检验，上述 3 个模型都增加了 ΔX_t 的 m 期滞后项，式（5-31）在式（5-30）的基础上增加了截距项，式（5-32）在式（5-31）的基础上增加了时间趋势项，表示随时间变化的某种趋势。如何确定模型滞后阶数 m 的值？可以利用拉格朗日乘数检验来确定。事实上，在实际运用时，一般软件基于赤池准则或施瓦茨准则自动给出滞后的阶数。

实际检验的顺序是从式（5-32）到式（5-31）再到式（5-30）。如果能够证明原序列不存在单位根，也就是说原序列为平稳序列，检验会拒绝零假设，就可停止检验。否则，检验要继续直到式（5-30）被检验完才可结束。增广迪基-富勒检验原理与迪基-富勒检验原理是一样的，只是在对式（5-32）、式（5-31）及式（5-30）进行检验时，存在有各自所对应的临界值表。表 5.2 给出了三个模型所使用的 ADF 分布临界值表。

表 5.2　不同模型使用的 ADF 分布临界值表

模型	统计量	样本容量	0.01	0.025	0.05	0.10
1	τ_δ	25	−2.66	−2.26	−1.95	−1.60
		50	−2.62	−2.25	−1.95	−1.61
		100	−2.60	−2.24	−1.95	−1.61
		250	−2.58	−2.23	−1.95	−1.61
		500	−2.58	−2.23	−1.95	−1.61
		>500	−2.58	−2.23	−1.95	−1.61

续表

模型	统计量	样本容量	0.01	0.025	0.05	0.10
2	τ_δ	25	−3.75	−3.33	−3.00	−2.62
		50	−3.58	−3.22	−2.93	−2.60
		100	−3.51	−3.17	−2.89	−2.58
		250	−3.46	−3.14	−2.88	−2.57
		500	−3.44	−3.13	−2.87	−2.57
		>500	−3.43	−3.12	−2.86	−2.57
	τ_α	25	3.41	2.97	2.61	2.20
		50	3.28	2.89	2.56	2.18
		100	3.22	2.86	2.54	2.18
		250	3.19	2.84	2.53	2.16
		500	3.18	2.83	2.52	2.16
		>500	3.18	2.83	2.52	2.16
3	τ_δ	25	−4.38	−3.95	−3.60	−3.24
		50	−4.15	−3.80	−3.50	−3.18
		100	−4.04	−3.73	−3.45	−3.15
		250	−3.99	−3.69	−3.43	−3.13
		500	−3.98	−3.68	−3.42	−3.13
		>500	−3.96	−3.66	−3.41	−3.12
	τ_α	25	4.05	3.59	3.20	2.77
		50	3.87	3.47	3.14	2.75
		100	3.78	3.42	3.11	2.73
		250	3.74	3.39	3.09	2.73
		500	3.72	3.38	3.08	2.72
		>500	3.71	3.38	3.08	2.72
	τ_β	25	3.74	3.25	2.85	2.39
		50	3.60	3.18	2.81	2.38
		100	3.53	3.14	2.79	2.38
		250	3.49	3.12	2.79	2.38
		500	3.48	3.11	2.78	2.38
		>500	3.46	3.11	2.78	2.38

从式（5−32）转到式（5−31）时，需要检验 $\beta=0$ 是否成立，但是这里 β 的 t 统计量仍然不服从正态分布；从式（5−31）转到式（5−30）时，需要检验 $\alpha=0$ 是否成立，这里 α 的 t 统计量也不服从正态分布。

一个简单的检验是同时估计出上述 3 个模型的适当形式，然后通过 ADF 临界值表检验零假设 H_0：$\delta=0$。在对式（5−32）、式（5−31）及式（5−30）进行检验时，只要三者中有一个拒绝$H_0: \delta=0$，则可以判断时间序列为平稳的，若三者全不能拒绝$H_0: \delta=0$，则可以判断时间序列是不平稳的。

5.2.5 单整时间序列

随机游走序列

$$X_t = X_{t-1} + \mu_t$$

经差分后等价地变形为

$$\Delta X_t = X_t - X_{t-1} = \mu_t \tag{5-33}$$

由于μ_t是一个白噪声，因此差分后的序列$\{\Delta X_t\}$是平稳的。

只经过一次差分就能使非平稳时间序列变成平稳时间序列，原时间序列叫作一阶单整（integrated of 1）序列，记为$I(1)$。类似地，若要经过d次差分才能使非平稳时间序列变成平稳时间序列，那么称原序列是d阶单整（integrated of d）序列，记为$I(d)$。显然，$I(0)$代表平稳时间序列。单整是处理伪回归问题常用的方式之一。单整序列的阶数就是使非平稳序列变平稳需要差分的最少次数。

一般而言，存量数据表现为2阶单整，如家庭存款总额；流量数据表现为1阶单整，如某一年家庭收入；比率数据表现为0阶单整（平稳），如收率增长率、利率等。还有些指标，经过若干次差分，依然还是非平稳的，那么称这类时间序列为非单整。

5.3 协整及误差修正模型

5.3.1 长期均衡关系与协整

经典回归模型（classical regression model）建立在平稳数据的基础上，而在经济学中，使用到的许多变量都不符合该条件，若使用该模型则结果中容易出现虚假回归问题。时间序列的非平稳性，限制了人们使用经典的回归方法。通过学习前面章节内容知道可以使用差分的形式，使不平稳的时间序列变成平稳的时间序列，然后对差分变量进行经典回归。但差分以后的变量不具有直观的经济含义，以差分后的变量建立的模型解释起来不太方便。因此，需要从其他途径进一步对不平稳的时间序列进行研究。

1987年恩格尔和格兰杰提出解决非平稳时间序列的另一种思想——协整。这种思想的本质是，虽然一些经济变量是非平稳的，但这些变量的组合可能是平稳的。

协整理论及其方法，为非平稳序列的建模提供了另一种途径。虽然一些经济变量的本身是非平稳序列，但是它们的线性组合却有可能是平稳序列。这种平稳的线性组合被称为协整方程，且可解释为变量之间的长期稳定的均衡关系。

例如，以某个人年度消费为被解释变量，以年度收入为解释变量，根据经验解释变量和被解释变量都是非平稳的，但他们存在协整关系。事实上，如果两者不具有协整关系，当消费水平长期高于收入水平时，就会产生非理性的赤字；当消费水平长期低于收入水平时，就会产生非理性的累积储蓄。

两个经济指标长期来看存在均衡关系，是构建经济模型的基础。虽然短期内相关经济指标可能会偏离均值，但这种偏离是暂时的，长期来看，两个指标会回归到均衡状态。这种均衡关系的统计性描述即为协整关系。

协整概念扩展了研究平稳性的视角。对于一些经济指标而言，单独观察这些变量，它们的均值、方差和协方差随着时间而变化，而这些变量组合的均值、方差和协方差却不随着时间而变化，即变量的组合是平稳的。

一般地，如果序列 X_{1t}，X_{2t}，…，X_{kt}都是 d 阶单整的，存在向量 $\boldsymbol{\alpha}=(\alpha_1,\ \alpha_2,\ \cdots,\ \alpha_k)$，使得 $Z_t=\boldsymbol{\alpha}\boldsymbol{X}_t^{\mathrm{T}}\sim I(d-b)$，其中，$b>0$，$\boldsymbol{X}_t=(X_{1t},\ X_{2t},\ \cdots,\ X_{kt})^{\mathrm{T}}$，则认为序列 X_{1t}，X_{2t}，…，X_{kt}是（d，b）阶协整，记为 $\boldsymbol{X}_t\sim CI(d,\ b)$，$\boldsymbol{\alpha}$ 为协整向量。

由此可见，两个单整变量只有当单整阶数相同才可能协整；三个及以上变量，单整阶数不同，可能通过线性组合得到低阶单整变量。

例如，如果存在

$$W_t\sim I(1),\quad V_t\sim I(2),\quad U_t\sim I(2)$$

并且

$$P_t=aV_t+bU_t\sim I(1)$$
$$Q_t=cW_t+eP_t\sim I(0)$$

那么认为

$$V_t,U_t\sim CI(2,1)$$
$$W_t,P_t\sim CI(1,1)$$

从协整的定义可以看出，（d，d）阶协整是一类非常重要的协整关系，它的经济意义在于：两个变量，虽然它们具有各自的长期波动规律，但是如果它们是（d，d）阶协整的，则它们之间存在一个长期稳定的比例关系。这样就可以用经典方法建立回归模型。

变量协整的经济意义是，分开看各个变量具有独立的变化规律，但它们的线性组合存在一个长期稳定的关系。（d，d）阶协整作为一类非常重要的协整关系，可以通过使用经典方法建立相对应的回归模型。

在有些文献中，弱相关过程被称为零阶单整（integrated of order zero）或 $I(0)$，因此弱相关时间序列可以不需要进行处理，直接进行回归。事实上，单位根过程也可以称为$I(1)$，例如，随机游走时间序列一阶差分以后变成平稳的时间序列，$I(1)$ 时间序列也常被称为差分平稳过程（difference-stationary process）。

两个过程都是 $I(1)$，但二者的线性组合却是 $I(0)$ 的时候才可以使用协整的概念。在这种情况下，将一个序列对另一个序列的回归旨在阐明两个序列之间的长期稳定关系，就不是伪回归，与此同时这两个序列之间的协整还意味着一类特殊的短期动态模型，即误差修正模型。

由上可知，只有两个变量都是单整变量且其单整阶数相同时，才可能协整，例如，两个都是 $I(1)$ 或者 $I(2)$ 的时间序列，它们的组合可能是平稳的。在这种情况下，它们之间的关系是一个变量对另一个变量长期稳定的关系，它们之间的回归就不是伪回归。

通过以上分析可以发现，构建时间序列模型时，需要考虑变量间的协整关系。

5.3.2 协整的检验

美国经济学家罗伯特·恩格尔（Robert F. Engle）和英国经济学家克莱夫·格兰杰（CliveW. J. Granger）（2003 年两人获得诺贝尔经济学奖）对协整概念进行了深入探究，赋予 $I(1)$ 变量更丰富的内涵。全面系统的协整分析是一个相当复杂的数学过程，在此只需了解一些在经济实际中可能应用到的一些基本方法即可。

如果 $\{y_t: t=0, 1, \cdots\}$ 和 $\{x_t: t=0, 1, \cdots\}$ 是两个 $I(1)$ 过程，那么通常对于任何 β，$y_t-\beta x_t$ 都是一个 $I(1)$ 过程。但是，对于某些 $\beta\neq 0$ 的值来讲，$y_t-\beta x_t$ 也有可能是一个 $I(0)$。这就表明，它有常均值、固定方差和仅取决于序列中任意两个变量之间时间间隔的自相关，然而它是渐近无关的。若这种 β 值存在，表明 y 和 x 是协整的，且协整参数是 β。也可以考虑 $\gamma\neq 0$ 时的 $x_t-\gamma y_t$：因为如果 $y_t-\beta x_t$ 是 $I(0)$，那么，$x_t-(1/\beta)y_t$ 也是 $I(0)$。所以，y_t 和 x_t 不是只有唯一一种线性组合，但如果把 y_t 的系数记为 1，那么线性组合就是唯一的。简化模型，此处只考虑 $y_t-\beta x_t$ 这一种线性组合。

为了便于说明，不妨取 $\beta=1$，假设令 $y_0=x_0=0$，并写出 $y_t=y_{t-1}+r_t$，$x_t=x_{t-1}+v_t$，其中 $\{r_t\}$ 和 $\{v_t\}$ 是两个均值为零的 $I(0)$ 过程。所以，y_t 和 x_t 都会在一定区间内上下震荡，而且无规律地回归初始值 0。相反，如果 y_t-x_t 是 $I(0)$ 过程，那么 0 均值就是存在的，y_t 和 x_t 会有规律地向 0 回归。

1. 两变量的恩格尔-格兰杰检验

为了检验两个均呈现 1 阶单整的变量 Y_t，X_t 是否为协整，1987 年恩格尔和格兰杰提出两步检验法，也称为 EG 检验。

第一步，用普通最小二乘法估计 $Y_t=\alpha_0+\alpha_1 X_t+\mu_t$ 并计算非均衡误差，得到

$$\hat{Y}_t=\hat{\alpha}_0+\hat{\alpha}_1 X_t$$

$$e_t=Y_t-\hat{Y}_t$$

称为协整回归或静态回归。

第二步，检验 e_t 的单整性。如果 e_t 为稳定序列 $I(0)$，则认为变量 Y_t，X_t 为（1，1）阶协整；否则，认为变量 X_t，Y_t 不存在协整关系。

检验 e_t 的单整性的方法为 DF 检验或者 ADF 检验。由于协整回归中已含有截距项，则检验模型中无须再用截距项；如果协整回归中还含有趋势项，则检验模型中也无须再用时间趋势项。使用模型 1

$$\Delta e_t = \delta e_{t-1} + \sum_{i=1}^{p} \theta_i \Delta e_{t-i} + \varepsilon_t$$

进行检验时，拒绝零假设 H_0：$\delta=0$，意味着残差项 e_t 是平稳序列，从而说明 X 与 Y 是协整的。

需要注意的是，这里的 DF 检验或 ADF 检验是针对协整回归计算出的残差项 e_t 而非真正的非均衡误差 μ_t 进行的。而普通最小二乘法采用了残差平方和最小原理，因此估计量 δ 往往是向下偏倚的，这样将导致拒绝零假设的机会比实际情形大。对于残差 e_t 平稳性检验的 DF 与 ADF 临界值比正常的 DF 与 ADF 还要小。麦金农通过模拟试验给出了协整检验的临

界值，表 5.3 是双变量协整 ADF 检验临界值。

表 5.3　双变量协整 ADF 检验临界值

样本容量	显著性水平		
	0.01	0.05	0.10
25	-4.37	-3.59	-3.22
50	-4.12	-3.46	-3.13
100	-4.01	-3.39	-3.09
∞	-3.90	-3.33	-3.05

2. 多变量协整关系的检验

多变量协整关系的检验要比双变量复杂一些，主要原因在于协整变量间可能存在多种稳定的线性组合。假设有 4 个 $I(1)$ 变量 Z，X，Y，W，它们有如下的长期均衡关系

$$Z_t=\alpha_0+\alpha_1 W_t+\alpha_2 X_t+\alpha_3 Y_t+\mu_t \tag{5-34}$$

其中，非均衡误差项 μ_t 应是 $I(0)$ 序列

$$\mu_t=Z_t-\alpha_0-\alpha_1 W_t-\alpha_2 X_t-\alpha_3 Y_t \tag{5-35}$$

然而，如果 Z 与 W，X 与 Y 间分别存在长期均衡关系

$$Z_t=\beta_0+\beta_1 W_t+v_{1t}$$
$$X_t=\gamma_0+\gamma_1 Y_t+v_{2t}$$

则非均衡误差项 v_{1t}，v_{2t}一定是稳定序列 $I(0)$。于是它们的任意线性组合也是稳定的。例如

$$v_t=v_{1t}+v_{2t}=Z_t-\beta_0-\gamma_0-\beta_1 W_t+X_t-\gamma_1 Y_t \tag{5-36}$$

一定是 $I(0)$ 序列。由于 v_t 像式（5-35）中的 μ_t 一样，也是 Z，X，Y，W 四个变量的线性组合，由此式（5-36）也成为这 4 个变量的另一个稳定线性组合。（1，$-\alpha_0$，$-\alpha_1$，$-\alpha_2$，$-\alpha_3$）是对应于式（5-35）的协整向量，（1，$-\beta_0-\gamma_0$，$-\beta_1$，1，$-\gamma_1$）是对应于式（5-36）的协整向量。

多变量协整检验与双变量检验一样，需要注意两点，一是单整的阶数是否相同，二是变量间是否存在稳定的线性组合。多变量协整检验步骤是先选择一个变量作为被解释变量，除此变量以外的其他变量作为解释变量，进行 OLS 回归，记录并检验残差序列的平稳性。若是平稳的，则变量之间存在协整关系；若不是平稳的，选择第二个变量作为被解释变量，其余变量作为解释变量，进行第一步的检验。若找到某一变量作为解释变量，残差序列是平稳的，则这组变量具有协整关系。若全部依次作被解释变量，检验完毕，仍然得不到稳定的残差序列，则这些变量之间不存在协整关系。

同样地，残差序列平稳性检验的 DF 与 ADF 检验临界值要小于通常的 DF 与 ADF 检验临界值，而且所检验的变量个数还会影响该临界值的大小。表 5.4 给出了多变量协整检验的 ADF 临界值。

表 5.4 多变量协整检验的 ADF 临界值

样本容量	变量数=3			变量数=4			变量数=6		
	显著性水平			显著性水平			显著性水平		
	0.01	0.05	0.1	0.01	0.05	0.1	0.01	0.05	0.1
25	-4.92	-4.1	-3.71	-5.43	-4.56	-4.15	-6.36	-5.41	-4.96
50	-4.59	-3.92	-3.58	-5.02	-4.32	-3.98	-5.78	-5.05	-4.69
100	-4.44	-3.83	-3.51	-4.83	-4.21	-3.89	-5.51	-4.88	-4.56
∞	-4.30	-3.74	-3.45	-4.65	-4.1	-3.81	-5.24	-4.7	-4.42

5.3.3 关于均衡与协整的再讨论

协整方程不一定是均衡方程，它们之间至少存在以下差异：

（1）协整方程主要是从统计学的视角分析，均衡方程主要是从经济学的视角分析。非常重要的一点是均衡方程可以推导出协整方程，但反之不成立。因此，可以笼统地说，协整是均衡的必要条件。

（2）协整方程可以只包含部分变量，均衡方程必须包括全部变量，如有 6 个变量，两两之间可能存在协整关系，但是只有 6 个变量合在一起才可以被称为均衡。

（3）协整方程的前提条件是随机项平稳，而均衡方程的随机项为白噪声。从随机项的角度看，均衡方程比协整方程要求更加严格。

5.3.4 误差修正模型

误差修正模型（error correction model，ECM）是 1978 年由 Davidson、Hendry、Srba 和 Yeo 提出的，称为 DHSY 模型。误差修正模型常作为协整回归的补充模型出现。与协整模型主要衡量时间序列间的长期均衡关系不同，ECM 模型主要衡量时间序列之间的短期波动关系。

1. 误差修正模型

协整这一概念揭示了两个序列之间潜在的长期稳定关系，可以处理更多的动态模型种类。在建立回归模型时序列若非平稳则要先通过差分进行转化。假设两个非平稳的时间序列变量 X 与 Y 均为一阶单整，即都是 $I(1)$，其回归方程为

$$Y_t=\alpha_0+\alpha_1 X_t+\mu_t \tag{5-37}$$

为了避免回归结果出现偏差，所以需要在建立回归模型之前先使用差分来抵消将其转化为平稳。将式（5-37）的第 t 期减去第 $t-1$ 期，得到差分方程为

$$\Delta Y_t=\alpha_1\Delta X_t+\mu_t-\mu_{t-1} \tag{5-38}$$

由式（5-38）可以看到，解释变量 Y 的变动，即 ΔY 当期波动受三方面的影响，第一是解释变量的波动 ΔX，第二是当期产生的误差 μ_t，第三是上一期产生的误差 μ_{t-1}。

其中，上一期的随机误差 μ_{t-1} 可以用上一期的残差 $\hat{e}_{t-1}$ 来近似替代，于是得到

$$\Delta Y_t=\alpha_1\Delta X_t+\mu_t-\hat{e}_{t-1} \tag{5-39}$$

进一步得到

$$\Delta Y_t = \alpha_1 \Delta X_t + \alpha_2 Ecm_{t-1} + \mu_t \tag{5-40}$$

此模型称为误差修正模型。

α_2 表示误差修正系数，表示修正误差项 Ecm_{t-1}对当期波动 ΔY_t 的修正力度。

事实上，根据上述误差修正模型的推导过程可以得到 α_2 的值为负数，即误差修正机制是一种负反馈机制。误差修正模型的负反馈机制如下：

当 Y_{t-1}的值大于长期均衡值 $\alpha_0+\alpha_1 X_{t-1}$时，$Ecm_{t-1}$为大于 0 正数，则 $\alpha_2 Ecm_{t-1}$为小于 0 负数，根据式（5-44）得 ΔY 变小，本期值 Y_t 向上一期值 Y_{t-1}靠近，Y_t 向均衡位置移动，对其长期偏离均衡位置进行修正。

当 Y_{t-1}的值小于长期均衡值 $\alpha_0+\alpha_1 X_{t-1}$时，$Ecm_{t-1}$为小于 0 负数，则 $\alpha_2 Ecm_{t-1}$为大于 0 正数，根据式（5-44）得 ΔY 变大，本期值 Y_t 向上一期值 Y_{t-1}靠近，Y_t 向均衡位置移动，对其长期偏离均衡位置进行修正。

2. 误差修正模型的建立

要建立误差修正模型，可以按照以下三个步骤：

（1）利用普通最小二乘法建立如下协整回归模型

$$Y_t = \alpha_0 + \alpha_1 X_t + \mu_t$$

（2）得到残差序列$\hat{e}_1$，$\hat{e}_2$，…

（3）令 $Ecm_{t-1} = \hat{e}_{t-1}$，利用普通最小二乘法回归下列模型（误差修正模型）

$$\Delta Y_t = \alpha_1 \Delta X_t + \alpha_2 Ecm_{t-1} + \mu_t$$

5.4　格兰杰因果关系检验

从经济学的角度出发，需要考虑的问题经常是变量 x 与 y 之间因果关系究竟是 x 是 y 的原因，还是 y 是 x 的原因，抑或双向因果关系。如果 x 是 y 的原因，但 y 不是 x 的原因，那么 x 的过去值能够预测 y 的未来值，但 y 的过去值却无法预测 x 的未来值。这便是 1969 年格兰杰提出的检验方法的基础。假设一个时间序列模型为

$$y_t = \gamma + \sum_{m=1}^{p} \alpha_m y_{t-m} + \sum_{m=1}^{p} \beta_m x_{t-m} + \varepsilon_t$$

其中，滞后阶数 p 可根据“信息准则”或“由大到小的序贯 t 规则”来确定。检验原假设“$H_0: \beta_1 = \cdots = \beta_p = 0$”，即 x 的过去值不能做到有助于解释 y 的未来值。如果拒绝 H_0，则称 x 是 y 的“格兰杰因”。相对应地，检验 y 是否为 x 的格兰杰因只需要将以上回归模型中解释变量 x 与被解释变量 y 的位置对调就可以。

需要指出的是，格兰杰因果关系与真正意义上的因果关系并不相同。它只是表明一个变量是否对另一变量有“预测能力”。换句话说，不考虑非线性的因果关系的前提下，格兰杰因果关系充其量算是因果关系的必要条件。需要补充的一点是，第三个变量也有可能引起格兰杰因果关系。因果关系是经济学研究的目标之一。在实证研究中，由于通常不可能进行“控制实验”，但计量经济学常用的“随机试验”和“自然试验”能够强有力的证明因果关

系。相关知识超出本教材范围，有兴趣的同学可以自行查阅。

除此之外，格兰杰因果关系检验更多适用于平稳时间序列，或者有协整关系的单位根过程。对于不存在协整关系的单位根变量，只好先进行差分运算，得到时间序列平稳以后再进行格兰杰因果检验。

5.4.1 时间序列自回归模型

1. 时间序列自回归模型的含义

时间序列自回归模型是指仅用它的过去值及随机扰动项所建立起来的模型，其一般形式为

$$X_t = F(X_{t-1}, X_{t-2}, \cdots, \mu_t) \tag{5-41}$$

建立具体的自回归模型，需解决如下三个问题：模型的具体形式、时序变量的滞后期以及随机扰动项的结构。例如，取线性方程、1 期滞后以及白噪声随机扰动项（$\mu_t = \varepsilon_t$），模型将是一个 1 阶自回归过程 AR(1)

$$X_t = \phi X_{t-1} + \varepsilon_t \tag{5-42}$$

这里，ε_t 特指白噪声。

一般的 p 阶自回归过程 AR(p) 是

$$X_t = \phi_1 X_{t-1} + \phi_2 X_{t-2} + \cdots + \phi_p X_{t-p} + \mu_t \tag{5-43}$$

如果随机扰动项 μ_t 是个白噪声（$\mu_t = \varepsilon_t$），则称式（5-43）为一纯 AR(p) 过程，记为

$$X_t = \phi_1 X_{t-1} + \phi_2 X_{t-2} + \cdots + \phi_p X_{t-p} + \varepsilon_t \tag{5-44}$$

如果随机扰动项 μ_t 不是一个白噪声，通常认为它是一个 q 阶的移动平均过程 MA(q)

$$\mu_t = \varepsilon_t - \theta_1 \varepsilon_{t-1} - \cdots - \theta_q \varepsilon_{t-q} \tag{5-45}$$

式（5-45）给出了一个纯 MA(q) 过程。将式（5-43）与式（5-45）结合，得到一个一般的自回归移动平均过程 ARMA(p, q)

$$X_t = \phi_1 X_{t-1} + \cdots + \phi_p X_{t-p} + \varepsilon_t - \theta_1 \varepsilon_{t-1} - \cdots - \theta_q \varepsilon_{t-q} \tag{5-46}$$

式（5-46）表明，一个随机时间序列可以通过一个自回归移动平均过程生成，即该序列可以由其自身的滞后值以及随机扰动项来解释。如果该序列是平稳的，即它的行为并不会随着时间的推移而变化，那么就可以通过该序列过去的行为来预测未来。

2. AR(p) 模型的平稳性条件

时间序列自回归模型作为随机过程的描述，它的平稳性与该随机过程的平稳性是等价的，因此，可通过它所生成的随机时间序列的平稳性来判断。如果一个 p 阶自回归模型 AR(p)生成的时间序列是平稳的，就说该 AR(p) 模型是平稳的，否则，就说该 AR(p) 模型是非平稳的。

将式（5-44）的 p 阶自回归模型 AR(p) 引入滞后算子 L

$$LX_t = X_{t-1},\quad L^2 X_t = X_{t-2},\quad \cdots\cdots,\quad L^p X_t = X_{t-p}$$

式（5-44）变换为

$$(1 - \phi_1 L - \phi_2 L^2 - \cdots - \phi_p L^p) X_t = \varepsilon_t$$

记 $\Phi(L) = (1 - \phi_1 L - \phi_2 L^2 - \cdots - \phi_p L^p)$，则称多项式方程

$$\Phi(z) = (1 - \phi_1 z - \phi_2 z^2 - \cdots - \phi_p z^p) = 0$$

为 AR(p) 的特征方程。可以证明，如果该特征方程的所有根在单位圆外（根的模大于 1），则 AR(p) 模型是平稳的。

5.4.2　时间序列向量自回归模型

将上述单个时间序列自回归模型扩展到多个序列，即构成时间序列向量自回归模型。1980 年西姆斯等人将时间序列向量自回归模型引入宏观经济分析中，使之成为现代时间序列分析的主要模型之一。

含有 k 个时间序列（也称变量）、p 期滞后的向量自回归模型 VAR(p) 表示为

$$\boldsymbol{Y}_t=\boldsymbol{\mu}+\boldsymbol{A}_1\boldsymbol{Y}_{t-1}+\cdots+\boldsymbol{A}_p\boldsymbol{Y}_{t-p}+\boldsymbol{\varepsilon}_t,\ t=1,2,\cdots,T \tag{5-47}$$

其中，

$$\boldsymbol{Y}_{t-i}=\begin{pmatrix} Y_{1t-i}\\ Y_{2t-i}\\ \vdots\\ Y_{kt-i}\end{pmatrix},i=1,2,\cdots,p$$

$$\boldsymbol{A}_j=\begin{pmatrix} \alpha_{11.j} & \alpha_{12.j} & \cdots & \alpha_{1k.j}\\ \alpha_{21.j} & \alpha_{22.j} & \cdots & \alpha_{2k.j}\\ \vdots & \vdots & & \vdots\\ \alpha_{k1.j} & \alpha_{k2.j} & \cdots & \alpha_{kk.j}\end{pmatrix},j=1,2,\cdots,p$$

$$\boldsymbol{\mu}=(\mu_1,\cdots,\mu_k)^{\mathrm{T}},\ \boldsymbol{\varepsilon}_t=(\varepsilon_{1t},\varepsilon_{2t},\cdots,\varepsilon_{kt})^{\mathrm{T}}$$

其中，$\boldsymbol{Y}_t$ 是 k 维内生变量向量，p 是滞后阶数，样本数目为 T。$\boldsymbol{A}_1$，…，$\boldsymbol{A}_p$ 是 $k\times k$ 系数矩阵。$\boldsymbol{\varepsilon}_t\sim N(0,\ \boldsymbol{\Sigma})$ 是 k 维随机扰动向量，它们相互之间可以同期相关，但不与自己的滞后值相关，也不与式 5-59 右边的变量相关。$\boldsymbol{\Sigma}$ 是 $\boldsymbol{\varepsilon}_t$ 的协方差矩阵，是一个 $k\times k$ 的正定矩阵。

时间序列向量自回归模型在建模过程中只需明确两个量。一个是所含变量个数 k，即共有哪些变量是相互有关系的，并且需要把这些变量包括在模型中；另一个是自回归的最大滞后阶数 p，通过选择合理的 p 来使模型能反映出变量间相互影响的关系并使得模型的随机误差项 ε_t 是白噪声。

时间序列向量自回归模型从形式上看是联立方程模型，由于每个方程的右边不包含任何当期变量，于是可以作为独立的方程，采用普通最小二乘法等方法估计参数。

5.4.3　格兰杰因果关系检验及其应用

向量自回归模型中的每一个方程均表明变量自身及其他变量过去的行为会对该变量的变化造成影响。然而问题是，许多经济变量之间都存在相互的影响。如果仅仅是一个变量的滞后项（过去行为）影响另一变量的当前行为，反过来不存在因果关系，则称为存在单向因果关系。如果双方过去行为都影响对方当前行为，则称为存在双向因果关系。为了判定这种影响关系是单向的还是双向的，1969 年格兰杰提出了包含两个变量的格兰杰因果关系检验方法。

1. 格兰杰因果关系检验的表述

在时间序列中两个经济变量 X、Y 之间的格兰杰因果关系的定义如下：由变量 X、Y 的

过去信息对变量 Y 的预测效果比只单独由 Y 的过去信息对 Y 进行的预测效果更优，即加入变量 X 有助于解释变量 Y 的将来变化，则认为变量 X 是引致变量 Y 的格兰杰原因。X 是否对 Y 有影响，主要根据当期的 Y 能够在多大程度上被过去的 X 解释，以及解释程度在加入 X 的滞后项后能否得到显著提高。如果 X 在 Y 的预测中有帮助，或者 X 与 Y 的相关系数在统计上显著时，就可以说"X 是 Y 的格兰杰原因"。

对于 Y 与 X，格兰杰因果关系检验要求估计以下回归模型

$$Y_t = \beta_0 + \sum_{i=1}^{m} \beta_i Y_{t-i} + \sum_{i=1}^{m} \alpha_i X_{t-i} + \mu_t \tag{5-48}$$

$$X_t = \delta_0 + \sum_{i=1}^{m} \delta_i X_{t-i} + \sum_{i=1}^{m} \lambda_i Y_{t-i} + v_t \tag{5-49}$$

可能存在四种检验结果：

(1) X 对 Y 有单向影响，表现为式（5-48）中 X 各滞后项前的参数整体不为零，而式（5-49）中 Y 各滞后项前的参数整体为零；

(2) Y 对 X 有单向影响，表现为式（5-49）中 Y 各滞后项前的参数整体不为零，而式（5-48）中 X 各滞后项前的参数整体为零；

(3) Y 与 X 间存在双向影响，表现为式（5-48）中 X 各滞后项前的参数整体不为零，同时式（5-49）中 Y 各滞后项前的参数整体也不为零；

(4) Y 与 X 是独立的，表现为式（5-48）中 X 各滞后项前的参数整体为零，同时式（5-49）中 Y 各滞后项前的参数整体也为零。

格兰杰检验是通过受约束的 F 检验完成的。如针对 X 不是 Y 的格兰杰原因这一假设，即针对式（5-48）中 X 滞后项前的参数整体为零的假设，分别作包含与不包含 X 滞后项的回归，记前者的残差平方和为 RSS_U，后者的残差平方和为 RSS_R，再计算 F 统计量

$$F = \frac{(RSS_R - RSS_U)/m}{RSS_U/(n-k)} \tag{5-50}$$

其中，m 为 X 滞后项的个数，n 为样本容量，k 为包含可能存在的常数项及其他变量在内的无约束回归模型的待估参数的个数。

如果计算的 F 值大于给定显著性水平 α 下 F 分布的相应临界值 $F_\alpha(m, n-k)$，则拒绝原假设，认为 X 是 Y 的格兰杰原因。

由于假设检验的零假设是不存在因果关系的，在该假设下 F 统计量服从 F 分布，因此严格地说，该检验应该称为格兰杰非因果关系检验。

2. 格兰杰因果关系检验的步骤

(1) 将当前的 y 对所有的滞后项以及其他变量（如果存在的话）作回归，即 y 对其滞后项 y_{t-1}，y_{t-2}，…，y_{t-q} 及其他变量的回归，但在这一回归中没有把滞后项 x 包括进来，这是一个受约束的回归。然后从此回归得到受约束的残差平方和 RSS_U。

(2) 作一个含有滞后项 x 的回归，即在前面的回归式中加进滞后项 x，这是一个无约束的回归，由此回归得到无约束的残差平方和 RSS_R。

(3) 零假设是 H_0：$\alpha_1 = \alpha_2 = \cdots = \alpha_q = 0$，即滞后项 x 不属于此回归。

(4) 为了检验此假设，用 F 检验，即它遵循自由度为 q 和 $(n-k)$ 的 F 分布。在这里，n 是样本容量，q 等于滞后项 y 的个数，即有约束回归方程中待估参数的个数，k 是无约束回归中待估参数的个数。

(5) 如果在选定的显著性水平 α 上计算的 F 值超过临界值 F_α，则拒绝零假设，这样滞后 x 项就属于此回归，表明 x 是 y 的原因。

(6) 同样，为了检验 y 是否是 x 的原因，可将变量 y 与 x 相互替换，重复步骤 (1)~(5)。

滞后的期数很大程度上会影响格兰杰因果关系检验的结果，样本容量的大小也会对检验结果造成影响。这就意味着，横截面数据模型不适合格兰杰因果关系检验，时间序列数据模型才适合格兰杰因果关系检验。

同时，在使用格兰杰因果关系检验时，做了许多假设，许多假设可能改变了最初的设定，有可能导致出现虚假的格兰杰因果关系。

值得注意的一点是，格兰杰因果关系并非是实际因果关系，它作为一种预测在统计学意义上仍具有很高的参考价值。

3. 应用中的几个实际问题

实际应用中，使用格兰杰因果关系检验的注意点有如下几条：

(1) 滞后期长度的选择问题。检验结果对于滞后期长度的选择非常敏感，不同的滞后期检验结果可能也不同。因此，需要在不同滞后期进行检验，并观察在不同滞后期下检验的敏感程度。

(2) 时间序列的平稳性问题。格兰杰因果关系检验理论上是用于平稳时间序列的，但条件也可以适当放宽。当两个时间序列虽然非平稳，但是同阶单整的时候，可以用于格兰杰因果关系检验。

(3) 样本容量问题。格兰杰因果检验的结果会受到样本容量 n 的影响，n 的数值越大，存在格兰杰因果关系的概率就会越大。

(4) 格兰杰因果关系是经济因果关系的必要非充分条件。一般而言，具有经济因果关系的两个变量也会通过格兰杰因果关系检验，但通过格兰杰因果关系检验的两个变量之间不一定存在经济上的因果关系。从统计意义上讲，如果变量之间不存在格兰杰因果关系，则变量应该被剔除在模型之外。格兰杰因果关系具有更多的统计属性而非经济属性。

(5) 格兰杰因果关系检验可应用于对政策效果的评价。例如，可以考察汇率改革前后，货币政策变量对汇率变量影响的变化。

4. 单位根检验、协整检验和格兰杰因果关系检验三者之间的关系

三者的区别如下：

(1) 格兰杰因果关系检验只能用于平稳序列，其“因果关系”不是通常意义上的“因果关系”，而是指 X 的过去信息能解释 Y，这也是“格兰杰原因”的名字起源。

(2) 协整是检验非平稳时间序列经过线性组合是否存在稳定关系，即判断因果关系是否为伪回归。因此，协整检验即非平稳序列的因果关系检验。

(3) 平稳性检验：若序列平稳则使用格兰杰因果关系检验，若序列非平稳则使用协整检验。

5.5 案例分析

以冰激凌需求函数为例，谈论序列相关性。样本数据见表5.5，包含了被解释变量人均冰激凌消费量（consumption），解释变量家庭收入（income）、冰激凌价格（price）、温度（temp）指标。

表5.5 冰激凌需求函数样本数据

time	consumption	price	income	temp	系数
1	0. 386	0. 27	78	41	0. 41
2	0. 374	0. 282	79	56	0. 56
3	0. 393	0. 277	81	63	0. 63
4	0. 425	0. 28	80	68	0. 68
5	0. 406	0. 272	76	69	0. 69
6	0. 344	0. 262	78	65	0. 65
7	0. 327	0. 275	82	61	0. 61
8	0. 288	0. 267	79	47	0. 47
9	0. 269	0. 265	76	32	0. 32
10	0. 256	0. 277	79	24	0. 24
11	0. 286	0. 282	82	28	0. 28
12	0. 298	0. 27	85	26	0. 26
13	0. 329	0. 272	86	32	0. 32
14	0. 318	0. 287	83	40	0. 4
15	0. 381	0. 277	84	55	0. 55
16	0. 381	0. 287	82	63	0. 63
17	0. 47	0. 28	80	72	0. 72
18	0. 443	0. 277	78	72	0. 72
19	0. 386	0. 277	84	67	0. 67
20	0. 342	0. 277	86	60	0. 6
21	0. 319	0. 292	85	44	0. 44
22	0. 307	0. 287	87	40	0. 4
23	0. 284	0. 277	94	32	0. 32
24	0. 326	0. 285	92	27	0. 27

续表

time	consumption	price	income	temp	系数
25	0. 309	0. 282	95	28	0. 28
26	0. 359	0. 265	96	33	0. 33
27	0. 376	0. 265	94	41	0. 41
28	0. 416	0. 265	96	52	0. 52
29	0. 437	0. 268	91	64	0. 64
30	0. 548	0. 26	90	71	0. 71

（1）首先进行 OLS 回归，结果如下。

```
reg consumption price income temp

      Source |       SS           df       MS      Number of obs   =        30
-------------+----------------------------------   F(3, 26)        =     22.17
       Model |  .090250523         3  .030083508   Prob > F        =    0.0000
    Residual |  .035272835        26  .001356647   R-squared       =    0.7190
-------------+----------------------------------   Adj R-squared   =    0.6866
       Total |  .125523358        29  .004328392   Root MSE        =    .03683

------------------------------------------------------------------------------
 consumption |      Coef.   Std. Err.      t    P>|t|     [95% Conf. Interval]
-------------+----------------------------------------------------------------
       price |  -1.044413    .834357    -1.25   0.222    -2.759458    .6706322
      income |   .0033078   .0011714     2.82   0.009     .0008999    .0057156
        temp |   .0034584   .0004455     7.76   0.000     .0025426    .0043743
       _cons |   .1973149   .2702161     0.73   0.472    -.3581223     .752752
------------------------------------------------------------------------------
```

由于冰激凌价格和常数项均不显著，因此怀疑模型存在序列相关性。

（2）计算残差和残差滞后值，并画出两者散点图（如图 5. 4 所示），显示残差之间存在正相关关系。

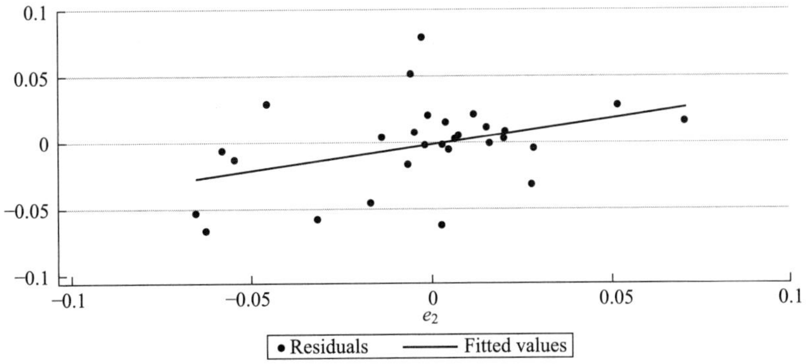

图 5. 4　残差和残差滞后值散点图

（3）D. W. 检验。

```
. estat dwatson

Durbin-Watson d-statistic(  4,    30) =  1.021169
```

（4）由于存在自相关关系，OLS 不再是 BLUE，故可以考虑可行的广义差分法。

consumption	Coef.	Std. Err.	t	P>|t|	[95% Conf.	Interval]
price	-.7075033	.8103557	-0.87	0.391	-2.379995	.9649886
income	.0038355	.0012379	3.10	0.005	.0012805	.0063905
temp	.0033232	.0010565	3.15	0.004	.0011426	.0055038
consumption						
L1.	.0987881	.2981719	0.33	0.743	-.5166085	.7141847
_cons	.0291047	.2700707	0.11	0.915	-.5282938	.5865033

课后习题

1. 如果时间序列 Z_t 经过 ADF 检验为一个 $I(1)$ 序列，试写出最终检验模型可能的形式。

2. 假设两时间序列 X_t 与 Y_t 都是随机游走序列。证明：如果 X_t 与 Y_t 是协整的，则 X_t 与 Y_{t-1} 也是协整的。

3. 假设两时间序列 X_t 与 Y_t 都是 $I(1)$ 序列，但对某个不为 0 的 β，使 $Y_t-\beta X_t$ 是 $I(0)$。证明：对于任何 $\delta\neq\beta$，组合 $Y_t-\delta X_t$ 是 $I(1)$ 的。

4. 设时间序列 $\{X_t\}$ 由 $X_t=\delta_0+\delta_1 t+\varepsilon_t$ 生成，如果 ε_t 是一个具有零均值、同方差、无序列相关的白噪声，问：

（1）$\{X_t\}$ 是平稳时间序列吗？

（2）$X_t-E(X_t)$ 是平稳时间序列吗？

5. 设时间序列 X_t 是由下面随机过程生成的：$X_t=Z_t+\varepsilon_t$，其中 ε_t 为一均值为 0，方差为 σ_ε^2 的白噪声序列，Z_t 是一均值为 0，方差为 σ_Z^2，协方差恒为常数 a 的平稳时间序列。ε_t 与 Z_t 不相关。

（1）求 X_t 的期望与方差，它们与时间 t 有关吗？

（2）求协方差 $\sigma_{X_tX_{t+k}}$，并指出 X_t 是否是平稳的。

第 6 章　面板数据模型

面板数据，即 panel data，也叫作“平行数据”，既有时间维度，又有截面维度，一般包含 n 个个体和 T 个时间。随着经济发展，越来越多的政府机构和科研机构关注面板数据。例如，经合组织公布的统计数据包含了许多国家每年观察到的一系列经济总量指标。宾夕法尼亚世界表是一家数据库，它包含了 188 个国家 50 多年的国家收入数据；最近构建的纵向数据集包含了对数千个个体或家庭的观测，每个家庭都在几个时间设置观察点。其他实证研究同时检查了公司、州、国家或行业集合的时间序列数据。这些数据集提供了有关经济的丰富信息。通过面板数据的分析可以使模型构建者更加全面了解经济状况，可以同时从时间和个体等维度描述经济数据。

6.1　面板数据模型概述

6.1.1　经济分析中的面板数据问题

近年来已有许多组织或机构收集了面板数据。密歇根州动态收入小组研究（PSID，http：//psidonline. isr. umich. edu/）从 1968 年开始定期采访 5 000 个家庭的 18 000 人，是目前世界上最长的面板数据。英国的一项研究是家庭调查（BHPS，http：//www. iser. essex. ac. uk/ulsc/bhps/），这项调查始于 1991 年，追踪了数千户家庭（截至 2020 年超过 5 000 户）。最近在卫生保健和卫生保健经济领域也有非常丰富的数据集，其中包括德国社会经济小组（GSOEP，http：//dpls. dacc. wisc. edu/apdu/GSOE/gsoepcddata. html）和医疗支出调查小组（MEPS，http：//www. meps. ahrq. gov/）收集的面板数据。

面板数据的分析是计量经济学中最活跃且最具创新性的文献热点之一，部分原因是面板数据为模型估计技术和理论的发展提供了丰富的环境。然而，从更实际的角度看，研究人员能够使用面板数据来研究在横截面或时间序列数据中无法研究的问题。

后来的应用使研究人员能够研究卫生政策变化的影响，如 Riphahn 等人对德国公共卫生保险法规改革（2003）进行分析。在典型的面板中，有大量的横截面单位，而且有几个周期。最近的研究通常集中在更适合这些短而宽的数据集的模型上，这些技术侧重于横截面的变化或异质性问题。

6.1.2 面板数据的优点和局限性

在经济研究中，经常用到面板数据。与横截面数据或时间序列数据相比，面板数据有以下优点。

（1）提高估计的有效性。面板数据为研究者提供了更多数据的观测值，增强了数据的差异性，降低了数据的共线性，提高了数据的自由度，增强了计量模型估计的有效性。

（2）考虑个体的空间相关性。由于经济往来，各地区的面板数据（如省级数据）不再具有独立性。经济数据的指标不再相互独立，这就涉及空间相关性问题。相对于时间序列数据，面板数据更能顾及数据的空间相关性。

（3）增强数据的平稳性。通过对上一章时间序列的学习可知，差分可以使数据由非平稳的时间序列数据变成平稳的时间序列数据。因此，相对于截面数据，面板数据具有动态性，可以提高数据的平稳性。

（4）降低测量的误差。在截面数据调查时，下列一些情况会影响数据测量和收集的准确性：如问题不清晰，受访者记忆错误，故意歪曲回答（如威望偏倚），不配合采访，错误理解并记录回答者的应答等。例如，1992 年 Brown 和 Light 调查 Psld 和 nls 在任现职时间问题时，相同的问题得到了不同的答案。由于截面数据只有一期，研究者即使对数据存疑，也只能选择相信现有的问卷。而面板数据具有多期，可以提供更多的信息，方便研究者进一步判断。例如，同一名被调研者在一次受采访时说工作年限是 10 年，时隔一年受访时说工作年限是 15 年。这就提醒研究者，调研的数据存在测量偏误。

（5）构建更精准的模型。相对于单纯的横截面数据或时间序列数据，面板数据能更准确地构建同时涵盖时间信息和个体特征的计量经济学模型，增加模型对现实的解释力。例如，考察企业的规模和技术进步对企业的影响时，不仅需要有截面数据来度量规模效应对企业的影响，还需要有时间序列数据考察技术进步对企业的影响。

当然，面板数据除了优点，还存在一定局限性，主要是数据的完整性。

在进行数据微观调研时，有些被调研对象由于搬家、升学、变更职业或者发现回答问题成本太高等原因，导致数据只有一部分，使得面板数据不再是平衡的，有可能降低效率，甚至影响总体参数的识别。在研究宏观问题时，有些行政区变更（如重庆市在成为直辖市之前归属四川省）导致经济指标不具有连续性和可比性，影响数据的完整性。

面板数据相对于截面数据和时间序列数据，既有优点又有局限性。但优点更加明显，因此在相关的学术研究中，在数据可得的情况下，越来越多地使用面板数据。

6.1.3 面板数据的分类

1. 短面板数据和长面板数据

短面板（short panel）时间跨度较小，而个体数量较大，多用于大样本数据，简称小 T 大 N 型数据。长面板（long panel）时间跨度较大，而个体数量较小，多用于小样本数据，简称小 N 大 T 型数据。

2. 微观面板数据和宏观面板数据

微观面板数据一般指一段时期内对个体、家庭或单位的微观调查数据，数据的特征是个体数较多，时间不太长，如全国农村固定观察点数据。宏观面板数据一般指一个国家或地区的宏观统计数据，数据的特征是个体数不太多，时间相对较长，如各种年鉴的统计数据。

3. 动态面板数据和静态面板数据

在面板数据模型中，若以被解释变量的滞后值作为解释变量，称为动态面板数据，若不以在被解释变量的滞后值作为解释变量，称为静态面板数据。

4. 平衡面板数据和非平衡面板数据

面板数据包含时间和个体两个维度，若在每个时间上个体都相同，则称为平衡面板数据；若在每个时间上个体存在差异，则称为非平衡面板数据。

6.1.4　经典面板数据模型的类型

下面以经典线性面板数据模型为例，介绍经典面板数据模型。

模型 1：截面个体变系数模型，简称变系数模型。其形式为

$$Y_{it}=\alpha_i+\boldsymbol{X}_{it}\boldsymbol{\beta}_i+\mu_{it}\quad i=1,2,\cdots,n\ ,\quad t=1,2,\cdots,T \tag{6-1}$$

其中，$\boldsymbol{X}_{it}$为 1×K 向量，$\boldsymbol{\beta}_i$为 K×1 向量，K 为解释变量的数目。

$$\boldsymbol{X}_{it}=(X_{1it},X_{2it},\cdots,X_{kit})\quad \boldsymbol{\beta}_i=(\beta_{1i},\beta_{2i},\cdots,\beta_{ki})^{\mathrm{T}}$$

误差项μ_{it}均值为零，方差为σ_u^2。该模型表示，在横截面个体之间，存在个体影响（变截距），也存在变化的经济结构，因而结构参数在不同横截面个体上是不同的。

模型 2：截面个体变截距模型，简称变截距模型。其形式为

$$Y_{it}=\alpha_i+\boldsymbol{X}_{it}\boldsymbol{\beta}+\mu_{it}\quad i=1,2,\cdots,n\ ,\quad t=1,2,\cdots,T \tag{6-2}$$

$$\boldsymbol{\beta}=(\beta_1,\beta_2,\cdots,\beta_k)^{\mathrm{T}}$$

该模型表示，在横截面个体之间，存在个体影响（变截距），但是不存在变化的经济结构，因而结构参数在不同横截面个体上是相同的。

模型 3：截面个体截距、系数不变模型。其形式为

$$Y_{it}=\alpha+\boldsymbol{X}_{it}\boldsymbol{\beta}+\mu_{it}\quad i=1,2,\cdots,n\ ,\quad t=1,2,\cdots,T \tag{6-3}$$

该模型表示，在横截面个体之间，不存在个体影响（变截距），也不存在变化的经济结构，因而模型的截距和结构参数在不同横截面个体上是相同的。

模型 4：截面个体不变截距、变系数模型。其形式为

$$Y_{it}=\alpha+\boldsymbol{X}_{it}\boldsymbol{\beta}_i+\mu_{it}\quad i=1,2,\cdots,n\ ,\quad t=1,2,\cdots,T \tag{6-4}$$

该模型表示，在横截面个体之间，不存在个体影响，但是存在变化的经济结构，因而模型截距相同，而结构参数在不同横截面个体上是不同的。该模型在实际应用中很少出现，从经济行为方面看，如果在不同横截面个体上结构参数存在差异，那么模型截距一般也会存在差异。

模型 5：时点变系数模型。其形式为

$$Y_{it}=\alpha+\boldsymbol{X}_{it}\boldsymbol{\beta}_t+\mu_{it}\quad i=1,2,\cdots,n\ ,\quad t=1,2,\cdots,T \tag{6-5}$$

$$\boldsymbol{\beta}_t=(\beta_{1t},\beta_{2t},\cdots,\beta_{kt})'$$

该模型表示，不同时间点之间不存在个体影响（变量截距），存在经济结构变化，因此不同时间点的结构参数不同。这种模型在实际应用中很少出现。从经济理论来分析，个体之间的差异应该大于相同个体不同时点上的差异。从模型理论和方法论上看，模型 5 与模型 1

相同。

模型6：截面个体和时点变截距模型。其形式为

$$Y_{it}=\alpha_i+\gamma_t+\boldsymbol{X}_{it}\boldsymbol{\beta}+\mu_{it} \quad i=1,2,\cdots,n, \quad t=1,2,\cdots,T \tag{6-6}$$

$$\boldsymbol{\beta}=(\beta_1,\beta_2,\cdots,\beta_k)'$$

该模型表示，在横截面个体之间，存在个体影响，同时在不同的时点之间，存在个体影响，但是不存在变化的经济结构，因而结构参数在不同横截面个体上是相同的。该模型的估计方法与模型2并无明显差别。

上述的变截距或者变系数模型中的"变"，又分为固定效应和随机效应两种情况。

6.1.5 模型假定检验

1. 模型设定的F检验

面对已经获得的一组面板数据，应通过模型设定的检验来选择某种适合的模型。

模型设定检验主要针对上述模型1、2、3，检验刻画被解释变量Y的参数是否在所有横截面样本点和时间上都是常数，即检验所研究的问题属于上述三种情况中的哪一种，以便确定模型的形式。广泛使用的检验是协变分析检验，也称F检验，主要检验以下两个假设。

假设1：斜率在不同的横截面样本点和时间上都相同，但截距不相同。

$$H_1: y_{it}=\alpha_i+\boldsymbol{X}_{it}\boldsymbol{\beta}+\mu_{it} \tag{6-7}$$

假设2：截距和斜率在不同的横截面样本点和时间上都相同。

$$H_2: y_{it}=\alpha+\boldsymbol{X}_{it}\boldsymbol{\beta}+\mu_{it} \tag{6-8}$$

很明显，如果接受了假设2，则无须再进行进一步的检验。反之，如果拒绝了假设2，则应该检验假设1，判断其斜率是否都相等。如果假设1被拒绝，就应该采用式（6-1）。

该检验的原理就是多元线性回归模型中所讲的参数约束检验。式（6-3）就是对式（6-1）施加了参数α和β在不同的截面个体上都相同的约束；式（6-2）就是对式（6-1）施加了参数β在不同的截面个体上都相同的约束。因此读者可以根据参数约束检验的原理自己构造检验假设2和假设1的统计量，并完成该模型设定检验，其中重要的是需要采用相应的估计方法首先估计式（6-3）、式（6-2）和式（6-1），得到它们各自的残差平方和，用以计算检验统计量的值。

由于

（1）$S_1/\sigma_u^2 \sim \chi^2[n(T-K-1)]$；

（2）在H_2下，$S_3/\sigma_u^2 \sim \chi^2[nT-(K+1)]$和$(S_3-S_1)/\sigma_u^2 \sim \chi^2[(n-1)(K+1)]$；

（3）$(S_3-S_1)/\sigma_u^2$与S_1/σ_u^2独立。

所以得到检验H_2的F统计量

$$F_2=\frac{(S_3-S_1)/[(n-1)(K+1)]}{S_1/[nT-n(K+1)]} \sim F[(n-1)(K+1),n(T-K-1)] \tag{6-9}$$

由于

（1）在H_1下，$S_2/\sigma_u^2 \sim \chi^2[n(T-1)-K]$和$(S_2-S_1)/\sigma_u^2 \sim \chi^2[(n-1)K]$；

（2）$(S_2-S_1)/\sigma_u^2$与S_1/σ_u^2独立。

所以得到检验 H_1 的 F 统计量

$$F_1=\frac{(S_2-S_1)/[(n-1)K]}{S_1/[nT-n(K+1)]}\sim F[(n-1)K,n(T-K-1)] \tag{6-10}$$

从直观上看，如果（S_3-S_1）很小，即有约束回归（模型 3）与无约束回归（模型 1）的回归残差平方和没有显著差异，F_2 的值则小，低于临界值，不拒绝 H_2，则将模型设定为截距和系数在不同的横截面个体上都相同的模型，即模型 3。如果（S_3-S_1）较大，即有约束回归（模型 3）与无约束回归（模型 1）的回归残差平方和存在显著差异，F_2 的值则大，大于临界值，拒绝 H_2，则不能将模型设定为模型 3。需要继续检验假设 1。

同样从直观上看，如果（S_2-S_1）很小，即有约束回归（模型 2）与无约束回归（模型 1）的回归残差平方和没有显著差异，F_1 的值则小，低于临界值，不拒绝 H_1，则将模型设定为系数在不同的横截面个体上都相同，但截距不相同的模型，即模型 2。如果（S_2-S_1）较大，F_1 的值则大，大于临界值，拒绝 H_1，则不能将模型设定为模型 2。那么截距和系数在不同的横截面个体上不相同的模型 1，就是最终的选择。

2. 关于模型设定检验的说明

面板数据模型的设定检验是建立面板数据应用模型的第一步和不可缺少的环节，但是在实际应用研究中，研究者往往会根据研究目的的需要设定模型类型，同时其所发表的关于面板数据模型的应用研究论文大都未进行严格的模型设定检验，这也是目前面板数据模型应用研究中存在的一个突出问题。

一个原因是该项检验在应用软件中不能自动完成，需要分别估计三类模型，得到各自的残差平方和，然后再计算检验统计量 F_2 和 F_1 的值。另一个原因则是应用研究的目的导向。按照研究目的设定模型，是计量经济学应用研究中存在的一个普遍问题。采用面板数据，从应用的角度，人们经常希望在控制截面个体影响，或者既控制截面个体影响也控制时点影响的情况下，求得平均意义上不变的结构参数，分析变量之间的结构关系，所以将模型设定为模型 6 或者模型 2 的形式，能够满足研究的目的。

6.2　面板数据模型分析

学习面板数据模型之前，先看一个具体的例子：使用 2000—2014 年的数据来估计 6 家航空公司的成本函数。

模型变量定义如下：I 代表航空公司代码；Y 代表年度代码；Q 代表以旅客里程营业收入衡量的产出指数；C 代表总成本，单位为千美元；PF 代表燃料价格；LF 代表座位利用率，表示整个机组运力的平均利用率。假设要研究总成本 C 与产量 Q、燃料价格 PF 和座位利用率 LF 之间的关系，目标是估计一个航空成本函数。

如何估计这个函数？首先想到的是使用已经学过的普通最小二乘法来完成。这将产生 6 个成本函数，每个航空公司一个。但在这种情况下，同一（受相同监管）环境中其他航空公司的信息将被忽略。

也可以估计横截面成本函数（横截面回归）。这将导致 15 次横截面回归，每年一次。

但在目前的情况下，很难通过，因为每年只有6个观测值，但使用了3个解释变量（加上一个截距项）；如果分析有意义，模型的自由度不能太低。更重要的是，没有“利用”数据的面板性质。

那么，成本函数模型应该如何被估计呢？有两种可能的估计方法：

（1）混合OLS模型。只需将所有90个样本观测值混合在一起即可估计整体回归，无论是横截面数据还是时间序列数据。

（2）固定效应最小二乘虚拟变量模型。将所有90个样本观测值混合在一起，鉴于不同航空公司之间的差异性，对每家航空公司设置虚拟变量以示区别。

6.2.1 混合OLS模型

$$c_{it}=\beta_1+\beta_2 Q_{it}+\beta_3 \mathrm{PF}_{it}+\beta_4 \mathrm{LF}_{it}+\mu_{it} \quad i=1,2,\cdots,6, \quad t=1,2,\cdots,15 \tag{6-11}$$

其中，变量定义前面已经给出，而i表示第i个横截面单位，t表示时期。为便于说明，这里选择了线性成本函数。虽然所有90个观测值一起使用，但必须注意的是，所有航空公司的回归系数都被假定为相同。例如，β_4在模型估计时是固定不变的数，表示每家航空公司在每年的时间里，座位利用率对成本的影响是一样的。这不太符合现实情况。

成本函数模型的主要问题是忽略了模型中个体和时间上的差异性。具体来说：这6家航空公司，由于不同公司结构不同，得到的截距和斜率可能不同。对于不同的年份，由于航空公司所处的国内外环境不同，得到的截距和斜率也可能不同。该模型忽略掉这两个维度的差异性，被忽略的差异性会进入随机误差项中。因此，误差项很可能不具备0均值、同方差、序列不相关的优良性质，模型参数的估计可能会出现偏误。

为了看出误差项与解释变量相关，考虑成本函数模型的如下修订形式

$$c_{it}=\beta_1+\beta_2 Q_{it}+\beta_3 \mathrm{PF}_{it}+\beta_4 \mathrm{LF}_{it}+\alpha_i+\mu_{it}, \quad i=1,2,\cdots,6, \quad t=1,2,\cdots,15 \tag{6-12}$$

其中，α_i代表企业的管理哲学、企业文化、所有制性质（国有、私有）等异质性。尽管这种异质性效应在不同公司是有差异的，但对同一家公司，它在短期内（或样本期内）是稳定保持不变的。

可以将上述公式合写为

$$c_{it}=\beta_1+\beta_2 Q_{it}+\beta_3 \mathrm{PF}_{it}+\beta_4 \mathrm{LF}_{it}+v_{it}, \quad i=1,2,\cdots,6, \quad t=1,2,\cdots,15 \tag{6-13}$$

其中，$v_{it}=\alpha_i+\mu_{it}$

如果随机误差项包含的v_{it}中的α_i与方程中某一解释变量相关，则违背了基本假定：误差项与解释变量不存在相关性，若存在相关性，则OLS回归结果有偏且不一致。

6.2.2 固定效应最小二乘虚拟变量模型

如果让每个观测对象都有自己的截距值，那么最小二乘虚拟变量（least-squares dummy variable，LSDV）模型就容许观测对象之间存在异质性。

$$c_{it}=\beta_{1i}+\beta_2 Q_{it}+\beta_3 \mathrm{PF}_{it}+\beta_4 \mathrm{LF}_{it}+v_{it} \quad i=1,2,\cdots,6, \quad t=1,2,\cdots,15 \tag{6-14}$$

为了标识不同航空公司截距的差异性，式（6-14）在截距项上添上一个下标$i=1$时，β_{1i}就变成β_{11}，即为第一家航空公司的截距项，$i=2$，…，6，依此类推。

上述模型被称为固定效应回归模型（fixed effects regression model，FEM），“固定效应”

一词源于刚才的分析，模型在不同的个体之间（这里是 6 家航空公司）有不同截距项，但每个个体的截距项在研究时期内不随时间变化而变化。但是，如果将截距写为 β_{1it}，则表示每个研究个体的截距随时间而变化（时变）。还需要说明的是，式 6-14 中给出的固定效应模型，假设解释变量的斜率不随着研究对象或研究时期的变化而变化。

如何使截距项（固定效应）在不同航空公司之间有所不同？这可以通过使用虚拟变量方法轻松完成，根据虚拟变量的设置原则，现在把式（6-14）写成

$$c_{it}=\alpha_1+\alpha_2 D_{2i}+\alpha_3 D_{3i}+\alpha_4 D_{4i}+\alpha_5 D_{5i}+\alpha_6 D_{6i}+\beta_2 Q_{it}+\beta_3 \mathrm{PF}_{it}+\beta_4 \mathrm{LF}_{it}+\mu_{it} \tag{6-15}$$

为了避免虚拟变量的陷阱，现在设置 5 个虚拟变量。固定效应回归模型只允许不同航空公司存在不同截距，所以也称为一维固定效应。如果考虑到航空公司的成本函数涉及不同时期的技术进步变化、政府监管或税收政策变化，也可以允许模型中出现时期效应。如果引入期间虚拟变量，则有 15 年的数据，需要设置 14 个虚拟变量。同时考虑个体和时间带来的两种效应，形成二维固定效应模型。

由于加入了虚拟变量，模型需要估计 23 个系数，其中公司特征虚拟变量 5 个，时期虚拟变量 14 个，斜率系数 3 个，常数项 1 个。由于模型需要估计更多的参数，因此自由度大大降低。

6.3　固定效应和随机效应

6.3.1　固定效应模型

固定效应模型，假定每个观测体（如每个企业）都会存在一些固定的、不随时间变化的属性，这些属性能够影响其他的解释变量 X 或被解释变量 Y 或者两个都会被影响。具体而言，也就是在普通最小二乘法模型里面加上一组代表每一个企业的虚拟变量，每一个企业都会有一个相应的 0、1 变量。而代表每一个企业的虚拟变量也就具有了所有的、有关既定企业的、不随时间变化的属性，这样就控制了那些无法作为解释变量进行量化的、不随时间变化的相关因素对回归分析的影响，把这些因素从残差项中提出来，保证残差项与解释变量间不再有相关性，帮助研究人员得到无偏回归系数。例如：以上分析的固定效应主要是指随个体变化不随时间变化，也可以简称为个体固定效应。事实上，除了个体固定效应，还有时间固定效应和时间个体双向固定效应。

时间固定效应为

$$c_{it}=\beta_{1t}+\beta_2 Q_{it}+\beta_3 \mathrm{PF}_{it}+\beta_4 \mathrm{LF}_{it}+\mu_{it} \tag{6-16}$$

时间个体双向固定效应为

$$c_{it}=\beta_{1it}+\beta_2 Q_{it}+\beta_3 \mathrm{PF}_{it}+\beta_4 \mathrm{LF}_{it}+\mu_{it} \tag{6-17}$$

时间固定效应和时间个体双向固定效应的含义可以类比个体固定效应。

固定效应模型存在以下局限性。

第一，它只能控制那些不随时间变化的缺失变量，而不能够控制那些随时间变化的、观测不到的因素对结果的影响。

第二，固定效应模型除了在控制缺失变量上有优势，跟普通最小二乘法在对残差的外理上没有任何的区别，它既不处理自回归问题，也不处理残差横向相关的问题或异方差的问题。当然，大多数的统计软件里允许使用稳健标准误差，在某种程度上也就可以弥补固定效应模型这方面的缺陷。

第三，固定效应模型需要解释变量和被解释变量对一个观测体来说随着时间的变化是比较显著的，当解释变量或者是被解释变量随时间的变化非常小甚至不变化的时候，这个模型就不适用。比如，当一个研究者对一位企业高管的性别如何影响企业决策感兴趣的时候，就不能使用固定效应模型。因为高管人员的性别是不会随时间变化而变化的，当固定效应模型用一个虚拟变量来抓住所有的不随时间变化的企业属性的时候，高管人员的性别也就会被引入这个虚拟变量（也就是说高管的性别和代表这个企业的虚拟变量之间会是完全相关的），很明显这样的研究问题便不能再用固定效应模型来进行数据分析了。

另外，用固定效应模型得到的统计结论不能适用样本之外的其他企业，回归系数只反映了对一个既定的样本企业解释变量与被解释变量之间的关系。

固定效应模型应用操作实例如下。

在 Stata 界面，基本的固定效应模型可以按以下命令执行

$$\text{xtreg } Y\ X_1 X_2 \cdots X_k, \text{fe}$$

当然在执行此命令之前，要首先指定代表观测体和时间序列的变量。观测体变量必须是数值格式，如果是字符串格式，应该先转换成数值格式。

注意：

第一，可以在 xtreg 这个指令里面使用稳健标准误差。Stata 指令为

$$\text{xtreg } Y\ X_1 X_2 \cdots X_k, \text{fe vce(robust)}$$

这样可以帮助纠正异方差造成的偏差。此外，vce（cluster firmid）还可以帮助纠正自回归造成的偏差。当然也可以通过一些检验方法来首先确定异方差和自回归的严重性。相应指令分别是 xttest3 和 xtserial。注意 xttest3 用在 xtreg 之后，而 xtserial 指令可以写为 xtserial $Y\ X_1\ X_2 \cdots X_k$。两者分别在 $p<0.05$ 的情况下证明有异方差和自回归的存在。

第二，需要强调的是固定效应模型中回归系数的解释。每个自变量 X 的回归系数 β 的意思是：对于一个给定的观测体而言，当自变量 X 随时间变化一个单位时，因变量 Y 增加或减少 β 单位。

第三，要强调的是固定效应模型还可以进行扩展，通过加入代表时间的虚拟变量来控制那些对每一个具体的时间所特有的而又很难观测到的因素对结果的影响。当然也可以通过指令 testparm i. year 来确定加入代表时间虚拟变量的必要性。这里的年份时间变量可以根据具体的数据格式来更换，比如，可以是月份（month）或者天（day）。

6.3.2 随机效应模型

在式（6-11）中，不再把 β_1 看成固定不变的数，而是以 β_1 为均值上下波动的变量。那么该式的截距项可以表示为

$$\beta_{1i} = \beta_1 + \varepsilon_i$$

其中，ε_i 为零均值的随机误差项。

从本质上说，本例中的 6 个公司是从更大的公司总体中抽取出来的，而这些公司的截距都有一个相同的均值（β_1），并且每个公司截距值的个别差异都反映在误差项 ε_i 中。

$$c_{it}=\beta_1+\beta_2 Q_{it}+\beta_3 \mathrm{PF}_{it}+\beta_4 \mathrm{LF}_{it}+\varepsilon_i+\mu_{it}$$
$$=\beta_1+\beta_2 Q_{it}+\beta_3 \mathrm{PF}_{it}+\beta_4 \mathrm{LF}_{it}+\omega_i \quad (6-18)$$

其中，$\omega_i=\varepsilon_i+\mu_{it}$。合成的误差项 ω_i 由 ε_i 和 μ_{it} 两个部分组成。前者是特定横截面单元或特定研究对象的误差项，后者是时间序列误差项和横截面误差项的组合。后者随着截面单位（研究对象）变化而变化，而且还随时间而变化。

与普通最小二乘法相对比，随机效应模型在对数据信息的使用上比较有效，它既考虑了不同观测体之间的区别，也考虑了同一观测体内随时间不同而产生的区别。从技术上讲，随机效应模型得到的回归系数相当于对观测体之间和观测体内分别使用最小二乘法得到的回归系数的一种加权平均。这样的处理方法相对于普通最小二乘法而言考虑到了不同观测体之间的不同特性，允许不同的观测体有不同的回归系数（作为随机变量的截距项），对信息的使用更加有效。固定效应模型只考虑了同一观测体内部随时间的变化，而没有考虑不同观测体之间的差异对结果的影响。所以，相对固定效应模型而言，随机效应模型对信息的使用是更有效的，它既考虑了同一观测体内部随时间的变化，也考虑了不同观测体之间的差异对结果的影响。

具体而言，相对于固定效应模型，随机效应模型还有两个明显的优势。首先，在随机效应模型里面，研究人员可以系统地检验不随时间显著变化的解释变量和被解释变量之间的关系。固定效应模型要求解释变量和被解释变量随时间的变化都比较显著，当两者之一随时间变化很小的时候就不再适用，而随机效应模型在这方面没有限制。

其次，随机效应模型可以处理等同性自回归（interchangeable autocorrelation）的问题，模型假定同一观测个体不同时间点之间的残差项之间都有相同的相关性。比如，假设一个企业今年的残差和去年的残差之间的相关性是 q，那么这个企业今年的残差和十年前残差的相关性也是 q。这种对自回归的假设虽然比较基础，但是相对于固定效应模型而言仍然是一个进步，能够满足一些数据处理的要求。

随机效应模型同时也有其局限性。随机效应模型中最强的一个假设就是这个随机的截距项和模型中其他的解释变量之间是独立分布的，也就是说与所有解释变量之间的相关性都为零。这在统计上就要求模型中包括所有可能对被解释变量产生影响的因素，这个要求在很多情形下都不容易被满足。比如，当一个企业做决策时候，很大程度受企业文化的影响，而企业文化很难被观测，当企业文化跟其他解释变量相互关联时，所进行的回归分析的结果则是有偏差的。所以如上所述，由于随机效应模型对缺失变量的假设非常强，假定模型中没有缺失变量，当缺失变量确实存在的时候，回归的结果会出现偏差。另外，随机效应模型对异方差没有进行额外处理，必要时需要使用稳健标准误差予以纠正。

随机效应模型应用操作实例如下。

在 Stata 界面，基本的随机效应模型可以按以下命令执行

$$\text{xtreg } Y\ X_1 X_2 \cdots X_k\text{, re}$$

注意：

第一，在 xtreg 这个指令里面选择 re 选项的时候，实际上给出的是广义最小二乘法回归

模型的结果。也就是说随机效应模型是一种特殊的、广义最小二乘法回归模型。具体而言，随机效应模型得到的回归系数相当于对观测体之间和观测体内分别使用最小二乘法得到的回归系数的一种加权平均。

第二，当担心有异方差的时候，可以在随机效应模型里使用稳健标准误差。固定效应模型和随机效应模型本身都没有对异方差进行处理，所以使用稳健标准误差在很多情况下是非常合适的。

第三，当解释随机效应模型得到回归系数的时候，比较准确的解释是当解释变量 X 随着时间和观测体变化一个单位的时候，平均而言被解释变量 Y 会增加或减少 β 单位。

6.3.3 固定效应模型和随机效应模型的选择

如上所述，已经介绍了固定效应模型和随机效应模型各自的优点及其局限性。那么，应该在何种情况下对二者进行选择？下面进行简要总结。

第一，当所研究的解释变量和被解释变量都随着时间有显著变化的时候，使用固定效应模型比较合适。相反，当解释变量或者被解释变量随时间变化很小或几乎无明显变化的时候，则选取随机效应模型更合适。

第二，当有比较明显的不随时间变化而又很难观测到的缺失变量时，使用固定效应模型可以有效地控制这些因素对结果的影响，帮助研究者得到无偏的回归结果；相反情况时，则随机效应模型会更合适。

第三，固定效应模型分析得到的结论只适用于所研究的样本本身。而当需要把结论扩大到适用于样本之外的观测体的时候，则应选取随机效应模型。

第四，当面板比较短而观测个体又比较多的时候，使用固定效应模型时虚拟变量会消耗很大的自由度，所以此时使用随机效应模型可能会更合适。

除了在概念上可以定性判断什么情况下选择固定效应模型，什么情况下选择随机效应模型，在统计分析上最常使用的一个办法就是豪斯曼检验。它检验的实际上就是在随机效应模型中的随机截距项和其他自变量之间是否存在着显著的相关性，这也是随机效应模型里面最关键的一个理论假设。豪斯曼检验默认的假设是在二者不存在相关性的情况下，随机效应模型是合适的。当这个默认的假设被拒绝的时候，随机效应模型就不再合适。

6.4 案例分析

(1) 面板数据的设定。

设定面板数据的 Stata 命令

```
xtset panelvar timevar
```

其中，xtset 表示数据为面板数据，panelvar 表示面板数据中的个体编号，数值为正整数；timevar 为时间变量。如果 timevar 原来为字符串，现在要把它变为数值型，可以使用下述命令

```
encodeA,gen(B),
```

这里B就是指1，2，3…代表不同的国家或地区。

以2017—2019年省级面板粮食生产数据为例，被解释变量为粮食产量（chanliang），解释变量包含粮食播种面积（mianji），乡村人员数量（renyuan），化肥折存量（huafei），灌溉面积（guangai），农业机械总动力（jiexie）。

表6.1　2017—2019年粮食生产数据

省份	年份	产量（万t）	面积（千hm^2）	乡村人员（万人）	化肥（万t）	灌溉面积（千hm^2）	机械（kW·h）
北京	2019	28.8	46.5	289	6.2	109.2	122.8
北京	2018	34.1	55.6	291	7.3	109.7	125.7
北京	2017	41.1	66.8	293	8.5	115.5	133.5
天津	2019	223.3	339.3	258	16.2	304.8	359.8
天津	2018	209.7	354.2	263	16.9	304.7	348
天津	2017	212.3	351.4	266	18	306.6	464.7
河北	2019	3 739.2	6 469.2	3 218	297.3	4 482.2	7 830.7
河北	2018	3 700.9	6 538.7	3 292	312.4	4 492.3	7 706.2
河北	2017	3 829.2	6 658.5	3 383	322	4 474.7	7 580.6
山西	2019	1 361.8	3 126.2	1 508	108.4	1 519.3	1 517.6
山西	2018	1 380.4	3 137.1	1 545	109.6	1 518.7	1 441.1
山西	2017	1 355.1	3 180.9	1 579	112	1 511.2	1 376.3
内蒙古	2019	3 052.5	6 827.5	931	218.4	3 199.2	3 866.4
内蒙古	2018	3 553.3	6 789.9	945	222.7	3 196.5	3 663.7
内蒙古	2017	3 254.5	6 780.9	961	235	3 174.8	3 483.6
辽宁	2019	2 430	3 488.7	1 388	139.9	1 629.2	2 353.9
辽宁	2018	2 192.4	3 484	1 391	145	1 619.3	2 243.7
辽宁	2017	2 330.7	3 467.5	1 420	145.5	1 610.6	2 215.1
吉林	2019	3 877.9	5 644.9	1 123	227.1	1 909.5	3 653.7
吉林	2018	3 632.7	5 599.7	1 148	228.3	1 893.1	3 466
吉林	2017	4 154	5 544	1178	231	1 893.1	3 284.7
黑龙江	2019	7 503	14 338.1	1 467	223.3	6 177.6	6 359.1
黑龙江	2018	7 506.8	14 214.5	1 505	245.6	6 119.6	6 084.7
黑龙江	2017	7 410.3	14 154.3	1 538	251.2	6 031	5 813.8
上海	2019	95.9	117.4	284	7.5	190.8	98
上海	2018	103.7	129.9	288	8.4	190.8	94
上海	2017	99.8	133.1	297	8.9	190.8	121.8
江苏	2019	3 706.2	5 381.5	2 372	286.2	4 205.4	5 112

续表

省份	年份	产量（万 t）	面积（千 hm^2）	乡村人员（万人）	化肥（万 t）	灌溉面积（千 hm^2）	机械（kW · h）
江苏	2018	3 660.3	5 475.9	2 447	292.5	4 179.8	5 017.7
江苏	2017	3 610.8	5 527.3	2 508	303.9	4 131.9	4 991.4
浙江	2019	592.1	977.4	1 755	72.5	1 405.4	1 908
浙江	2018	599.1	975.7	1 784	77.8	1 440.8	2 009.3
浙江	2017	580.1	977.2	1 810	82.6	1 444.7	2 072.3
安徽	2019	4 054	7 287	2 813	298	4 580.8	6 650.5
安徽	2018	4 007.3	7 316.3	2 865	311.8	4 538.3	6 543.8
安徽	2017	4 019.7	7 321.8	2 909	318.7	4 504.1	6 312.9
福建	2019	493.9	822.4	1 331	106.3	1 076.8	1 237.7
福建	2018	498.6	833.5	1 347	110.7	1 085.2	1 228.3
福建	2017	487.2	833.2	1 377	116.3	1 064.8	1 232.4
江西	2019	2 157.5	3 665.1	1 987	115.6	2 036.1	2 470.7
江西	2018	2 190.7	3 721.3	2 044	123.2	2 032	2 382
江西	2017	2 221.7	3 786.3	2 098	135	2 039.4	2 309.6
山东	2019	5 357	8 312.8	3 876	395.3	5 271.4	10 679.8
山东	2018	5 319.5	8 404.8	3 900	420.3	5 236	10 415.2
山东	2017	5 374.3	8 455.6	3 944	440	5 191.1	10 144
河南	2019	6 695.4	10 734.5	4 511	666.7	5 328.9	10 357
河南	2018	6 648.9	10 906.1	4 638	692.8	5 288.7	10 204.5
河南	2017	6 524.2	10 915.1	4 764	706.7	5 273.6	10 038.3
湖北	2019	2 725	4 608.6	2 312	273.9	2 969	4 515.7
湖北	2018	2 839.5	4 847	2 349	295.8	2 931.9	4 424.6
湖北	2017	2 846.1	4 853	2 402	317.9	2 919.2	4 335.1
湖南	2019	2 974.8	4 616.4	2 959	229	3 176.1	6 471.8
湖南	2018	3 022.9	4 747.9	3 034	242.6	3 164	6 338.6
湖南	2017	3 073.6	4 978.9	3 113	245.3	3 145.9	6254.8
广东	2019	1 240.8	2 160.6	3 295	225.8	1 773.4	2 455.8
广东	2018	1 193.5	2 151	3 324	231.3	1 775.2	2 429.9
广东	2017	1 208.6	2 169.7	3 367	258.3	1 774.6	2 410.8
广西	2019	1 332	2 747	2 426	252	1713.1	3 840
广西	2018	1 372.8	2 802.1	2 452	255	1 706.9	3 750.8
广西	2017	1 370.5	2 853.1	2 481	263.8	1 669.9	3 658.3

续表

省份	年份	产量（万 t）	面积（千 hm^2）	乡村人员（万人）	化肥（万 t）	灌溉面积（千 hm^2）	机械（kW · h）
海南	2019	145	272. 6	385	46. 3	290. 6	581. 2
海南	2018	147. 1	286. 1	382	48. 4	290. 5	565. 8
海南	2017	138. 1	282. 5	389	51. 4	289. 3	569. 8
重庆	2019	1 075. 2	1 999. 3	1 037	91. 1	697. 7	1 464. 7
重庆	2018	1 079. 3	2 017. 8	1 070	93. 2	696. 9	1 428. 1
重庆	2017	1 079. 9	2 030. 7	1 105	95. 5	694. 3	1 352. 6
四川	2019	3 498. 5	6 279. 3	3 870	222. 8	2 954. 1	4 682. 3
四川	2018	3 493. 7	6 265. 6	3 979	235. 2	2 932. 5	4 603. 9
四川	2017	3 488. 9	6 292	4 085	242	2 873. 1	44 20. 3
贵州	2019	1 051. 2	2 709. 4	1 847	83. 2	1 154	2 484. 6
贵州	2018	1 059. 7	2 740. 2	1 889	89. 5	1 132. 2	2 376. 7
贵州	2017	1 242. 4	3 052. 8	1 932	95. 7	1 114. 1	2 181. 4
云南	2019	1 870	4 165. 8	2 482	204	1 922. 5	2 714. 4
云南	2018	1 860. 5	4 174. 6	2 521	217. 4	1 898. 1	2 693. 5
云南	2017	1 843. 4	4 169. 2	2 559	231. 9	1 851. 4	3 534. 5
西藏	2019	103. 9	184. 8	240	4. 8	275. 9	559
西藏	2018	104. 4	184. 7	237	5. 2	264. 5	545. 8
西藏	2017	106. 5	185. 6	233	5. 5	261. 2	523. 1
陕西	2019	1 231. 1	2 998. 9	1 572	202. 5	1 285. 2	2 331. 5
陕西	2018	1 226	3 006	1 618	229. 6	1 275	2 311. 8
陕西	2017	1 194. 2	3 019. 4	1 657	232. 1	1 263. 1	2 242. 5
甘肃	2019	1 162. 6	2 581. 1	1 363	80. 9	1 328. 9	2 174
甘肃	2018	1 151. 4	2 645. 3	1 379	83. 2	1 337. 5	2 102. 8
甘肃	2017	1 105. 9	2 647. 2	1 408	84. 5	1 331. 4	2 418. 6
青海	2019	105. 5	280. 2	271	6. 2	213. 3	484. 2
青海	2018	103. 1	281. 3	275	8. 3	214	472. 1
青海	2017	102. 5	282. 6	281	8. 7	206. 6	462. 4
宁夏	2019	373. 2	677. 4	279	38. 4	538. 3	632. 2
宁夏	2018	392. 6	735. 7	283	38. 4	523. 4	621. 9
宁夏	2017	370. 1	722. 5	287	40. 8	511. 5	605. 4
新疆	2019	1 527. 1	2 203. 6	1 214	257. 8	4 959. 9	2 789
新疆	2018	1 504. 2	2 219. 6	1 221	255	4 883. 5	2 731. 8
新疆	2017	1 484. 7	2 295. 9	1 238	250. 7	4 952. 3	2 638. 8

（2）使用命令 xtset shunxu year 定义个体变量和时间变量。

观察被解释变量产量在 31 个省（自治区、直辖市）的时间趋势图（如图 6.1 所示），使用命令如下：xtline chanliang。

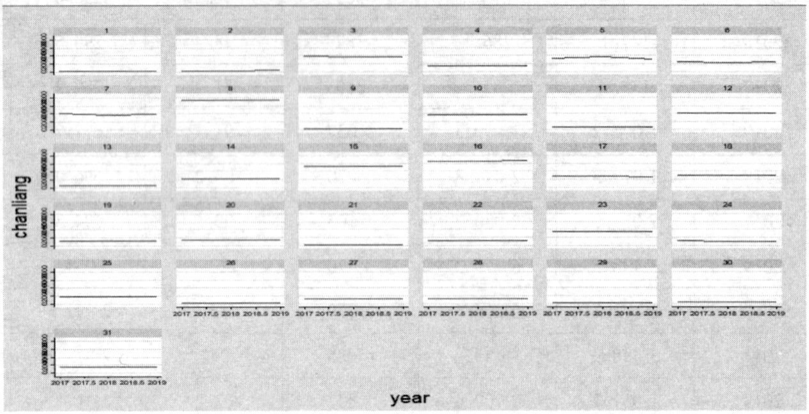

图 6.1　被解释变量产量在 31 个省（自治区、直辖市）的时间趋势图

（3）使用固定效应估计，得出如下回归结果。

```
Fixed-effects (within) regression               Number of obs      =        93
Group variable: shunxu                          Number of groups   =        31

R-sq:                                           Obs per group:
     within  = 0.0740                                         min =         3
     between = 0.8747                                         avg =       3.0
     overall = 0.8738                                         max =         3

                                                F(5,30)            =      1.63
corr(u_i, Xb)  = 0.6406                         Prob > F           =    0.1836

                             (Std. Err. adjusted for 31 clusters in shunxu)
------------------------------------------------------------------------------
             |               Robust
   chanliang |      Coef.   Std. Err.      t    P>|t|     [95% Conf. Interval]
-------------+----------------------------------------------------------------
      mianji |   .2196844   .2075727     1.06   0.298    -.2042357    .6436044
    renyuan |    -.17883    .393024    -0.46   0.652     -.981492    .6238321
     huafei |   .2336478   .8520561     0.27   0.786    -1.506483    1.973779
     guangai |   .5262396   .4326781     1.22   0.233    -.3574069    1.409886
      jiexie |  -.1123986   .0989473    -1.14   0.265    -.3144758    .0896787
       _cons |   782.5911   833.0099     0.94   0.355     -918.642    2483.824
-------------+----------------------------------------------------------------
     sigma_u |  899.13704
     sigma_e |  78.150493
         rho |  .99250204   (fraction of variance due to u_i)
------------------------------------------------------------------------------
```

（4）使用随机效应估计，得出如下回归结果。

```
Random-effects GLS regression                   Number of obs      =        93
Group variable: shunxu                          Number of groups   =        31

R-sq:                                           Obs per group:
     within  = 0.0117                                         min =         3
     between = 0.9796                                         avg =       3.0
     overall = 0.9784                                         max =         3

                                                Wald chi2(5)       =   5514.51
corr(u_i, X)   = 0 (assumed)                    Prob > chi2        =    0.0000

                             (Std. Err. adjusted for 31 clusters in shunxu)
------------------------------------------------------------------------------
             |               Robust
   chanliang |      Coef.   Std. Err.      z    P>|z|     [95% Conf. Interval]
-------------+----------------------------------------------------------------
      mianji |   .4634791   .0313451    14.79   0.000     .4020438    .5249143
    renyuan |  -.0788887   .0777143    -1.02   0.310    -.2312058    .0734285
     huafei |   .6433909   .6271613     1.03   0.305    -.5858227    1.872605
     guangai |   .0907178   .0734006     1.24   0.216    -.0531448    .2345804
      jiexie |   .0854229   .0395902     2.16   0.031     .0078275    .1630183
       _cons |  -76.15852   78.79683    -0.97   0.334    -230.5975    78.28044
-------------+----------------------------------------------------------------
     sigma_u |  293.3718
     sigma_e |  78.150493
         rho |  .93373982   (fraction of variance due to u_i)
------------------------------------------------------------------------------
```

（5）利用豪斯曼检验对固定效应和随机效应进行选择。

```
                 ---- Coefficients ----
             |      (b)          (B)            (b-B)     sqrt(diag(V_b-V_B))
             |      FE           RE          Difference          S.E.
-------------+----------------------------------------------------------------
      mianji |   .2196844     .4634791       -.2437947        .1854728
     renyuan |    -.17883    -.0788887       -.0999413        .4066641
      huafei |   .2336478     .6433909       -.4097432        1.659032
     guangai |   .5262396     .0907178        .4355218        .5898251
      jiexie |  -.1123986     .0854229       -.1978215        .0681479
       _cons |   782.5911    -76.15852        858.7496        1577.085
------------------------------------------------------------------------------
                 b = consistent under Ho and Ha; obtained from xtreg
      B = inconsistent under Ha, efficient under Ho; obtained from xtreg

Test:  Ho:  difference in coefficients not systematic

            chi2(4) = (b-B)'[(V_b-V_B)^(-1)](b-B)
                    =        9.37
          Prob>chi2 =      0.0526
```

由于 p 值为 0.052 6，因此在 10% 的显著性水平下，认为应该使用固定效应而非随机效应。

课后习题

1. 请分别举出 3 个时间序列数据和 3 个截面数据的实际例子。
2. 简述面板数据模型的优点。
3. 如何通过模型 $Y_{it}=r_i+X_{it}\beta+H_{it}$ 判别固定效应模型和随机效应模型？
4. 简述固定效应模型和随机效应模型的关键区别。
5. 固定效应模型和随机效应模型该如何选择？

第 7 章　内生解释变量问题

线性计量经济学模型中有一个重要的假设是随机干扰项的条件零均值假设，如果该假设成立，则称解释变量是外生解释变量，否则称为内生解释变量。解释变量的严格外生性假设要求任何观测点处的解释变量与任何观测点处的随机干扰项不相关。违背这一基本假设的问题称为内生解释变量问题。

7.1　内生解释变量问题概述

7.1.1　内生性概念

对于模型

$$Y_i = \beta_0 + \beta_1 X_{i1} + \beta_2 X_{i2} + \cdots + \beta_k X_{ik} + \mu_i \quad i = 1, 2, \cdots, n \tag{7-1}$$

其基本假设之一是解释变量 X_2，…，X_n 是严格外生变量。如果存在一个或多个随机变量是内生解释变量，则称原模型存在内生解释变量问题。为讨论方便，假设式（7-1）中 X_2 为内生解释变量。对于内生解释变量问题，又分两种不同情况。

（1）内生解释变量与随机干扰项同期无关但异期相关。

$$\sigma_{X_{i2}\mu_i} = E(X_{i2}\,\mu_i) = 0 \tag{7-2}$$

$$\sigma_{X_{i2}\mu_{i-s}} = E(X_{i2}\,\mu_{i-s}) \neq 0 \quad s \neq 0 \tag{7-3}$$

（2）内生解释变量与随机干扰项同期相关。

$$\sigma_{X_{i2}\mu_i} = E(X_{i2}\,\mu_i) \neq 0 \tag{7-4}$$

需要说明的是，对于截面数据模型，第 1 种情况几乎不存在。因此截面数据模型中的内生解释变量问题就主要表现在内生解释变量与随机干扰项的同期相关性上，这时称内生变量为同期内生变量。

7.1.2　实际经济问题中的内生解释变量问题

在实际经济问题中，同期内生变量问题往往出现在下面三种情形之中：一是被解释变量与解释变量具有联立因果关系；二是模型设定时遗漏了重要的解释变量，而所遗漏的变量与模型中的一个或多个解释变量具有同期相关性；三是解释变量存在测量误差。下面通过几个例子对前两种情形予以简单说明。第三种情形留作练习供读者尝试考证。

［例 7-1］　若解释变量和被解释变量互相影响，互为因果，也可能导致内生性问题。例如，基础设施和经济发展之间就存在互为因果的关系。构建解释变量与被解释变量之间关系

如下。

当 x_i 对 y_i 产生影响时，有下述方程

$$y_i=\alpha_0+\alpha_1 x_i+\varepsilon_i \tag{7-5}$$

当 y_i 对 x_i 产生影响时，有下述方程：

$$x_i=\beta_0+\beta_1 y_i+\delta_i \tag{7-6}$$

式（7-5）和式（7-6）构成联立因果关系，将式（7-5）代入式（7-6）得

$$x_i=\frac{\beta_0+\beta_1\alpha_0+\beta_1\varepsilon_i+\delta_i}{1-\beta_1\alpha_1} \tag{7-7}$$

由式7-7可以看出，解释变量 x_i 与随机误差项 ε_i 相关，因此模型存在内生性。

［**例7-2**］ 在劳动经济学领域中，劳动者的工资wage主要由劳动者的受教育程度educ、工作经验exper、个人能力abil等诸多因素决定：

$$\text{wage}_i=\beta_0+\beta_1\text{educ}_i+\beta_2\text{exper}_i+\beta_3\text{abil}_i+\mu_i$$

但在具体估计该模型时，由于劳动者个人能力的大小很难测度，因此该解释变量无法真正地引入到模型中，于是它只能进入到随机干扰项 μ_i 之中，即实际用于回归的模型为

$$\text{wage}_i=\beta_0+\beta_1\text{educ}_i+\beta_2\text{exper}_i+\mu_i \tag{7-8}$$

而个人能力的大小往往与其所受教育程度有着较为密切的联系，这就导致了实际用于回归的式（7-8）中劳动者个人的受教育程度变量 educ_i 与随机干扰项 μ_i 间出现同期相关性。这就是上述的第二种情形。

［**例7-3**］ 测量误差是指解释变量的测量值和真实值存在差异。比如，解释变量的真实值为 x_i，实际测量值为 x_i^*，则两者之间存在误差 μ，即 $x_i^*=x_i+\mu_i$。 (7-9)

假设原本构建的模型为 $y_i=\beta_0+\beta_1 x_i+\varepsilon_i$，事实上代入的数据是

$$y_i=\beta_0+\beta_1\left(x_i^*-\mu_i\right)+\varepsilon_i$$

$$y_i=\beta_0+\beta_1 x_i^*+\left(-\beta_1\mu_i+\varepsilon_i\right) \tag{7-10}$$

原本误差项应该是 ε_i，现在变成了 $-\beta_1\mu_i+\varepsilon_i$。下面计算解释变量的观测值和新的随机误差项的协方差

$$\begin{aligned}&C(x_i^*,\ (-\beta_1\mu_i+\varepsilon_i))\\=&C((x_i+\mu_i),\ (-\beta_1\mu_i+\varepsilon_i))\\=&C(\mu_i,\ (-\beta_1\mu_i+\varepsilon_i))\neq 0\end{aligned} \tag{7-11}$$

由式（7-11）知，该模型存在内生性问题。

7.1.3 内生解释变量的后果

在进行相关经济学建模时，如果模型中出现内生性问题，即 $\sigma_{X_i\mu_i}=E\left(X_i\mu_i\right)\neq 0$，若此时仍用OLS法对模型中参数进行估计，则估计结果往往和真实值有一定偏差。

接下来用一元线性回归模型来举例分析说明。

如果 X 为内生性的且与 μ_i 满足正相关的显著性关系，那么此时会出现不同的 X 值。依据其大小分布于总体回归线的两侧位置，而所拟合的样本回归线可能会使斜率比实际偏大，截距位置比实际偏低，即高估斜率项低估截距项。若 X 与 μ_i 为负相关关系，则所拟合回归线可能会使斜率位置低于实际位量，截距位置高于实际位置，正好与上述情形相反。

对于一元线性回归模型 $Y_i=\beta_0+\beta_1X_i+\mu_i$，有如下最小二乘估计量

$$\hat{\beta}_1=\frac{\sum x_iy_i}{\sum x_i^2}=\beta_1+\frac{\sum x_i\mu_i}{\sum x_i^2} \tag{7-12}$$

如果 X_i 与 μ_i 相关，则容易由式（7-12）得到

$$E(\hat{\beta}_1)=\beta_1+E(\sum\frac{x_i}{x_i^2}\mu_i)=\beta_1+E(k_i\mu_i)\neq\beta_1$$

$$P\lim_{n\to\infty}\left(\beta_1+\frac{\sum x_i\mu_i}{\sum x_i^2}\right)=\beta_1+\frac{P\lim\left(\frac{1}{n}\sum x_i\mu_i\right)}{P\lim\left(\frac{1}{n}\sum x_i^2\right)}$$

$$=\beta_1+\frac{\sigma_{X_i\mu_i}(X_i,\mu_i)}{V(X_i)}\neq\beta_1$$

即参数估计量是有偏的，同时也是不一致的。

7.2 工具变量法

模型中出现内生解释变量并且与随机干扰项同期相关时，普通最小二乘估计量是有偏且不一致的。为了得到大样本下的一致估计量，最常用的估计方法是工具变量法。

1. 工具变量的选取

工具变量，顾名思义是在模型估计过程中被作为工具使用，以替代与随机干扰项相关的内生解释变量。如果选 Z 作为内生解释变量 X_j 的工具变量，Z 必须满足以下条件。

（1）与所替代的随机解释变量高度相关，$\sigma_{ZX_j}\neq0$；

（2）与随机干扰项不相关，$\sigma_{Z\mu}=0$；

（3）与模型中其他解释变量不高度相关，以避免出现严重的多重共线性。

2. 工具变量的应用

工具变量法是克服解释变量与随机干扰项同期相关影响的一种参数估计方法，它是矩估计的一种形式，下面仍以一元回归模型为例说明。

记一元线性回归模型为

$$Y_i=\beta_0+\beta_1X_i+\mu_i \tag{7-13}$$

矩估计是在两个重要的特征 $E(\mu_i)=0$ 与 $E(X_i\mu_i)=0$ 的总体矩条件下，写出相应的样本矩条件

$$\frac{1}{n}\sum(Y_i-\hat{\beta}_0-\hat{\beta}_1X_i)=0,\quad \frac{1}{n}\sum X_i(Y_i-\hat{\beta}_0-\hat{\beta}_1X_i)=0$$

后得到一个关于参数估计量的正规方程组：

$$\begin{cases}\sum Y_i=n\,\hat{\beta}_0+\hat{\beta}_1\sum X_i\\ \sum X_iY_i=\hat{\beta}_0\sum X_i+\hat{\beta}_1\sum X_i^{\ 2}\end{cases} \tag{7-14}$$

求解该正规方程组，得到

$$\hat{\beta}_1=\frac{\sum x_i y_i}{\sum x_i^{\ 2}}\quad \hat{\beta}_0=\overline{Y}-\hat{\beta}_1\overline{X}$$

然而，如果 X_i 与 μ_i 相关，则无法得到式（7-14）。

如果按照工具变量的选择条件选择 Z 为 X 的工具变量，则有总体矩条件

$$E(\mu_i)=0,\ \sigma_{Z_i\mu_i}=E(Z_i\mu_i)=0$$

于是，在一组容量为 n 的样本下，可写出相应的样本矩条件

$$\frac{1}{n}\sum(Y_i-\tilde{\beta}_0-\tilde{\beta}_1X_i)=0,\ \frac{1}{n}\sum Z_i(Y_i-\tilde{\beta}_0-\tilde{\beta}_1X_i)=0$$

并由此得到一个关于参数估计量的正规方程组

$$\begin{cases}\sum Y_i=n\tilde{\beta}_0+\tilde{\beta}_1\sum X_i\\ \sum Z_iY_i=\tilde{\beta}_0\sum Z_i+\tilde{\beta}_1\sum Z_iX_i\end{cases}\tag{7-15}$$

于是得到

$$\tilde{\beta}_1=\frac{\sum Z_i y_i}{\sum Z_i x_i},\ \tilde{\beta}_0=\overline{Y}-\tilde{\beta}_1\overline{X}\tag{7-16}$$

这种求模型参数估计量的方法称为工具变量法，$\tilde{\beta}_0$，$\tilde{\beta}_1$ 称为工具变量法估计量。

对于多元线性回归模型，其矩阵形式为

$$Y=X_i\beta+\mu_i,\ i=1,2,\cdots,n$$

其中，$X_i=(1,X_{i1},X_{i2},\cdots,X_{ik})$，$\beta=(\beta_0,\beta_1,\beta_2,\cdots,\beta_k)^{\mathrm{T}}$。假设 X_i 与随机干扰项相关，用工具变量 Z 替代，于是得到工具变量矩阵

$$\boldsymbol{Z}=\begin{bmatrix}1 & X_{11} & Z_1 & \cdots\\ 1 & X_{21} & Z_2 & \cdots\\ \vdots & \vdots & \vdots & \\ 1 & X_{n1} & Z_n & \cdots\end{bmatrix}$$

记 $\boldsymbol{Z}_i=(1,\ X_{i1},\ Z_{i2},\ \cdots,\ X_{ik})$，则在 $\boldsymbol{Z}_i$ 满足总体矩条件 $E(\boldsymbol{Z}_i'\mu_i)=0$ 时，对容量为 n 的一组样本，相应的样本矩条件

$$\frac{1}{n}\sum\boldsymbol{Z}_i'(Y_i-X_i\tilde{\beta})=0\tag{7-17}$$

或

$$\frac{1}{n}\sum\boldsymbol{Z}'(Y-X\tilde{\beta})=0\tag{7-18}$$

于是，参数估计量为

$$\tilde{\boldsymbol{\beta}}=(\boldsymbol{Z}^{\mathrm{T}}\boldsymbol{X})^{-1}\boldsymbol{Z}^{\mathrm{T}}\boldsymbol{Y}\tag{7-19}$$

需要注意，通常情况下，工具变量矩阵 Z 由工具变量及原模型中的外生解释变量组成。这时，对于没有选择另外的变量作为工具变量的解释变量，可以认为用自身作为工具变量。

3. 工具变量法估计量是一致估计量

一元回归中，用工具变量法所求的参数估计量 $\tilde{\beta}_1$ 与总体参数真值 β_1 之间的关系为

$$\tilde{\beta}_1=\frac{\sum Z_i y_i}{\sum Z_i x_i}=\frac{\sum Z_i Y_i}{\sum Z_i x_i}=\frac{\sum Z_i(\beta_0+\beta_1 X_i+\mu_i)}{\sum Z_i x_i}=\frac{\beta_1\sum Z_i x_i}{\sum Z_i x_i}+\frac{\sum Z_i\mu_i}{\sum Z_i x_i}=\beta_1+\frac{\sum Z_i\mu_i}{\sum Z_i x_i}$$

两边取概率极限得

$$Plim(\hat{\beta}_1)=\beta_1+\frac{Plim\left(\frac{1}{n}\sum Z_i\mu_i\right)}{Plim\left(\frac{1}{n}\sum Z_i x_i\right)}$$

如果工具变量 Z 选取恰当，有

$$Plim\left(\frac{1}{n}\sum Z_i\mu_i\right)=\sigma_{Z_i\mu_i}=0$$

$$Plim\left(\frac{1}{n}\sum Z_i x_i\right)=\sigma_{Z_iX_i}\neq 0$$

所以

$$Plim(\tilde{\beta}_1)=\beta_1$$

尽管工具变量法估计量在大样本下具有一致性，但容易验证在小样本下，由于

$$E\left(\frac{1}{\sum Z_i x_i}\sum Z_i\mu_i\right)\neq E\left(\frac{1}{\sum Z_i x_i}\right)E(\sum Z_i\mu_i)=0$$

工具变量法估计量仍是有偏的。

4. 两阶段最小二乘法：多个工具变量的情形

在使用工具变量时，初学者可能产生一种误解：有了工具变量，可以使用工具变量完全替换原来的内生变量，原来的内生解释变量可以被抛弃掉。事实上，从上述所列举的一元回归模型中可以发现，尽管在运用工具变量法时发生了“替换”，但是，这里说的“替换”，仅仅是变量间的信息“替换”，即运用工具变量的信息在原模型的估计过程中“替换”掉了模型中内生解释变量的信息，本质上原模型并未发生实质性改变。换句话说，上面运用工具变量法进行估计的过程实则可分解为如下前后两阶段的 OLS 回归，具体如下。

第一阶段，用普通最小二乘法进行 X 关于工具变量 Z 的回归。

$$\hat{X}_i=\hat{\alpha}_0+\hat{\alpha}_1 Z_i$$

第二阶段，以第一步得到的 Z 为解释变量，进行如下普通最小二乘回归。

$$Y_i=\tilde{\beta}_0+\tilde{\beta}_1\hat{X}_i+\mu_i \tag{7-20}$$

容易验证，式（7-20）中的参数 $\tilde{\beta}_1$ 与式（7-16）相同（留作练习）。式（7-20）表明，工具变量法仍是 Y 对 X 的回归，而不是对 Z 的回归。这里采用两个阶段的普通最小二乘法来估计模型参数，也称为两阶段最小二乘法（2SLS）。

当对一个内生解释变量寻找到一个工具变量时，利用工具变量法或上述两阶段最小二乘法可以得到参数的一致估计量。而当对一个内生解释变量寻找到多个工具变量，且不想损失这些工具变量提供的信息时，仍然可以采用两阶段最小二乘法来得到参数的一致估计。在多元线性回归中，其基本做法与上述一元回归两个阶段的 OLS 法相同，只不过第一阶段是将内生变量关于所有工具变量以及模型中已有的外生变量进行 OLS 回归。下面以二元模型为

例进行说明。

对于二元线性回归模型

$$Y_i = \beta_0 + \beta_1 X_i + \beta_2 Z_i + \mu_i$$

其中，假设 X 为同期内生变量，Z 为外生变量。如果对内生变量 X 寻找到了两个工具变量 Z_1、Z_2，则两阶段最小二乘估计过程如下。

第一阶段，做内生变量 X 关于工具变量 Z_1、Z_2 及模型中的外生变量 Z 的 OLS 回归，并记录 X 的拟合值。

$$\hat{X}_i = \hat{\alpha}_0 + \hat{\alpha}_1 Z_{i1} + \hat{\alpha}_2 Z_{i2} + \hat{\alpha}_3 Z_i$$

第二阶段，以第一阶段得到的 $\hat{X}_i$ 替代原模型中的 X_i，进行如下 OLS 回归。

$$Y_i = \beta_0 + \beta_1 \hat{X}_i + \beta_2 Z_i + \mu_i$$

1997 年，Deaton 认为在分析某项具体研究实例时要找到完全合适的外生工具变量是很困难的。他认为，要想得到不同于 OLS 的两阶段最小二乘估计值很容易，但要证明这些两阶段最小二乘估计值一定比普通最小二乘估计值更有效就困难多了。因此需要研究者从一开始就要从不同角度更为严谨地选择所用工具，进而尽可能逼近理想的回归结果。

这里还需要指出，尽管运用 2SLS 可通过前后两阶段的 OLS 回归来得到一致估计量，但要想得到关于具体某 X_i 的标准差和可决系数 R^2，仅仅通过后一阶段的 OLS 回归来实现是不够严谨的。更为详细严谨的实现步骤较难，超出了本教材的范围，但一般计量软件（如 Stata）都报告模型正确的标准差和拟合优度。

工具变量可能只找到一个，也可能找到多个。若模型中某一内生解释变量能找到多个工具变量且它们之间存在相互独立的关系，在进行相关回归时，则通常希望这些工具变量的信息能被充分利用，对此便形成广义矩方法。在运用广义矩方法时，因为在数量上矩条件是多于待估参数的，因此它的核心问题就是求解。近年来，广义矩方法成为计量经济学常用的方法之一。2SLS 又是广义矩方法中一类较为常用的方法，当只找寻到内生变量唯一的一个工具变量时，此时运用的工具变量法就成为 2SLS 的特殊情形之一。类似地，若模型中出现的所有解释变量皆为外生变量，那么最小二乘法也可以被看作是工具变量法的一种特例。

5. 工具变量回归命令（ivregress）

在作工具变量回归时，常在 Stata 软件中执行 ivregress 命令，其基本格式如下：

```
ivregress estimator depvar[varlist1](varlist2=varlist_iv)[if][in][weight][,options]
```

其中，estimator 表示 2SLS、liml 或者是 GMM 其中的任一估计形式，varlist1 和 varlist2 分别表示外生变量和内生变量的清单，而 varlist_iv 表示内生变量的工具变量清单。需要注意的是，即便括号内等号两边的变量个数不相等，依然严格按照变量属性分别列在等号两侧（内生性的变量在左，IV 变量在右）。此外，在没有被过度识别的情况下，执行 estimator 命令为 2SLS（两阶段最小二乘法）时，等价为应用工具变量法。

例如，执行命令 ivregress 2sls y x1 x2 x3（x4 x5=z1 z2），显然这里执行的是两阶段最小二乘回归，该模型中 y 为被解释变量；外生解释变量数量为 3 个，分别为 x1、x2、x3；内生解释变量分别为 x4、x5；工具变量为 2 个，分别是 z1、z2。因括号内等号两侧变量数目相同，这里是模型恰好识别的情形。若 varlist_iv 变量数目大于左侧，便为过度识别的情形。

7.3 内生性检验与过度识别约束检验

1. 解释变量的内生性检验

回归模型的基本假设要求随机解释变量与模型的随机干扰项不存在同期相关性，即随机解释变量至少是同期外生变量。那么如何判断所设定的模型中各解释变量是同期外生变量呢？利用经济学的相关知识能够作出一些基本的判断，如由于消费惯性的存在，可以认为前期的消费支出对当期的消费支出有着一定的影响，但不能反过来说当期的消费支出对前期的消费支出有影响。除此之外，豪斯曼从计量技术上给出了一个检验随机解释变量是否是同期外生变量的方法。

假设有如下设定的二元线性回归模型

$$Y_i=\beta_0+\beta_1X_i+\beta_2Z_{i1}+\mu_i \tag{7-21}$$

其中，X_i 与 Z_{i1} 是随机解释变量，而且明确知道 Z_{i1} 是外生变量，但怀疑 X_i 是同期内生变量。如何检验 X_i 是否具有内生性呢？豪斯曼提出的检验的基本思想是：如果 X_i 是内生变量，则需寻找一外生变量 Z_{i2} 作为工具变量并对式（7-21）进行工具变量法估计，将工具变量法的估计结果与对式（7-21）直接进行普通最小二乘法的估计结果对比，看差异是否显著。如果两者有显著的差异，则表明 X_i 是内生变量。由于工具变量法等价于两阶段最小二乘法，因此进行检验时按以下步骤进行。

第一步，将怀疑是内生变量的 X_i 关于外生变量 Z_{i1}、Z_{i2} 作普通最小二乘估计

$$X_i=\alpha_0+\alpha_1Z_{i1}+\alpha_2Z_{i2}+v_i \tag{7-22}$$

得到残差项 $\hat{v}$。这里假设随机干扰项 v_i 满足所有线性回归基本假设。普通最小二乘回归的目的是得到残差项 $\hat{v}$，因此可认为是辅助回归。

第二步，将第一步得到的残差项 $\hat{v}$ 加入原模型后，再进行普通最小二乘估计

$$Y_i=\beta_0+\beta_1X_i+\beta_2Z_{i1}+\delta\hat{v}_i+\varepsilon_i \tag{7-23}$$

这里，随机干扰项 ε_i 仍被假设认为是满足所有线性回归基本假设的，并且 ε_i 是与 v_i 不同期相关的。若残差项 $\hat{v}$ 前面的参数 δ 显著是 0，则因此认定式（7-22）模型中的 v_i 和 Y_i 是同期无关的，进而和原模型式（7-21）中的随机干扰项 μ_i 也是同期无关的，而 Z_1，Z_2 作为外生变量，必然与随机干扰项同期无关，又由式（7-22）模型知 X_i 与随机干扰项同期无关。所以，利用 OLS 法对式（7-23）模型进行回归，不拒绝 $\delta=0$ 的假设，则可据此判断式（7-21）中的解释变量 X_i 为同期外生变量，否则，便判定其为同期内生变量。

有以下三点需要说明。

第一，由式（7-22）知，判断 X_i 与 μ_i 是否同期相关，等价于判断 v_i 与 μ_i 是否同期相关；而对式（7-23）的普通最小二乘回归，等价于对下式进行普通最小二乘回归

$$\mu_i=\delta v_i+\varepsilon_i$$

第二，如果一个被怀疑的内生解释变量有多个工具变量，则在第一步中需将该解释变量

关于所有的工具变量及原模型中已有的外生变量进行OLS回归。

第三，如果原回归模型有多个随机解释变量被怀疑与随机干扰项同期相关，则需寻找多个外生变量，并将每个所怀疑的解释变量与所有外生变量（包括原模型中已有的外生变量）作普通最小二乘回归，取得各自的残差项，并将它们全部引入原模型中再进行普通最小二乘估计，通过t检验或多种情形的受约束F检验，可判断哪些解释变量确实是内生变量。

2. 过度识别约束检验

工具变量法的核心是要寻找到适当的工具变量，它应与原模型的随机干扰项不同期相关。当一个内生解释变量有多于一个的工具变量时，就可以对该组工具变量的外生性进行检验，这就是所谓的过度识别约束检验。

若所找到的工具变量是具有外生性的，那么这些工具变量应和原模型中的随机干扰项为不同期相关的。所以，这里仅需对原模型作2SLS，再把所记录的残差项关于全部工具变量以及原模型中含有的外生变量作最小二乘法回归，并通过联合性F检验来检验此回归中的全部工具变量前的参数均为0的假设，这便是过度识别约束检验的基本思路。证明可得，在全部工具变量均是外生的假设前提下，当样本容量趋于无穷大时，F统计量逐渐接近于精确的F分布，同时，样本容量与该回归的可决系数的乘积nR^2的渐近分布为χ^2分布（自由度为额外工具变量的个数）。于是，可以通过F统计量的值或nR^2的值与相关分布临界值比较，来判断是否拒绝模型中全部工具变量都具有外生性的假设。由于nR^2的计算较为方便，人们大多通过χ^2统计量来进行过度识别约束检验，nR^2也称为J统计量（J-statistic）。接下来，依然以二元线性回归模型进行举例分析总结。

对有一个内生变量X与一个外生变量Z的二元线性回归模型

$$Y_i=\beta_0+\beta_1X_i+\beta_2Z_i+\mu_i$$

如果对内生变量X_i寻找到了两个工具变量Z_1、Z_2，记两阶段最小二乘回归（2SLS）的参数估计为$\tilde{\beta}_0$、$\tilde{\beta}_1$、$\tilde{\beta}_2$，残差为$\tilde{\mu}_i$

$$\tilde{\mu}_i=Y_i-(\tilde{\beta}_0+\tilde{\beta}_1X_i+\tilde{\beta}_2Z_i)$$

将$\tilde{\mu}_i$关于所有工具变量Z_1、Z_2及原模型中的外生变量Z_i作如下辅助回归

$$\tilde{\mu}_i=\delta_0+\delta_1Z_{i1}+\delta_2Z_{i2}+\delta_3Z_i+\varepsilon_i$$

记该辅助回归的可决系数为R^2，则在所有工具变量为外生变量的假设下（大样本下）

$$J=nR^2\sim\chi^2(1)$$

这里，一个内生变量对应2个工具变量，额外的工具变量个数为1。因此，当nR^2的值大于给定显著性水平下自由度为1的χ^2分布的临界值时，拒绝Z_1、Z_2同时为外生变量的假设，意味着它们中至少有一个不是外生的。

需要指出的是，对工具变量的外生性检验就是对总体矩条件$E(Z'_i\mu_i)=0$的检验，当工具变量的个数恰好等于内生变量的个数时，无论总体矩条件是否成立，对应的样本矩

$$\frac{1}{n}\sum Z'_i(Y_i-X_i\tilde{\beta})=0$$

总有唯一的解。这意味着当工具变量的个数恰好等于内生变量的个数时，工具变量的外生性是无法检验的。

7.4 弱工具变量

1. 弱工具变量含义

弱工具变量多数被定义为工具变量和内生变量有较弱的相关性。但是，在具体问题中，很难定义弱到什么程度才算弱。如果工具变量与内生变量仅有较弱的相关性，则两阶段最小二乘法的偏差会变得较为严重。两阶段最小二乘法（工具变量法）的基本思想是通过外生的工具变量，从内生变量中分离出一部分外生变动，以获得一致估计量。如果选择的工具变量和内生变量之间的关系较弱，则通过工具变量分离出的内生变量中外生的部分仅包含很少的信息。利用这些少量信息进行工具变量法估计就不准确，即使样本容量很大也很难收敛到真实的参数值。这种工具变量称为弱工具变量。

2003 年，Stock 和 Watson 曾对一个庞大的样本以及某个相关的工具变量进行研究，研究表明内生变量 X 与工具变量的相关性越强，估计结果就越精确；反之，内生变量 X 与工具变量的相关性越弱，估计结果偏差就越大。同时他们认为，如果正态分布能够更好地近似于两阶段最小二乘的抽样分布，那么所选用的工具变量不只是相关的，而且是与其中 X 高度相关的。然而，所选用的若是较弱的工具，则几乎无法处理模型右边的内生变量。

如果所选用的工具变量相关性较低，极有可能导致估计结果产生较大偏差，甚至其标准误比非一致最小二乘估计所得结果还大很多，同时其 t 值则会相对减小。若发生此情形，即弱工具的存在使得检验误差影响较为明显，则必须寻找更为适合或者相关性较强的工具，才能得到理想估计结果。

2. 弱工具变量的检验方法

在两阶段最小二乘的第一阶段回归中，将内生变量对所有的外生变量（包含工具变量和外生解释变量）进行回归。如果所有的工具变量在第一阶段回归中联合显著，则意味着工具变量与内生变量较为相关，故工具变量较强；反之，则可能工具变量较弱。

2003 年，Stock 和 Watson 也曾提出一个简单的、与上述类似的经验法则：若模型中存在一个内生解释变量，第一阶段的回归可以使用 F 统计量检验其与外生变量（或工具变量）的显著性，且此阶段 F 统计量的值满足 $F>10$ 时，为理想结果。若此阶段 F 值满足 $F<10$，则意味着弱工具变量的存在对两阶段最小二乘估计产生了影响与偏差。同时，因为所找工具变量有效性较低，所以即使在大样本中，相应的 t 统计量和置信区间也不可靠。他们认为这条经验法则在多数情况下（这里尤其指模型中包含多于 1 个过度识别约束）是可以进行分析应用的。

在实际针对弱工具变量检验时，在前面提到的 ivregress 估计后，eatat firststage 命令可得到相关统计量以及其临界值，该命令格式如下：

```
estat firststage [, forcenonrobust all]
```

这里需要指出，即使前面已经进行稳健性检验，但仍可执行命令 forcenonrobust，因此命

令默认为模型中的 μ 是服从高斯分布且为 IID 的。事实上，针对具体操作实例的估计结果，尽管结果给出不同临界值，但这里不考虑 LIML，只需检验两阶段最小二乘估计量的临界值。

3. 弱工具变量的解决方法

（1）寻找更强的工具变量。

（2）使用对弱工具变量更不敏感的“有限信息最大似然估计法（LIML）”。在大样本下，LIML 与 2SLS 渐近等价，但在弱工具变量的情况下，LIML 的小样本性质一般优于 2SLS。

LIML 估计，多余的工具变量不仅不能有效解决内生性问题，还会降低第一阶段回归结果中统计量 F 的值。一些现象与结论指出 LIML 估计量实则也是最大似然估计量，且相对于整个模型的全部信息，LIML 所获得的（非整个过程）仅为其中的一部分。它与两阶段最小二乘估计的一个关键区别为在处理小样本时对 IV 的使用程度（权重程度）有所差异，LIML 则充分凸显其小样本性质的优势，尤其针对 IV 较弱情形时，这种优势更为明显，最终结果所出现的偏差相对较小。因此，近年来在进行相关研究涉及工具变量时（这里尤其针对有限样本情形），运用 LIML 估计比两阶段最小二乘估计更受研究人员的青睐。

（3）如果有不止一个工具变量，可以舍去多余的弱工具变量。多余的工具变量不仅不能有效解决内生性问题，还会降低第一阶段回归的 F 统计量。

7.5　案例分析

Mincer 最早研究了工资和受教育年限之间的关系，但对能力这一变量由于数据可得性等原因遗漏在模型外面。1976 年 Griliches 利用工具变量模型对遗漏的能力变量模型进行了修正。下面以工资数据为例，介绍工具变量的使用。

该数据包含以下变量：被解释变量工资对数（lw），解释变量包括受教育年限（s）、年龄（age）、工龄（expr）、在现单位工作的时间（tenure）、智商（iq）、母亲受教育的年限（med）、工作成绩测试（kww）、婚姻状况（mrt = 1，表示已婚）、区域变量（rns = 1，表示南方）、大城市虚拟变量（smsa = 1，表示大城市）、时间变量（year）。

（1）作为对比，首先进行 OLS 回归，同时使用稳健性标准误，结果如下：

```
Linear regression                               Number of obs     =        758
                                                F(5, 752)         =      84.05
                                                Prob > F          =     0.0000
                                                R-squared         =     0.3521
                                                Root MSE          =     .34641
```

lw	Coef.	Robust Std. Err.	t	P>|t|	[95% Conf.	Interval]
s	.102643	.0062099	16.53	0.000	.0904523	.1148338
expr	.0381189	.0066144	5.76	0.000	.025134	.0511038
tenure	.0356146	.0079988	4.45	0.000	.0199118	.0513173
rns	-.0840797	.029533	-2.85	0.005	-.1420566	-.0261029
smsa	.1396666	.028056	4.98	0.000	.0845893	.194744
_cons	4.103675	.0876665	46.81	0.000	3.931575	4.275775

回归结果显示，教育年限对工资回报率高达 10.3%，而且显著性水平高于 1%。模型含义表示，受教育年限每增加 1 年，工资提高 10.3%，显然回归的结果偏高。可能的原因是在

构建模型时遗漏了重要的变量——能力。能力对工资的贡献被转移到受教育年限变量中，因此估计系数偏高。

（2）引入智商（iq）作为能力的工具变量，纳入模型重新估计，结果如下：

Linear regression						
			Number of obs	=	758	
			F(6, 751)	=	71.89	
			Prob > F	=	0.0000	
			R-squared	=	0.3600	
			Root MSE	=	.34454	

lw	Coef.	Robust Std. Err.	t	P>|t|	[95% Conf.	Interval]
s	.0927874	.0069763	13.30	0.000	.0790921	.1064826
iq	.0032792	.0011321	2.90	0.004	.0010567	.0055016
expr	.0393443	.0066603	5.91	0.000	.0262692	.0524193
tenure	.034209	.0078957	4.33	0.000	.0187088	.0497092
rns	-.0745325	.0299772	-2.49	0.013	-.1333815	-.0156834
smsa	.1367369	.0277712	4.92	0.000	.0822186	.1912553
_cons	3.895172	.1159286	33.60	0.000	3.667589	4.122754

回归结果显示，教育年限对工资回报率比上一模型有所下降，回报率为 9.3%，在 1%水平下显著。将智商（iq）纳入的模型结果有所改善，但仍然偏高，原因可能是纳入的智商变量具有内生性。

（3）考虑使用母亲受教育的年限（med）、工作成绩测试（kww）、婚姻状况（mrt）和年龄（age）作为智商（iq）的工具变量，进行 2SLS 回归，并使用标准误。回归结果如下：

Instrumental variables (2SLS) regression						
			Number of obs	=	758	
			Wald chi2(6)	=	355.73	
			Prob > chi2	=	0.0000	
			R-squared	=	0.2002	
			Root MSE	=	.38336	

lw	Coef.	Robust Std. Err.	z	P>|z|	[95% Conf.	Interval]
iq	-.0115468	.0056376	-2.05	0.041	-.0225962	-.0004974
s	.1373477	.0174989	7.85	0.000	.1030506	.1716449
expr	.0338041	.0074844	4.52	0.000	.019135	.0484732
tenure	.040564	.0095848	4.23	0.000	.0217781	.05935
rns	-.1176984	.0359582	-3.27	0.001	-.1881751	-.0472216
smsa	.149983	.0322276	4.65	0.000	.0868182	.2131479
_cons	4.837875	.3799432	12.73	0.000	4.0932	5.58255

Instrumented: iq
Instruments: s expr tenure rns smsa med kww mrt age

回归结果显示，受教育年限对工资的影响系数上升到 13.7%，比之前更高，而且智商（iq）的系数为负数，也有悖于常识，影响结论的可行性。接下来进行过度识别检验，考察所有工具变量是否都是外生变量。

（4）过度识别检验结果如下：

```
estat overid

Test of overidentifying restrictions:

Score chi2(3)          =   51.5449   (p = 0.0000)
```

结果显示，p 为 0.0000，强烈拒绝所有工具变量都是外生的结论。怀疑婚姻状况（mrt）和年龄（age）不满足外生性。使用 C 统计量检验这两个工具变量的外生性。

（5）考虑仅使用母亲受教育年限（med）、工作成绩测试（kww）作工具变量，结果如下：

Instrumental variables (2SLS) regression

Number of obs	=	758
Wald chi2(6)	=	375.11
Prob > chi2	=	0.0000
R-squared	=	0.2775
Root MSE	=	.36436

lw	Coef.	Std. Err.	z	P>|z|	[95% Conf.	Interval]
iq	.0139284	.0058572	2.38	0.017	.0024485	.0254084
s	.0607803	.0186481	3.26	0.001	.0242306	.0973301
expr	.0433237	.0070053	6.18	0.000	.0295935	.0570539
tenure	.0296442	.0085218	3.48	0.001	.0129418	.0463466
rns	-.0435271	.0347602	-1.25	0.210	-.1116558	.0246016
smsa	.1272224	.0299973	4.24	0.000	.0684288	.1860161
_cons	3.218043	.3830327	8.40	0.000	2.467313	3.968774

Instrumented: iq
Instruments: s expr tenure rns smsa med kww

结果显示，教育投资回报率为6.08%，较为合理，智商（iq）的影响系数也变为正数。再次进行过度识别检验，p 为0.72，可以得出现在选取的工具变量为外生变量。

```
estat overid

Tests of overidentifying restrictions:

Sargan (score) chi2(1) =  .129965  (p = 0.7185)
Basmann chi2(1)        =  .128615  (p = 0.7199)
```

（6）深入分析：进一步考察工具变量与内生变量的相关性。结果显示，F统计量为13.4（超过10），而且F统计量的 p 为0.0000。

First-stage regression summary statistics

Variable	R-sq.	Adjusted R-sq.	Partial R-sq.	Robust F(2,750)	Prob > F
iq	0.3066	0.3001	0.0382	13.4028	0.0000

Shea's partial R-squared

Variable	Shea's Partial R-sq.	Shea's Adj. Partial R-sq.
iq	0.0382	0.0305

Minimum eigenvalue statistic = **14.9058**

Critical Values　　　　　　　　　# of endogenous regressors: 1
Ho: Instruments are weak　　　　# of excluded instruments: 2

	5%	10%	20%	30%
2SLS relative bias		(not available)		

	10%	15%	20%	25%
2SLS Size of nominal 5% Wald test	19.93	11.59	8.75	7.25
LIML Size of nominal 5% Wald test	8.68	5.33	4.42	3.92

（7）通过上述分析，有理由认为不存在弱工具变量。但为了稳健起见，下面使用对弱工具更不敏感的有限信息最大似然法（LIML）。结果显示，LIML的估计值与2SLS非常接近，这也可以间接证明不存在弱工具变量。

Instrumental variables (LIML) regression

Number of obs	=	758
Wald chi2(6)	=	369.62
Prob > chi2	=	0.0000
R-squared	=	0.2768
Root MSE	=	.36454

lw	Coef.	Robust Std. Err.	z	P>|z|	[95% Conf.	Interval]
iq	.0139764	.0060681	2.30	0.021	.0020831	.0258697
s	.0606362	.019034	3.19	0.001	.0233303	.0979421
expr	.0433416	.0074185	5.84	0.000	.0288016	.0578816
tenure	.0296237	.008323	3.56	0.000	.0133109	.0459364
rns	-.0433875	.034529	-1.26	0.209	-.1110631	.0242881
smsa	.1271796	.0297599	4.27	0.000	.0688512	.185508
_cons	3.214994	.4001492	8.03	0.000	2.430716	3.999272

Instrumented: iq
Instruments: s expr tenure rns smsa med kww

课后习题

1. 什么是工具变量？选择作为工具变量时必须满足哪些条件？

2. 什么是内生性？什么情况下会产生内生性？

3. 简述豪斯曼内生性检验的具体步骤。

4. 举例说明如何选择合适的工具变量。

5. 延伸思考：要解决内生性问题，除了工具变量法，还可以使用什么方法？

6. 对截面数据，引起解释变量内生性的原因主要有三种情形，其中第三种情形是解释变量存在测量误差。对于一元回归模型：$Y_i=\beta_0+\beta_1X_i^*+\mu_i$，假设解释变量的真实值与观测值之间有偏误：$X_i=X_i^*+e_i$，其中 e_i 是具有零均值，无序列相关，且与 X_i^* 及 $Y_i=\beta_0+\beta_1X_i^*+\mu_i$ 不相关的随机变量。试问：能否将 $X_i^*=X_i-e_i$ 带入原模型，使之变换成 $Y_i=\beta_0+\beta_1X_i^*+\mu_i$ 后进行估计？

第 8 章　联立方程模型

解释变量有几种内生形式，而联立性是其中最重要的一种。当一个或多个解释变量与被解释变量一起确定时，需要使用联立方程。因此，有必要研究联立方程的建模方法。工具变量法是用联立方程估计模型的主要方法。因此，解决同时性问题与利用工具变量法解决缺失变量和测量误差问题并没有本质上的区别，但是设计和解释 SEM 是困难的。因此，有必要对它们进行研究和探索。

8.1　联立方程模型的概念

以前研究的模型基本上是单一方程模型，但许多经济理论是以一定的经济关系为基础的，由方程组构成其经济模型，这个模型称为联立方程模型，常被用作整个经济系统或子系统的描述工具。

8.1.1　联立方程模型的估计问题

无论是在特定的部分还是在整个模型中，模型方程的描述和估计会受到模型变量之间相互作用的影响，一个典型的例子就是凯恩斯收入决定模型

$$C_t = \alpha + \beta Y_t + u_t \tag{8-1}$$

$$Y_t = C_t + I_t \tag{8-2}$$

该模型假定经济是封闭的，没有进口、出口，并且没有政府活动。其中 Y_t，C_t，I_t 分别表示总量收入、消费和投资。

将式（8-1）代入式（8-2）并整理得

$$Y_t = \frac{\alpha}{1-\beta} + \frac{I_t}{1-\beta} + \frac{u_t}{1-\beta} \tag{8-3}$$

式（8-3）右侧的第一项和第二项表明，总收入取决于消费和投资水平的恒定组成部分。如果投资增加一个单位，收入增加$\frac{1}{1-\beta}$个单位，$\frac{1}{1-\beta}$为乘数，式（8-3）右侧第三项表明收入还受消费函数中扰动项 u 的影响，它包含随机成分$\frac{u_t}{1-\beta}$，是随机变量。由于式（8-1）中的解释变量是非随机的，高斯-马尔可夫定理中的解释变量不是随机的，假设是无效的，因此用这种方法估计消费函数，OLS 估计量不仅有偏，而且是不一致的。

由上例可以看出，联立方程模型中的估计问题，特别是变量间的相互作用导致了变量的

随机解释问题，因此有必要对联立方程模型的参数估计进行研究。

8.1.2 联立方程模型的分类

1. 行为方程

行为方程描述了消费者在一定收入情况下的行为。凯恩斯收入决定模型中的消费函数就是一个很好的例子。行为方程不仅描述了消费者的行为，还描述了其他经济活动变量之间的经验关系。因此，在广义上，行为方程是描述变量之间经验关系的方程。

2. 恒等式

恒等式亦称定义式，是人为定义的一种变量间的恒等关系，如式（8-2）。

3. 恒等式与行为方程的区别

（1）恒等式不含未知参数，而行为方程含有未知参数。

（2）恒等式中没有不确定性，而行为方程包含不确定性，因而在计量经济分析中需要加进随机扰动因子。

8.1.3 联立方程模型中变量的分类

1. 外生变量

外生变量是其值在模型之外决定的变量。模型中使用它们，但不由模型决定它们的值。在求解模型之前，必须用其他方法给定外生变量的值（如利用国际组织公布的预测数据，或时间序列预测得出的预测值）。

2. 内生变量

内生变量是其值在模型内部确定的变量。内生变量既由模型使用（如可以作为解释变量），又由模型决定。由于在求解模型时，通常是需要联立地解出所有内生变量的值，因而称为联立方程模型。

单方程模型中，内生变量就是被解释变量，外生变量是解释变量（滞后内生变量除外）。

3. 前定变量

前定变量包括外生变量和滞后内生变量。在模型求解本期内生变量的值之前，本期外生变量和滞后外生变量的值是给定的，滞后内生变量的值在前面各期中已解出，因而也是已知的（前定的），它们统称前定变量。

4. 内生变量和外生变量的确定

由于内生变量是联立地被决定，因此，联立方程模型中有多少个内生变量就必定有多少个方程。这个规则决定了任何联立方程模型中内生变量的个数。可是，确定哪个变量为内生变量，要根据经济分析和模型的用途。

在设定模型时，通常将以下两类变量设定为外生变量。

（1）政策变量，如货币供给、税率、利率、政府支出等。

（2）短期内很大程度上是在经济系统之外决定或变化规律稳定的变量，如国外利率、世界贸易水平、国际原油价格、人口和劳动力供给等。

8.2　联立方程模型的性质

在运用联立方程模型时，每个方程都要有因果性，而这种因果性解释是在固定其他因素不变的情况下进行的。在联立方程模型中，每一个方程都是用反事实的思维来构造的，因为人们在观察结果的时候，只能观察到平衡的结果，也就是说，必须考虑潜在的和实际的结果。供需方程是商品或生产要素（如劳动力）方程的典型例子。令 h_s 表示每年农业工人提供的工作时间（以县级为单位计算），令 ω 表示支付给这些工人的平均小时工资。一个简单的劳动供给方程就是

$$h_s=\alpha_1\omega+\beta_1 z_1+u_1 \tag{8-4}$$

z_1 是一个可以观察到的变量，它可以影响劳动力供给，例如某县制造业的平均工资。误差项 u_1 包括其他可能影响劳动力供给的因素①。这是因为劳动力供给函数可以从经济学理论中推导出来，可以用因果关系来解释。系数 α_1 衡量劳动力供给如何随工资变化。如果 h_s 和 ω 都是对数形式，则 α_1 表示劳动力供给弹性。预期 α_1 通常是正的（尽管经济理论并不排除这种可能性）。劳动力供给弹性在决定工人愿意工作的小时数随所得税税率和工资变动而变化时是非常重要的。如果 z_1 是制造业的工资，预期 $\beta_1\leqslant 0$；在其他因素不变的情况下工资上涨，预计更多的工人将进入制造业而不是农业。

当绘制劳动力供给曲线时，用工资来描述工时，并保持 z_1 和 u_1 不变。z_1 的变化会改变劳动力供给曲线，u_1 的变化一样。区别在于 z_1 是可观察的，u_1 是不可观察的。z_1 被称为可观测供给转移因子，u_1 被称为不可观测供给转移因子。

尽管式（8-4）适用于所有可能的工资水平，但人们没有普遍认为不同县的工资变量的变化完全是外生的。如果可以进行试验，将获得农业和制造业工资水平不同的县的样本。因此可以调查每个县的劳动力供给 h_s，然后将 OLS 方法应用于估算。遗憾的是，这不是一个能够操作的试验。有必要收集农业和制造业部门的平均工资水平和农业生产时间的数据以决定如何分析这些数据。在决定如何分析这些数据时，最好用劳动力供求之间的相互作用来描述。在实践中，在劳动力市场自由化的前提下，工资水平与工作时间是平衡的。

为了描述如何确定均衡工资和均衡工时，有必要引入劳动力需求函数，假设劳动需求由下式给出

$$h_d=\alpha_2\omega+\beta_2 z_2+u_2 \tag{8-5}$$

其中，h_d 是所需的小时数。与供给函数一样，z_2 和 u_2 保持不变，而需求工时表示为工资函数。变量 z_2（如耕地面积）是需求变化的可观测因子，但 u_2 不是可观测的需求转移因子。

与劳动力供给方程一样，劳动力需求方程也是一个结构方程，可以通过农民利益最大化来实现。如果 h_d 和 ω 总和是对数的形式，那么它就是一个结构方程，α_2 就是劳动力需求弹性。在经济理论的指导下 $\alpha_2<0$，由于劳动和土地在生产中是互补的，人们期望 $\beta_2>0$ 这种情

---

① 这些因素中的许多可以从式（8-4）观察得知；为了说明基本概念，式（8-4）是结构方程的一个例子。

况发生。

注意，式（8-4）和式（8-5）描述了完全不同的关系。对于农民来说，劳动力需求是一个行为方程；对于工人来说，劳动力供给是一个行为方程。每个方程必须对其他因素有一致的解释，并且是独立的。它们在经济分析中的联系仅仅是因为可以观察到的工资水平和工作时间是由劳动力需求决定的，换句话说，对于某个县，观察到的时间 h_d 和观察到的工资水平 ω 是由以下均衡条件决定的

$$h_{is}=h_{id} \tag{8-6}$$

因为只观测到第 i 个县的均衡小时数，所以用 h_{id} 表示所观测到的小时数。

将式（8-5）中的均衡条件与劳动和需求方程合并，就得到

$$h_i=\alpha_1\omega_i+\beta_1 z_{i1}+u_{i1} \tag{8-7}$$

和

$$h_i=\alpha_2\omega_i+\beta_2 z_{i2}+u_{i2} \tag{8-8}$$

其中，h_i 和 ω_i 中的下标 i 都表示各个县的均衡观测值。这两个方程就构成了一个联立方程模型（simultaneous equations model，SEM）。在给定 z_{i1}，z_{i2}，u_{i1} 和 u_{i2} 的情况下，h_i 和 ω_i 就由式（8-7）和式（8-8）这两个方程决定。实际上，必须假定 α_1 不等于 α_2，即供给函数和需求函数的斜率不同。出于这个原因，h_i 和 ω_i 是这个 SEM 中的内生变量（endogenous variables）。由于 z_{i1} 和 z_{i2} 在模型外决定，把它们看成外生变量（exogenous variables）。从统计观点来看，z_{i1} 和 z_{i2} 与供给和需求误差（分别是 u_{i1} 和 u_{i2}）无关是它们关键的假定。它们之所以是结构误差的例子是因为在结构方程中出现了这些误差。

第二个重要的问题是，如果模型不包括 z_1 和 z_2，就不可能区分供给和需求，制造业工资 z_1 按照经济学的逻辑，它是农业劳动力供给的一个要素，因为它衡量的是农业就业的机会成本；农业用地面积 z_2 在生产理论中应体现为劳动力需求函数。因此，式（8-7）代表劳动力供给，式（8-8）代表劳动力需求，县域成人教育的平均水平可以同时影响供给和需求，这时这两个方程是一样的。在这种情况下，识别问题出现在模型中。

8.3 联立方程模型举例

［例 8-1］ 需求与供给模型。

众所周知，商品需求和供给曲线的交点决定了它的价格 P_t 和需求量 Q_t。在需求和供给曲线是线性的假定下，加上随机干扰项 u_1 和 u_2，就可以写出供给函数。

需求函数：$Q_t^d=\alpha_0+\alpha_1 P_t+u_{1t}\quad \alpha_1<0$ （8-9）

供给函数：$Q_t^s=\beta_0+\beta_1 P_t+u_{2t}\quad \beta_1<0$ （8-10）

均衡条件：$Q_t^d=Q_t^s$

其中，Q^d=需求量；Q^s=供给量；t=时间，而 α 和 β 是参数。预期 α_1 为负（右下倾斜的需求曲线），而 β_1 为正（右上倾斜的供给曲线）。

不难看出 P_t 和 Q_t 是联合被解释变量。例如，式（8-9）中的 u_{1t} 将随着影响 Q_t 的其他

变量（诸如收入、财富和偏好）的改变而改变。若 u_{1t} 是正的，则需求曲线将向上移动；若 u_{1t} 是负的，则需求曲线将向下移动。图 8.1 表明了这些移动。

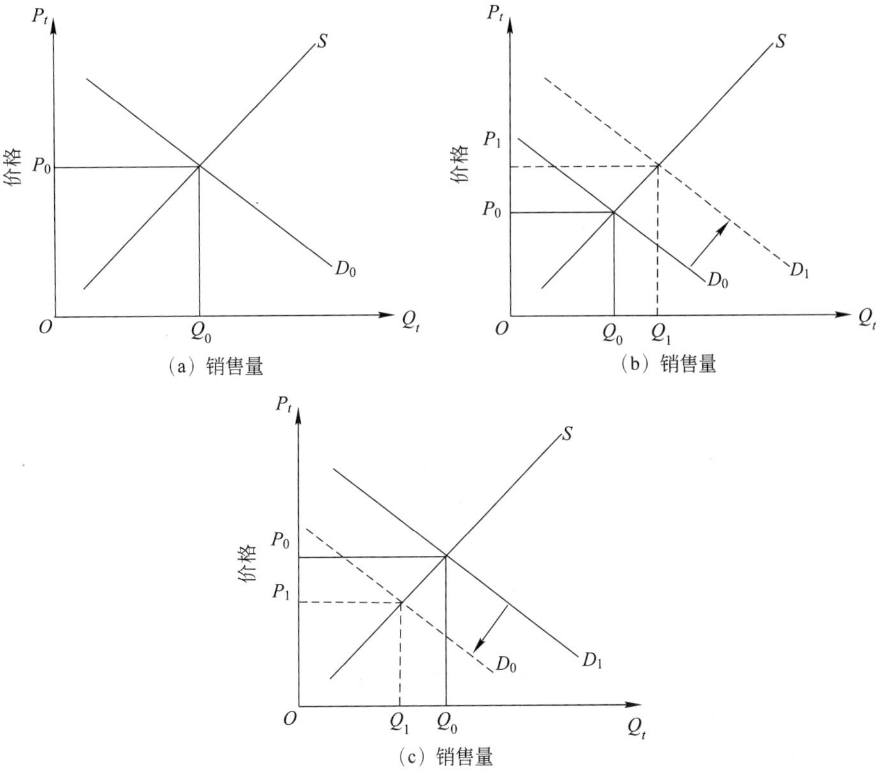

图 8.1　价格与数量的相互依赖

如图 8.1 所示，需求曲线移动的同时 P_t 和 Q_t 发生变化，供给曲线也会随着 u_{2t} 发生变化（例如由于罢工、气候、进出口限制等），同时 P_t 和 Q_t 也会发生变化。由于 Q_t 和 P_t 之间的相互依赖性，式（8-9）中的 u_{1t} 和 P_t 以及式 8-10 中的 u_{2t} 和 P_t 不能独立。式（8-9）中的回归将破坏经典线性回归模型中的一个重要假设，即解释变量与干扰项无关。

[例 8-2]　凯恩斯收入决定模型。

下面考虑简单的凯恩斯收入决定模型。

消费函数：　$$C_t=\beta_0+\beta_1 Y_t+u_t \quad 0<\beta_1<1 \tag{8-11}$$

收入恒等式：　$$Y_t=C_t+I_t(=S) \tag{8-12}$$

其中，C_t 为消费支出，Y_t 为收入，I_t 为投资（假定为外生变量），S 为储蓄，t 为时间，u 为随机干扰项，β_0 和 β_1 为参数，参数 β_1 被称为边际消费倾向（收入增加 1 美元导致消费支出的增加量）。经济理论预期 β_0 介于 0 与 1 之间。式（8-11）是（随机）消费函数，而式（8-12）是国民收入恒等式，意味着总收入等于总消费加总投资，总投资等于总储蓄，如图 8.2 所示。

从这个假设的消费函数和图 8.2 明显可以看出，C_t 和 Y_t 是相互依赖的，并且不能指望式（8-11）中的 Y_t 会独立于干扰项。因为当 u_t 改变（由于误差项包含着种种因素）时，消

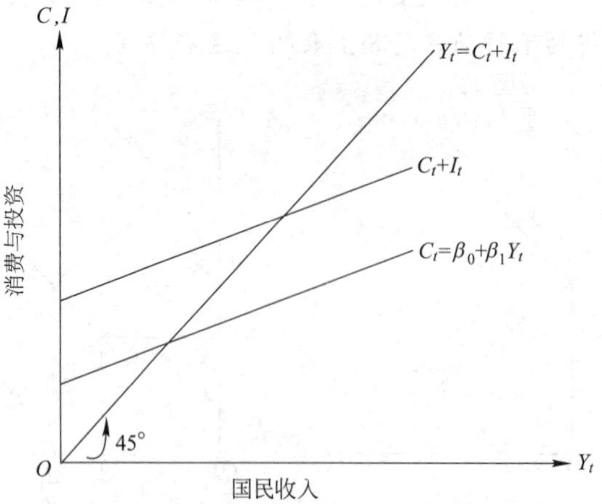

图 8.2 凯恩斯收入决定模型

费函数也随之改变，而消费的变动又反过来影响 Y_t。由此，再次表明经典最小二乘法对式（8-11）不再适用。如果继续使用，所得到的估计量也不是一致的。

[例 8-3] 工资——价格模型。

考虑如下货币工资与价格决定的菲利普斯类型的模型。

$$W_t=\alpha_0+\alpha_1\mathrm{UN}+\alpha_2P_t+u_{1t} \tag{8-13}$$

$$P_t=\beta_0+\beta_1W_t+\beta_2R_t+\beta_3M_t+u_{2t} \tag{8-14}$$

其中，W_t 为货币工资变化率，UN 为失业率（%），P_t 为价格变化率，R_t 为资本成本变化率，M_t 为进口原材料的价格变化率，t 为时间，u_1，u_2 为随机干扰项。

由于价格变化率 P_t 进入工资方程，并且货币工资变化率 W_t 进入价格方程，所以这两个变量是相互依赖的。因此预期随机解释变量与有关的随机干扰是相关的，再次使经典 OLS 方法不适于用来对这两个方程逐个进行参数估计。

[例 8-4] 宏观经济学中的 IS 模型。

宏观经济学中著名的 IS 模型或产品市场均衡模型的非随机形式可表达为

消费函数：
$$C_t=\beta_0+\beta_1Y_t \quad 0<\beta_1<1 \tag{8-15}$$

税收函数：
$$T_t=\alpha_0+\alpha_1Y_t \quad 0<\alpha_1<1 \tag{8-16}$$

投资函数：
$$I_t=\gamma_0+\gamma_1r_t \tag{8-17}$$

定义方程：
$$Y_d=Y_t-T_t \tag{8-18}$$

政府支出：
$$G_t=\overline{G} \tag{8-19}$$

国民收入恒等式：
$$Y_t=C_t+I_t+G_t \tag{8-20}$$

其中，Y_t 为国民收入，C_t 为消费支出，I_t 为计划的或理想的净投资，$\overline{G}$ 为给定的政府支出水平，T_t 为税收，Y_d 为可支配收入，r 为利率。

如果把式（8-18）和式（8-16）代入式（8-15），并将所得到的消费函数以及式（8-17）和式（8-19）代入式（8-20），便得到 IS 方程

$$Y_t=\pi_0+\pi_1r_t \tag{8-21}$$

其中
$$\pi_0=\frac{\beta_0-\alpha_0\beta_1+\gamma_0\overline{G}}{1-\beta_1(1-\alpha_1)} \tag{8-22}$$

$$\pi_1=\frac{1}{1-\beta_1(1-\alpha_1)}$$

式（8-21）就是 IS 方程或产品市场均衡方程。也就是说，它给出了产品市场出清或均衡的那些利率与收入组合。IS 曲线如图 8.3 所示。

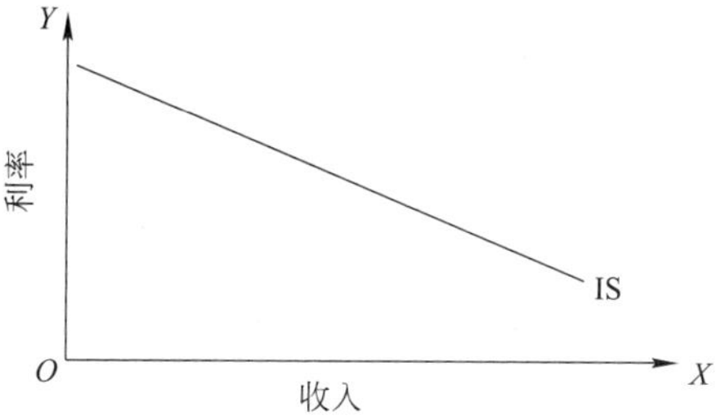

图 8.3　IS 曲线

［例 8-5］　计量经济模型。

一些计量经济学家在他们构造的计量经济模型中曾广泛地使用联立方程模型。该领域早期的一位先驱者是宾夕法尼亚大学沃顿商学院的克莱因教授。他的开创性模型，名为克莱因模型Ⅰ，就是如下模型

消费函数：
$$C_t=\beta_0+\beta_1P_t+\beta_2(W+W')_t+\beta_3P_{t-1}+u_{1t} \tag{8-23}$$

投资函数：
$$I_t=\beta_4+\beta_5P_t+\beta_6P_{t-1}+\beta_7K_{t-1}+u_{2t} \tag{8-24}$$

劳动需求：
$$W_t=\beta_8+\beta_9(Y+T-W')+\beta_{10}(Y+T-W')_{t-1}+\beta_{11}t+u_{3t} \tag{8-25}$$

恒等式 1：
$$Y_t+T_t=C_t+I_t+G_t \tag{8-26}$$

恒等式 2：
$$Y_t=W'_t+W_t+P_t \tag{8-27}$$

恒等式 3：
$$K_t=K_{t-1}+I_t \tag{8-28}$$

其中，C_t 为消费支出，I_t 为投资支出，P_t 为利润，W_t 为私人工资收入，W' 为政府工资收入，K_t 为资本存量，T_t 为税收，Y_t 为税后收入，t 为时间，u_1，u_2，u_3 为随机干扰项。

在上述模型中，变量 C_t，I_t，W_t，Y_t，P_t 和 K_t 被看作是联合被解释变量或内生变量，而变量 P_{t-1}，K_{t-1}和 Y_t-1 被看作是前定变量。

8.4　联立方程模型的识别

识别问题（identification problem）是指结构方程的参数是否可以由约简型系数来估计。如果可以得到估计，就可以识别方程。如果不能，这个等式就不能被识别或者不能完全识别。

可识别方程可以是恰好识别（完全识别或恰好识别）或过度识别的。恰好识别是能获得结构参数的唯一值，过度识别是能获得多个结构参数的值。

由于不同结构参数的组合也可能适用于同一组数据，因此存在识别问题，即同一组数据中可以使用不同的结构参数。简化方程可以应用于不同的结构方程和不同的假设（模型），但很难说具体研究哪些参数（模型）。

进行参数估计的前提条件是这个参数是可识别的。如果一个总体参数是可识别的，那么该参数的两个不同取值中的任何一个都会在随机样本中表现出系统性的差异，也就是说，如果样本足够大，它应该能够在统计上区分两个不同的参数值。如果无论多大的样本都区分不开，则不同参数的观测数据在统计上是相同的，即存在“观测等价”（observational equivalence），该参数“不可识别”（unidentified）。

1. 识别不足

考虑供求式（8-9）和式（8-10）以及供求相等的市场出清或均衡条件，由均衡条件可以得到

$$\alpha_0+\alpha_1 P_t+u_{1t}=\beta_0+\beta_1 P_t+u_{2t} \tag{8-29}$$

解式（8-29），得到均衡价格

$$P_t=\Pi_0+v_t \tag{8-30}$$

其中

$$\Pi_0=\frac{\beta_0-\alpha_0}{\alpha_1-\beta_1} \tag{8-31}$$

$$v_t=\frac{u_{2t}-u_{1t}}{\alpha_1-\beta_1} \tag{8-32}$$

将式（8-30）中的 P_t 代入式（8-9）或式（8-10），得到均衡数量

$$Q_t=\Pi_1+\omega_t \tag{8-33}$$

其中

$$\Pi_1=\frac{\alpha_1\beta_0-\alpha_0\beta_1}{\alpha_1-\beta_1} \tag{8-34}$$

$$\omega_1=\frac{\alpha_1 u_{2t}-\beta_1 u_{1t}}{\alpha_1-\beta_1} \tag{8-35}$$

其中，误差项 v_t 和 ω_t 是原误差项 u_1 和 u_2 的线性组合。

式（8-30）和式（8-33）是约简型方程式。供求模型现在有四个结构系数 α_0，α_1，β_0 和 β_1，但没有唯一的方法来估计它们。式（8-31）和式（8-34）也给出了两个约简系数。这些约简系数包含四个结构系数，但无法从两个约简系数中估计出四个未知结构数。在数学中，要估计四个未知的结构数，必须有四个独立的方程。而且，如果对式（8-30）和式（8-33）作约简型回归，只有常数项没有解释变量，这些常数项只能给出 P_t 和 Q_t 的平均值。

这意味着，如果只提供时间序列数据 P（价格）和 Q（数量），而没有其他信息，就无法识别估计的函数。也就是说，由于供求关系的平衡，如果给定 P 和 Q，不能保证是需求函数还是供给函数。因为它只代表了需求和供给的一个交叉点。

图 8.4（a）显示了与 Q 和 P 相关的多个发散点，每个发散点表示图 8.4（b）所示的需求曲线和供给曲线的交点。如图 8.4（c）所示，图中供需曲线族中的供需曲线是不确定的，因此需要更多关于供需曲线性质的信息。例如，如果收入和爱好发生变化，需求曲线会随着

时间的推移而变化，而供给曲线则基本保持不变，如图 8.4（d）所示，图中分散点的连接显示了一条供给曲线。在这种情况下，供给曲线是可识别的。同样，当气候条件（农产品）或其他条件发生变化时，供给曲线也会随时间而变化。尽管需求曲线基本保持不变，如图 8.4（e)所示，但图中零散点之间的连接显示了需求曲线，这意味着需求曲线是可识别的。

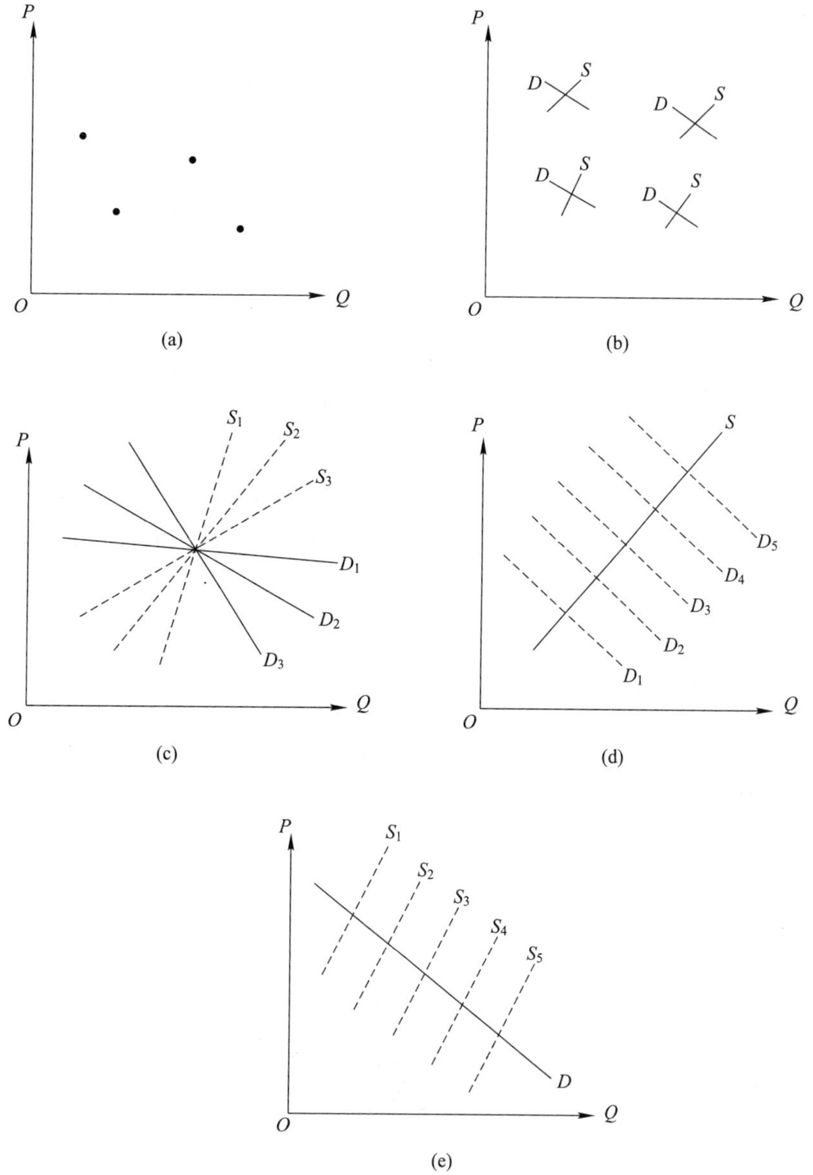

图 8.4　假想的供求函数与识别问题

看待识别问题，还有另一种也许是更有启发性的方法。假使将式（8-9）的两边同时乘以 λ，其中 $0\leqslant\lambda\leqslant1$，同时将式（8-10）的两边乘以 $1-\lambda$ 便得到下列方程（省掉了 Q 的上标）

$$\lambda Q_t=\lambda_{\alpha 0}+\lambda_{\alpha 1}P_t+\lambda u_{1t} \tag{8-36}$$

$$(1-\lambda)Q_t=(1-\lambda)\beta_0+(1-\lambda)\beta_1P_t+(1-\lambda)u_{2t} \tag{8-37}$$

将两方程相加得到原始供求方程的如下线性组合

$$Q_t=\gamma_0+\gamma_1P_t+\omega_t \tag{8-38}$$

$$\gamma_0=\lambda\alpha_0+(1-\lambda)\beta_0 \tag{8-39}$$

$$\gamma_1=\lambda\alpha_1+(1-\lambda)\beta_1$$

$$\omega_1=\lambda u_{1t}+(1-\lambda)u_{2t}$$

“伪造”的或“混杂”的式（8-38）、式（8-9）、式（8-10）在观测区间上无区别，它们都是 Q 和 P 的回归。因此，如果只有 P 和 Q 的时间序列数据，则式（8-9）、式（8-10）或式（8-38）中的任一个都会和同样的数据相吻合。换言之，同样的数据可以适合于“假设”式（8-9）、式（8-10）、式（8-38），就无法知道到底是在检验哪一个假设。

要使一个方程成为可识别的，也就是使它的参数能被估计，必须证明给定的数据集不会产生表面看来像是所要估计的方程那样的一个结构方程。如果要估计需求函数，就必须表明所给数据不适合于供给函数或某些混杂方程。

2. 恰好或恰可识别

上述需求函数或供给函数不能识别的理由是在两个函数中出现同样的变量 P 和 Q，而且再没有其他诸如图 8.4(d) 或图 8.4(e) 所表示的那种信息。考虑下述需求与供给模型

$$Q_t^{\mathrm{d}}=\alpha_0+\alpha_1P_t+\alpha_2I_t+u_{1t} \quad \alpha_1<0,\alpha_2>0 \tag{8-40}$$

$$Q_t^{\mathrm{d}}=\beta_0+\beta_1P_t+u_{2t} \quad \beta_1>0 \tag{8-41}$$

其中，I 为消费者收入，是一个外生变量，而其他变量定义如前。

值得注意的是，上述模型与原供需模型的唯一区别在于，在需求函数中加入了一个收入变量。根据需求的经济理论可以知道，收入是大多数商品和服务需求的决定因素。因此，将其纳入到需求函数中，将提供更多关于消费者行为的信息。在大多数情况下，收入对消费起着积极的作用（$\alpha_2>0$）。

利用市场出清机制，即需求量=供给量，可得

$$\alpha_0+\alpha_1P_t+\alpha_2I_t+u_{1t}=\beta_0+\beta_1P_t+u_{2t} \tag{8-42}$$

由此解除 P_t 的均衡值如下

$$P_t=\Pi_0+\Pi_1I_t+v_t \tag{8-43}$$

其中约简型系数是

$$\Pi_0=\frac{\beta_0-\alpha_0}{\alpha_1-\beta_1} \tag{8-44}$$

$$\Pi_1=-\frac{\alpha_2}{\alpha_1-\beta_1}$$

$$v_t=-\frac{u_{2t}-u_{1t}}{\alpha_1-\beta_1}$$

将 P_t 的均衡值代入上述需要或供给函数，得到如下均衡数量

$$Q_t = \Pi_2 + \Pi_3 I_t + \omega_t \tag{8-45}$$

其中

$$\Pi_2 = \frac{\alpha_1\beta_0 - \alpha_0\beta_1}{\alpha_1 - \beta_1} \tag{8-46}$$

$$\Pi_3 = \frac{\alpha_2\beta_1}{\alpha_1 - \beta_1}$$

$$\omega_t = -\frac{\alpha_1 u_{2t} - \beta_1 u_{1t}}{\alpha_1 - \beta_1}$$

因为式（8-43）和式（8-45）都是约简型方程，故可用 OLS 估计它们的参数。现在供求式（8-40）和式（8-41）有 5 个结构系数——α_0、α_1、α_2、β_0 和 β_1。但只有 4 个方程去估计它们，即式（8-44）和式（8-46）给出的 4 个约简型系数——$\boldsymbol{\Pi}_1$、$\boldsymbol{\Pi}_2$、$\boldsymbol{\Pi}_3$ 和 $\boldsymbol{\Pi}_4$。因此，要得到全部结构系数的唯一解是不可能的。但容易看出，供给函数的参数是可识别的（可被估计的）。这是因为

$$\beta_0 = \Pi_2 - \beta_1 \Pi_0 \tag{8-47}$$

$$\beta_1 = \frac{\Pi_3}{\Pi_1}$$

但没有估计需求参数的唯一方法，因此需求函数仍不可识别。另外，结构系数 β_1 是约简型系数的一个非线性函数，这会给估计 β_1 估计值的标准误带来一些问题。

为了验证需求函数式（8-40）不可识别（不能估计），用 $\lambda(0 \leqslant \lambda \leqslant 1)$ 乘式（8-40），再用（$1-\lambda$）乘式（8-41），然后把它们加起来得到“混杂”方程

$$Q_t = \gamma_0 + \gamma_1 P_t + \gamma_2 I_t + \omega_t \tag{8-48}$$

其中

$$\gamma_0 = \lambda\alpha_0 + (1-\lambda)\beta_0$$

$$\gamma_1 = \lambda\alpha_1 + (1-\lambda)\beta_1 \tag{8-49}$$

$$\gamma_2 = \lambda\alpha_2$$

$$\omega_t = \lambda u_{1t} + (1-\lambda) u_{2t}$$

式（8-48）虽然有别于不含解释变量 I 的供给函数式（8-41），却与需求函数式（8-40）在观测上无区别。因此需求函数仍是不可识别的。

注意一个有趣的事实：供给函数能够被识别是因为在需求函数中添加了一个变量。但这是为什么呢？如图 8.4（d）所示，在需求方程中加入收入变量将提供更多关于供给函数变化的信息，该图显示了稳定供给曲线和移动需求曲线的交点如何跟踪（识别）供给曲线。是否从模型中的其他方程中排除变量通常是方程识别的一个重要因素。

但若考虑如下供求模型

$$\begin{aligned}
&\text{需求函数：} Q_t = \alpha_0 + \alpha_1 P_t + \alpha_2 I_t + u_{1t} \\
&\qquad\qquad \alpha_1 < 0, \alpha_2 > 0 \\
&\text{供给函数：} Q_t = \beta_0 + \beta_1 P_t + \beta_2 P_{t-1} + u_{2t} \\
&\qquad\qquad \beta_1 < 0, \beta_2 > 0
\end{aligned} \tag{8-50}$$

需求函数与之前一样，但供给函数包含了另一个解释变量，即滞后一期的价格。供给函数假设，当前和过去的商品价格取决于其供给，这也是解释许多农产品供给的常见模式。值得注意的是，P_{t-1}是一个前定的变量，因为它的时间 t 是已知的。

利用市场出清机制得出

$$\alpha_0+\alpha_1 P_t+\alpha_2 I_t+u_{1t}=\beta_0+\beta_1 P_t+\beta_2 P_{t-1}+u_{2t} \tag{8-51}$$

解式（8-51）得到均衡价格

$$P_t=\Pi_0+\Pi_1 I_t+\Pi_2 P_{t-1}+v_t \tag{8-52}$$

其中

$$\Pi_0=\frac{\beta_0-\alpha_0}{\alpha_1-\beta_1}$$

$$\Pi_1=\frac{\alpha_2}{\alpha_1-\beta_1} \tag{8-53}$$

$$\Pi_2=\frac{\beta_2}{\alpha_1-\beta_1}$$

$$v_t=\frac{u_{2t}-u_{1t}}{\alpha_1-\beta_1}$$

将均衡价格代入需求或供给方程，便得到对应的均衡数量

$$Q_t=\Pi_3+\Pi_4 I_t+\Pi_5 P_{t-1}+\omega_t \tag{8-54}$$

其中约简型系数为

$$\Pi_3=\frac{\alpha_1\beta_0-\alpha_0\beta_1}{\alpha_1-\beta_1}$$

$$\Pi_4=\frac{\alpha_2\beta_1}{\alpha_1-\beta_1} \tag{8-55}$$

$$\Pi_5=\frac{\alpha_1\beta_2}{\alpha_1-\beta_1}$$

$$\omega_t=\frac{\alpha_1 u_{2t}-\beta_1 u_{1t}}{\alpha_1-\beta_1}$$

式（8-40）和式（8-50）所给的供求模型共含 6 个结构系数，即 α_0、α_1、α_2、β_0、β_1 和 β_2，用以估计它们的 6 个约简型系数为 Π_0、Π_1、Π_2、Π_3、Π_4 和 Π_5。这样，就有含 6 个未知数的 6 个方程。在正常情况下，应该能够得到唯一的估计值。因此，需求方程和供给方程的参数都是可识别的，从而整个模型是可识别的。

为了验证上述供求函数的可识别性，仍然可以采用“混合”方法，即用 λ（$0\leqslant\lambda\leqslant1$）乘以需求方程式（8-40），再用（$1-\lambda$）乘供给方程式（8-50），将它们相加得到一个混杂方程。这个混杂方程将含有 I_t 和 P_{t-1} 两个前定变量，所以它既不同于需求方程又不同于供给方程，因为前者不包括 P_{t-1}，后者不包括 I_t。

3. 过度识别

对某些商品和服务来说，消费者的收入和财富都同样是需求的重要决定因素。因此把需求函数式（8-40）修改为（但保持供给函数如前）

需求函数：$Q_t=\alpha_0+\alpha_1P_t+\alpha_2I_t+\alpha_3R_t+u_{1t}$　(8-56)

供给函数：$Q_t=\beta_0+\beta_1P_t+\beta_2P_{t-1}+u_{2t}$　(8-57)

其中除了已定义的变量外，R 代表财富；对大多数商品和服务来说，财富和收入一样，预期会对消费产生正的影响。

令需求量等于供给量，便得到以下的均衡价格和数量

$$P_t=\Pi_0+\Pi_1I_t+\Pi_2R_t+\Pi_3P_{t-1}+v_t \tag{8-58}$$

$$Q_t=\Pi_4+\Pi_5I_t+\Pi_6R_t+\Pi_7P_{t-1}+\omega_t \tag{8-59}$$

其中

$$\Pi_0=\frac{\beta_0-\alpha_0}{\alpha_1-\beta_1},\Pi_1=\frac{-\alpha_2}{\alpha_1-\beta_1}$$

$$\Pi_2=-\frac{\alpha_3}{\alpha_1-\beta_1},\Pi_3=\frac{\beta_2}{\alpha_1-\beta_1}$$

$$\Pi_4=\frac{\alpha_1\beta_0-\alpha_0\beta_1}{\alpha_1-\beta_1},\Pi_5=-\frac{\alpha_2\beta_1}{\alpha_1-\beta_1} \tag{8-60}$$

$$\Pi_6=\frac{\alpha_3\beta_1}{\alpha_1-\beta_1},\Pi_7=\frac{\alpha_1\beta_2}{\alpha_1-\beta_1}$$

$$\omega_t=\frac{\alpha_1u_{2t}-\beta_1u_{1t}}{\alpha_1-\beta_1},v_t=\frac{u_{2t}-u_t}{\alpha_1-\beta_1}$$

上述供求模型含有 7 个结构系数，但用以估计它们的有 8 个方程，即式（8-60）所给的 8 个约简型系数，就是说方程个数大于未知数个数。其结果是，要对这个模型的全部参数求唯一估计值是不可能的。由上述约简型系数，能够得到

$$\beta_1=\frac{\Pi_6}{\Pi_2}$$

或者

$$\beta_1=\frac{\Pi_5}{\Pi_1}$$

换言之，在供给方程中有两个价格系数估计值，但这两个估计值不一定相同。此外，β_1 估计值中的模糊性会传递给其他估计值，因为 β_1 出现在所有约简型系数的分母中。

为什么方程组式（8-40）和式（8-50）中供给函数是可以识别的，而在式（8-56）和式（8-50）中，尽管供给函数仍是一样，但不能被恰好识别。答案是为了识别供给曲线，有了“太多”或过于充分的信息，无法确定供应曲线。这种情形与太少信息的识别不足情形恰好相反。太多的信息是因为在由方程式（8-40）和式（8-50）组成的模型中，从供给函数中排除收入变量就足以确定供给函数。在由方程式（8-56）和式（8-50）组成的模型中，不仅从供给函数中排除收入变量，财富变量也被排除在外，这意味着供给函数存在“过度”的限制，排除了更多的变量，但是，这并不意味着过度识别一定是坏的。

以上列出了所有情况。因此，联立方程模型中的一个方程可能是识别不足的或可识别的（过度或恰好）。如果模型中的每一个方程都能被识别，那么整个模型就可以被识别，一般

通过约简型方程来识别问题。

8.5 联立方程的方法

1. 估计的方法

结构方程的估计方法有两种：单方程法（又称有限信息法）和方程组法（又称完全信息法）。单方程法是指在一个方程中，对方程组中的每一个方程分别进行估计，只考虑约束条件。方程组法所有的模型方程都是同时估计的，并且适当考虑因排除对识别问题至关重要的某些变量而施加在方程上的所有约束（对于识别问题来说，这些约束是关键的）。

例如，考虑如下的四方程模型

$$
\begin{aligned}
Y_{1t} &= \beta_{10}+\beta_{12}Y_{2t}+\beta_{13}Y_{3t}+\gamma_{11}X_{1t}+u_{1t}\\
Y_{2t} &= \beta_{20}+\beta_{23}Y_{3t}+\gamma_{21}X_{1t}+\gamma_{22}X_{2t}+u_{2t}\\
Y_{3t} &= \beta_{30}+\beta_{31}Y_{1t}+\beta_{34}Y_{4t}+\beta_{31}Y_{1t}+\gamma_{32}X_{2t}+u_{3t}\\
Y_{4t} &= \beta_{40}+\beta_{41}Y_{1t}+\beta_{42}Y_{2t}+\gamma_{43}X_{3t}+u_{4t}
\end{aligned}
\tag{8-61}
$$

其中，Y 为内生变量，而 X 为外生变量。如果目标是估计第三个方程，则单方程法只考虑此方程，即只考虑将变量 Y_{2t} 和 X_{3t} 从方程中排除。在方程组法中，必须同时对这四个方程进行估计，并考虑方程中多个方程的所有约束。

使用方程组法可以保持联立方程模型的品质，比如完全信息极大似然（full information maximum likelihood，FIML）法。然而实际上，因为多方面的原因，人们并不常用完全信息极大似然方法。第一，计算负担太重。第二，FIML 这种系统方法常常导致参数的高度非线性解，以致难以确定。第三，如果方程组中的一个或多个方程式设定不正确（如一个错误的函数形式或漏掉有关变量），由于函数形式误差或忽略相关变量的影响，误差会传递到另一个方程组，这使得方程组法对设定误差非常敏感。

因此，在实际中常采用单方程法。正如克莱因所说，在联立方程组中，一个方程组的正确设定部分可能受到另一个设定误差的影响也许不是很大，因此单方程法对设定误差的敏感性可能较低。

2. 递归模型与普通最小二乘法

由于随机干扰项与内生解释变量之间的相互依赖性，联立方程中的 OLS 估计是不合适的。如果应用不当，估计不仅会有偏误（小样本中），而且会不一致。换句话说，无论样本容量大小，偏误都不会消失。然而，在一种情况下，OLS 甚至适用于联立方程。这就是递归（recursive）、三角形（triangular）或因果性（causal）模型的情况。为了清楚地看到模型的本质，需考虑以下三个方程式

$$
\begin{aligned}
Y_{1t} &= \beta_{10}+\gamma_{11}X_{1t}+\gamma_{12}X_{2t}+u_{1t}\\
Y_{2t} &= \beta_{20}+\beta_{21}+Y_{1t}+\gamma_{21}X_{1t}+\gamma_{22}X_{2t}+u_{2t}\\
Y_{3t} &= \beta_{30}+\beta_{31}+Y_{1t}+\beta_{32}+Y_{2t}+\gamma_{31}X_{1t}+\gamma_{32}X_{2t}+u_{3t}
\end{aligned}
\tag{8-62}
$$

其中，X 和 Y 如前面一样分别是内生变量和外生变量。干扰项有如下性质

$$\sigma_{\mu_{1t}\mu_{2t}}=\sigma_{\mu_{2t}\mu_{3t}}=\sigma_{\mu_{1t}\mu_{3t}}=0$$

也就是说，不同方程中的同期干扰项是不相关的（用专门术语说，这是一种零同期相关假定）。

考虑式（8-62）中的第一个方程，由于方程右侧只有外生变量，外生变量与干扰项 u_{1t} 不相关，该方程满足经典 OLS 解释变量独立于干扰项的基本假设，所以 OLS 可直接用于方程的估计。然后考虑式（8-62）中的第二个方程，它不仅包含非随机变量 X，而且还包含 Y_t 作为解释变量。那么，如果 Y_{1t} 和 u_{2t} 不相关的话，OLS 就可应用于此方程。如果不是这种情形呢？因为影响 Y_1 的 u_1 按假定是和 u_2 不相关的，所以答案是肯定的。因此，出于所有实际目的，在考虑 Y_2 的形成中就可把 Y_1 看作前定的，从而可以用 OLS 估计第二个方程。通过进一步推导这个推论，因为 Y_1 和 Y_2 都与 u_3 是不相关的，可以对式（8-62）中的第三个方程应用 OLS。

于是，在递归系统中，OLS 可分别应用于每个方程。其实在这种情况下，并没有联立方程的问题。在系统结构中，内生变量之间缺乏相互依赖性。比如，Y_1 影响 Y_2，但 Y_2 不影响 Y_1。同样地，Y_1 和 Y_2 影响 Y_3，而反过来并不受 Y_3 的影响。换一种说法，因果关系模型意味着每个方程都呈现单向因果关系。对此，图 8.5 给出一个图解。

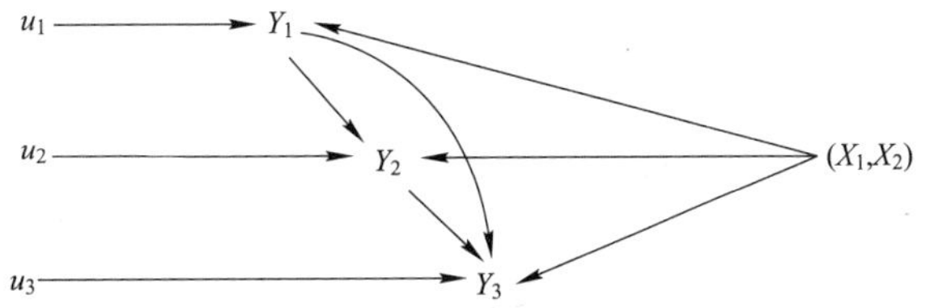

图 8.5　递归模型

作为递归系统的一个例子，假设工资与价格决定的如下模型

价格方程：$P_t=\beta_{10}+\beta_{11}W_{t-1}+\beta_{12}R_t+\beta_{13}M_t+\beta_{14}L_t$

工程方程：$W_t=\beta_{20}+\beta_{21}\mathrm{UN}_t+\beta_{32}P_t+u_{2t}$　　　　（8-63）

其中，P 为单位产品的价格变化率，W 为每个雇员的工资变化率，R 为资本的价格变化率，M 为进口价格变化率，L 为劳动生产率变化率，UN 为失业率（%）。

虽然递归模型是有用的，但大多数联立方程模型并不显示这种单向因果关系，因此在联立方程模型中用 OLS 估计每个方程是不合适的。

有些人认为，虽然 OLS 通常不适用于联立方程模型，但它们可以用来提供一个比较标准或规范，也就是说，OLS 可以用来估计结构方程，尽管估计有偏差，那么，其他专门用来处理一致性问题的方法被用来估计同样的方程，并对这两种方法的结果进行了比较（至少是定性的）。错误估计的结果可能与更复杂方法估计的结果没有显著差异。原则上，只要同时给出为联立方程模型而设计的其他方法的估计结果，就不应过多地反对列出基于 OLS 的估计结果。

3. 恰好识别方程的估计：间接最小二乘法

间接最小二乘法（ILS）是由恰好识别结构方程中的约简型系数的 ILS 估计得到结构系数估计值的一种方法。该估计值是间接最小二乘估计值，ILS 包括如下三个步骤。

步骤 1　将约简型方程作为一组结构方程进行求解，使每个方程中唯一的内生变量为被解释变量。而被解释变量只是前定（外生或滞后内生）变量和随机误差的函数。

步骤 2　对约简型方程逐个应用 OLS。由于这些方程的解释变量是预先确定的，并且不受随机干扰项的影响，所以这种方法是适当的，估计值是一致的。

步骤 3 结构系数的初始估计是由步骤 2 中系数的简化估计得到的，步骤 2 中系数的简化估计可用于计算原始结构系数。如果方程是可识别的，则结构与约简型系数之间存在一对一的对应关系，即后者可用于导出前者的唯一估计。

上面三个步骤表明，结构系数（在大多数情况下是问题研究的主要目的）是通过对约简型系数的估计间接得到的，因此称为 ILS。

［**例 8-6**］ 需求函数

$$Q_t = \alpha_0 + \alpha_1 P_t + \alpha_2 X_t + u_{1t} \tag{8-64}$$

供给函数

$$Q_t = \beta_0 + \beta_1 P_t + u_{2t} \tag{8-65}$$

其中，Q 为数量，P 为价格，X 为收入或支出。

假定 X 是外生的，供给函数是恰可识别的，而需求函数是不可识别的。

与上述结构方程组相对应的约简型方程为

$$P_t = \Pi_0 + \Pi_1 X_t + \omega_t \tag{8-66}$$

$$Q_t = \Pi_2 + \Pi_3 X_t + v_t \tag{8-67}$$

其中，Π 是约简型系数，而且，如式（8-44）和式（8-46）所示，Π 是结构系数的（非线性）组合，但是，其中的 ω 和 v 则是结构型干扰项 u_1 和 u_2 的线性组合。

注意到每个约简型方程仅含一个内生变量，即方程的被解释变量，并且它仅仅是外生变量 X（收入）和随机干扰项的函数，由此可知上述约简型方程可由 OLS 来估计。这些估计量为

$$\hat{\Pi} = \frac{\sum p_t x_t}{\sum x_t^2} \tag{8-68}$$

$$\hat{\Pi}_0 = \overline{P} - \hat{\Pi}_1 \overline{X} \tag{8-69}$$

$$\hat{\Pi}_3 = \frac{\sum q_t x_t}{\sum x_t^2} \tag{8-70}$$

$$\hat{\Pi}_2 = \overline{Q} - \hat{\Pi}_3 \overline{X} \tag{8-71}$$

其中，和平常一样，小写字母表示对样本均值的离差，而 $\overline{Q}$ 和 $\overline{P}$ 是 Q 和 P 的样本均值。如前所述，$\hat{\Pi}$ 是一致估计量并在适当假定下还是方差最小、无偏或渐近有效的。

由于主要目的是确定结构系数，要考虑能否从约简型系数把它们估计出来。因为供给函数是恰好识别的，所以它的参数可用约简型系数唯一地估计为

$$\beta_0 = \Pi_2 - \beta_1 \Pi_0 \tag{8-72}$$

$$\beta = \frac{\Pi_3}{\Pi_1} \tag{8-73}$$

由此可知这些参数的估计量可从约简型系数的估计量计算如下：

$$\hat{\beta}_0 = \hat{\Pi}_2 - \hat{\beta}_1 \hat{\Pi}_0$$

$$\hat{\beta}_1 = \frac{\hat{\Pi}_3}{\hat{\Pi}_1}$$

这些就是ILS估计量。注意，需求函数的参数不能这样求到。

ILS估计量继承了约简型估计量的全部渐近性质，诸如一致性和渐近有效性。但像无偏性这样的（小样本）性质一般来说不再成立。上述供给函数的$\hat{\beta}_0$和$\hat{\beta}_1$是有偏误的，但这一偏误将随着样本容量的无限增大而消失（这些估计量是一致的）。

4. 过度识别方程的估计：两阶段最小二乘法

考虑如下模型

收入函数：
$$Y_{1t}=\beta_{10}+\beta_{11}Y_{2t}+\gamma_{11}X_{1t}+\gamma_{12}X_{2t}+u_{1t} \tag{8-74}$$

货币供给函数：
$$Y_{2t}=\beta_{20}+\beta_{21}Y_{1t} \tag{8-75}$$

其中，Y_1为收入，Y_2为货币存量，X_1为投资支出，X_2为政府对商品和服务的支出。变量X_1和X_2是外生的。

应用可识别性的阶条件，可以看出收入方程是不可识别的，而货币供给方程则是过度识别的。关于收入方程，如果不改变模型的设定，便无计可施。而过度识别的货币供给函数由于存在β_{21}的两个ILS估计值，也不能用ILS去估计它。

在实践中，人们可能希望用OLS对货币供应量方程进行估计，但由于随机解释变量Y_1与随机干扰项u_2之间可能存在相关性，估计结果就可能会不一致。假设可以找到这样一个“代理变量”来解释随机变量Y_1：它和Y_1是相似的（意味着它和Y_1是高度相关的），而又与u_2不相关。这样的代理变量也称为工具变量。如果能找到这样一个代理变量，就可以直接用OLS来估计货币供给函数，但如何才能得到这样一个工具变量呢？这个问题的答案是由瑟尔和巴斯曼两位学者各自独立发现两阶段最小二乘法（2SLS）。此方法包括两次OLS的连续使用。过程如下：

为摆脱Y_1和u_2之间可能的相关性，先求Y_1对整个方程组（不仅仅是所考虑的方程中）的全部前定变量的回归。在本例中，这意味着求Y_1对X_1和X_2的如下回归

$$Y_{1t}=\hat{\Pi}_0+\hat{\Pi}_1X_{1t}+\hat{\Pi}_2X_{2t}+\hat{u}_t \tag{8-76}$$

其中，$\hat{u}_t$为平常的OLS残差。由式（8-76）得到

$$\hat{Y}_{1t}=\hat{\Pi}_0+\hat{\Pi}_1X_{1t}+\hat{\Pi}_2X_{2t} \tag{8-77}$$

其中，$\hat{Y}_{1t}$是以固定X值为条件的Y均值的一个估计值。注意，式8-76的右边仅出现外生或前定变量，所以它不再是一个约简型回归。

现在，式（8-76）可表达为

$$Y_{1t}=\hat{Y}_{1t}+\hat{u}_t \tag{8-78}$$

表明随机的Y_1由两部分构成：作为非随机X的一个线性组合的$\hat{Y}_{1t}$和随机成分$\hat{u}_t$。按照OLS理论，$\hat{Y}_{1t}$和$\hat{u}_t$是不相关的。

过度识别的货币供给方程可写为

$$\begin{aligned}Y_{2t}&=\beta_{20}+\beta_{21}(\hat{Y}_{1t}+\hat{u}_t)u_{2t}\\&=\beta_{20}+\beta_{21}\hat{Y}_{1t}+(u_{2t}+\beta_{21}\hat{u}_t)\\&=\beta_{20}+\beta_{21}\hat{Y}_{1t}+u_t^*\end{aligned} \tag{8-79}$$

其中，$u_t^* = u_2t + \beta_{21}\hat{u}_t$。

通过比较式（8-79）和式（8-76），可以看到它们看起来非常相似。唯一的区别是 Y_1 被$\hat{Y}$替换了。式（8-79）的优点是什么？可以证明，虽然原货币供给方程中的 Y_1 和干扰项 u_2 可能是相关的（因此 OLS 不适用），但式（8-79）中的$\hat{Y}$与 u_t^* 项是渐近不相关的，即在大样本中（或者更准确地说，随着样本量的无限增加），式（8-79）可用 OLS 获得货币供给函数参数的一致估计。

上述过程表明，2SLS 的基本思想是消除随机解释变量 Y_1 的随机干扰项 u_2 的影响，即通过计算 Y_1 对方程中所有前定变量的约简型回归（阶段 1）得到估计值$\hat{Y}_{1t}$。然后用$\hat{Y}_{1t}$代替原方程中的 Y_1，并将 OLS 应用于变换后的方程（阶段 2）。通过这种方法，估计值是一致的，并且随着样本的无限增加而收敛到实际值。

为了进一步说明 2SLS，现将收入—货币供给模型修改如下

$$Y_{1t} = \beta_{10} + \beta_{12}Y_{2t} + \gamma_{11}X_{1t} + \gamma_{12}X_{2t} + u_{1t} \tag{8-80}$$

$$Y_{2t} = \beta_{20} + \beta_{21}Y_{1t} + \gamma_{23}X_{3t} + \gamma_{24}X_{4t} + u_{2t} \tag{8-81}$$

其中，除已定义的变量外，X_3 = 前一时期的收入，而 X_4 = 前一时期的货币供给。X_3 和 X_4 都是前定的。

容易验证，式（8-80）和式（8-81）都是过度识别的。为了应用 2SLS，在阶段 1 中，求内生变量对方程组中全部前定变量的回归，即

$$Y_{1t} = \beta_{10} + \beta_{12}\hat{Y}_{2t} + \gamma_{11}X_{1t} + \gamma_{12}X_{2t} + u_{1t}^* \tag{8-82}$$

$$Y_{2t} = \beta_{20} + \beta_{21}\hat{Y}_{1t} + \gamma_{23}X_{3t} + \gamma_{24}X_{4t} + u_{2t}^* \tag{8-83}$$

其中，$u_{1t}^* = u_{1t} + \beta_{12}\hat{u}_{2t}$和 $u_{2t}^* = u_{2t} + \beta_{21}\hat{u}_{1t}$，这样得到的估计值将是一致的。

2SLS 有的特点如下。

（1）它可以应用于方程组中的某一个方程，而不必考虑其他方程。因此，对于涉及大量方程的计量经济模型，2SLS 提供了一种经济方法，因此这种方法在实践中得到了广泛的应用。

（2）ILS 对于过度识别方程提供多个估计值，2SLS 模型对每个参数只提供一个估计值。

（3）2SLS 之所以易于应用，是因为它不需要知道方程组中的其他变量，只需要知道方程组中有多少外生变量或前定变量。

（4）2SLS 同样适用于恰好识别的方程。但会和 ILS 给出相同的估计。

（5）如果约简型回归（阶段 1 的回归）的 R^2 值很高，比如说高于 0.8，则经典 OLS 估计和 2SLS 估计将相差无几。因为如果阶段 1 的 R^2 值非常高，就意味着内生变量的估计值非常接近其实际值，这意味着它们与原始方程中的随机干扰项的相关性非常低。然而，如果 R^2 在阶段 1 回归中很低，那么 2SLS 的估计实际上是没有意义的，因为将要在阶段 2 回归中用阶段 1 估计得的$\hat{Y}$代替原来的 Y，而$\hat{Y}$在很大程度上代表阶段 1 回归中的干扰项。换句话说，这时$\hat{Y}$是原来 Y 的很糟糕的代理变量。

(6) 在使用2SLS时，应注意瑟尔的评论：2SLS的统计合理性属于大样本类型的，对于无滞后内生变量的情况，如果外生变量在重复样本中保持不变，干扰项（出现在任何行为或结构方程中）是独立同分布变量，并且具有零均值和有限方差，那么2SLS的系数估计量是一致的——如果满足上述条件，则对于大样本，2SLS系数估计的抽样分布将近似为正态分布。

如果单个结构方程中的干扰项不是独立分布的，则滞后内生变量不独立于方程组的当前运算，这意味着这些变量并不是真正前定的。如果这些变量在执行2SLS时仍被视为前定的，则基于结果的估计量是不一致的。

8.6 案例分析

以下面数据集为例，该数据集包含1920—1941年的宏观经济变量：consump（消费）、wagepriv（私企工资）、wagegovt（政府工资）、govt（政府开支）、capital1（资本存量的滞后值）。

表8.1 数据集

year	consump	wagepriv	capital1	wagegovt	govt
1920	39.8	28.8	180.1	2.2	2.4
1921	41.9	25.5	182.8	2.7	3.9
1922	45.0	29.3	182.6	2.9	3.2
1923	49.2	34.1	184.5	2.9	2.8
1924	50.6	33.9	189.7	3.1	3.5
1925	52.6	35.4	192.7	3.2	3.3
1926	55.1	37.4	197.8	3.3	3.3
1927	56.2	37.9	203.4	3.6	4.0
1928	57.3	39.2	207.6	3.7	4.2
1929	57.8	41.3	210.6	4.0	4.1
1930	55.0	37.9	215.7	4.2	5.2
1931	50.9	34.5	216.7	4.8	5.9
1932	45.6	29.0	213.3	5.3	4.9
1933	46.5	28.5	207.1	5.6	3.7
1934	48.7	30.6	202.0	6.0	4.0
1935	51.3	33.2	199.0	6.1	4.4
1936	57.7	36.8	197.7	7.4	2.9
1937	58.7	41.0	199.8	6.7	4.3
1938	57.5	38.2	201.8	7.7	5.3
1939	61.6	41.6	199.9	7.8	6.6
1940	65.0	45.0	201.2	8.0	7.4
1941	69.7	53.3	204.5	8.5	13.8

考虑以下联立方程模型：

$$\begin{cases}consump_t=\alpha_0+\alpha_1 wagepriv_t+\alpha_2 wagegovt_t+\mu_t\\ wagepriv_t=\beta_0+\beta_1 consump_t+\beta_2 govt_t+\beta_3 capital1_t+\mu_t\end{cases}$$

其中，第一个方程以私企工资与政府工资（相当于收入）来解释消费，即消费函数；而第二个方程以消费、政府开支、资本存量的滞后值（相当于总需求）来解释私企工资。这个联立方程系统共有两个内生变量，即 consump 与 wagepriv；三个外生变量，即 wagegovt、govt 与 capitall，每个方程包含个内生解释变量。

（1）作为对比，首先用 OLS 方法单独对每个方程进行回归，结果如下

```
. reg3 (consump wagepriv wagegovt )( wagepriv consump govt capital1),ols

Multivariate regression
----------------------------------------------------------------------
Equation          Obs   Parms        RMSE    "R-sq"     F-Stat        P
----------------------------------------------------------------------
consump            22       2     1.60651    0.9567     210.15   0.0000
wagepriv           22       3    1.553524    0.9489     111.33   0.0000
----------------------------------------------------------------------

------------------------------------------------------------------------------
             |      Coef.   Std. Err.      t    P>|t|     [95% Conf. Interval]
-------------+----------------------------------------------------------------
consump      |
    wagepriv |   .9918122   .0678073    14.63   0.000     .8544216    1.129203
    wagegovt |   .6780964   .2147332     3.16   0.003     .2430055    1.113187
       _cons |   14.24549   2.045098     6.97   0.000     10.10173    18.38925
-------------+----------------------------------------------------------------
wagepriv     |
     consump |   .7742524   .0654305    11.83   0.000     .6416777    .9068272
        govt |   .4048119   .1969143     2.06   0.047     .0058257    .8037981
    capital1 |  -.0443646   .0356482    -1.24   0.221    -.1165947    .0278656
       _cons |   1.668479   6.744839     0.25   0.806    -11.99786    15.33482
------------------------------------------------------------------------------
```

（2）命令 reg3 的默认估计法为 3SLS，但加上 OLS 后，则变为逐个进行单方程估计。进行单一方程 2SLS 回归，结果如下

```
Two-stage least-squares regression
----------------------------------------------------------------------
Equation          Obs   Parms        RMSE    "R-sq"     F-Stat        P
----------------------------------------------------------------------
consump            22       2    1.911394    0.9388      89.83   0.0000
wagepriv           22       3    2.720166    0.8432      21.67   0.0000
----------------------------------------------------------------------

------------------------------------------------------------------------------
             |      Coef.   Std. Err.      t    P>|t|     [95% Conf. Interval]
-------------+----------------------------------------------------------------
consump      |
    wagepriv |   .8012754   .1376629     5.82   0.000     .5223438    1.080207
    wagegovt |   1.029531   .3280273     3.14   0.003     .3648848    1.694178
       _cons |    19.3559   3.856336     5.02   0.000     11.54222    27.16958
-------------+----------------------------------------------------------------
wagepriv     |
     consump |   .3752562   .2848669     1.32   0.196    -.2019389    .9524514
        govt |   1.155399   .5996727     1.93   0.062    -.0596528    2.370452
    capital1 |   .0107234    .072061     0.15   0.883    -.1352862    .1567329
       _cons |   8.443596   12.61305     0.67   0.507    -17.11287    34.00007
------------------------------------------------------------------------------
Endogenous variables:  consump wagepriv
Exogenous variables:   wagegovt govt capital1
```

(3) 选项 2SLS 表示对单一方程 2SLS 回归。下面进行 3SLS 回归，并显示第一阶段回归结果如下

```
First-stage regressions
-----------------------

      Source |       SS           df       MS      Number of obs   =        22
-------------+----------------------------------   F(3, 18)        =      8.40
       Model |  661.220563         3  220.406854   Prob > F        =    0.0011
    Residual |  472.554316        18  26.2530175   R-squared       =    0.5832
-------------+----------------------------------   Adj R-squared   =    0.5137
       Total |  1133.77488        21  53.9892799   Root MSE        =    5.1238

------------------------------------------------------------------------------
     consump |      Coef.   Std. Err.      t    P>|t|     [95% Conf. Interval]
-------------+----------------------------------------------------------------
    wagegovt |   1.397195   .7497098     1.86   0.079    -.1778867    2.972277
        govt |   1.214701   .6203894     1.96   0.066    -.0886885    2.518091
    capital1 |    .084001   .1173772     0.72   0.483    -.1625994    .3306014
       _cons |   23.92661   22.25599     1.08   0.297    -22.83148    70.68471
------------------------------------------------------------------------------

      Source |       SS           df       MS      Number of obs   =        22
-------------+----------------------------------   F(3, 18)        =      7.83
       Model |  480.949809         3  160.316603   Prob > F        =    0.0015
    Residual |  368.542899        18  20.4746055   R-squared       =    0.5662
-------------+----------------------------------   Adj R-squared   =    0.4939
       Total |  849.492709        21  40.4520338   Root MSE        =    4.5249

------------------------------------------------------------------------------
    wagepriv |      Coef.   Std. Err.      t    P>|t|     [95% Conf. Interval]
-------------+----------------------------------------------------------------
    wagegovt |   .5243061   .6620813     0.79   0.439    -.8666751    1.915287
        govt |   1.611224   .5478763     2.94   0.009     .4601782    2.762269
    capital1 |   .0422453   .1036578     0.41   0.688    -.1755317    .2600222
       _cons |   17.42221   19.65464     0.89   0.387    -23.87065    58.71507
------------------------------------------------------------------------------
```

```
Three-stage least-squares regression
----------------------------------------------------------------------
Equation          Obs   Parms        RMSE    "R-sq"       chi2        P
----------------------------------------------------------------------
consump            22       2    1.776297    0.9388     208.02   0.0000
wagepriv           22       3    2.372443    0.8542      80.04   0.0000
----------------------------------------------------------------------

------------------------------------------------------------------------------
             |      Coef.   Std. Err.      z    P>|z|     [95% Conf. Interval]
-------------+----------------------------------------------------------------
consump      |
    wagepriv |   .8012754   .1279329     6.26   0.000     .5505314    1.052019
    wagegovt |   1.029531   .3048424     3.38   0.001      .432051    1.627011
       _cons |    19.3559   3.583772     5.40   0.000     12.33184    26.37996
-------------+----------------------------------------------------------------
wagepriv     |
     consump |   .4026076   .2567312     1.57   0.117    -.1005764    .9057916
        govt |   1.177792   .5421253     2.17   0.030     .1152461    2.240338
    capital1 |  -.0281145   .0572111    -0.49   0.623    -.1402462    .0840173
       _cons |   14.63026   10.26693     1.42   0.154    -5.492552    34.75306
------------------------------------------------------------------------------
Endogenous variables:  consump wagepriv
Exogenous variables:   wagegovt govt capital1
```

上述结果显示，两个方程回归结果都很显著（F 统计量的 p 值很小）。

(4) 进行迭代式 3SLS 回归，结果如下

```
Iteration 1:   tolerance =    .655117
Iteration 2:   tolerance =  .00433981
Iteration 3:   tolerance =  .00004779
Iteration 4:   tolerance =  5.240e-07

Three-stage least-squares regression, iterated
```

Equation	Obs	Parms	RMSE	"R-sq"	chi2	P
consump	22	2	1.776297	0.9388	208.02	0.0000
wagepriv	22	3	2.373113	0.8542	86.04	0.0000

	Coef.	Std. Err.	z	P>|z|	[95% Conf.	Interval]
consump						
wagepriv	.8012754	.1279329	6.26	0.000	.5505314	1.052019
wagegovt	1.029531	.3048424	3.38	0.001	.432051	1.627011
_cons	19.3559	3.583772	5.40	0.000	12.33184	26.37996
wagepriv						
consump	.402311	.2475678	1.63	0.104	-.0829131	.887535
govt	1.177549	.5228599	2.25	0.024	.1527627	2.202336
capital1	-.0276932	.054752	-0.51	0.613	-.1350052	.0796188
_cons	14.56316	9.841946	1.48	0.139	-4.726701	33.85302

```
Endogenous variables:  consump wagepriv
Exogenous variables:   wagegovt govt capital1
```

可以看出，单一方程 2SLS 结果、3SLS 结果和迭代 3SLS 结果很相近，具有较强的稳健性，与单一方程 OLS 回归结果存在较大差别。

课后习题

1. 一个由两个方程组成的联立模型的结构形式如下

$$P_t=\alpha_0+\alpha_1 N_t+\alpha_2 S_t+\alpha_3 A_t+\mu_t$$
$$N_t=\beta_0+\beta_1 P_t+\beta_2 M_t+\nu_t$$

(1) 指出该联立模型中的内生变量与外生变量。

(2) 分析每一个方程是否为不可识别的，过度识别的或恰好识别的？

2. 构造美国牙医供求的一个联立方程模型，明确模型中的内生变量和外生变量。

3. 在式 8-50 中的供给方程是过度识别的，能否对结构方程的参数作约束使得此方程变为恰好识别的？说明这种约束的理由。

4. 判断以下的陈述是否正确。

(1) OLS 不适宜估计联立方程模型中的结构方程。

(2) 若一个方程不可识别，则 2SLS 是不适用的。

(3) 在一个递归联立方程模型中不会有联立性问题。

(4) 联立性问题和外生性问题是一回事。

(5) 并不存在一个对整个联立方程模型而言的 R^2。

(6) 如果一个方程是恰好识别的，则 ILS 和 2SLS 将给出相同的结果。

5. 为什么没有必要用两阶段最小二乘法去估计恰好识别方程？

6. 考虑以下修改的凯恩斯收入决定模型

$$C_t=\beta_{10}+\beta_{11}Y_t+u_{1t}$$
$$I_t=\beta_{20}+\beta_{21}Y_t+\beta_{22}Y_{t-1}+u_{2t}$$
$$Y_t=C_t+I_t+G_t$$

其中，C_t 为消费支出，I_t 为投资支出，Y_t 为收入，G_t 为政府支出。假定 G_t 和 Y_{t-1}是前定的。

（1）求约简型方程并判定上述方程中哪些是可识别的（恰好识别方程或过度识别方程）。

（2）你将用什么方法估计过度识别方程和恰好识别方程中的参数?

附录 A　统计分布表

A.1　标准正态分布表

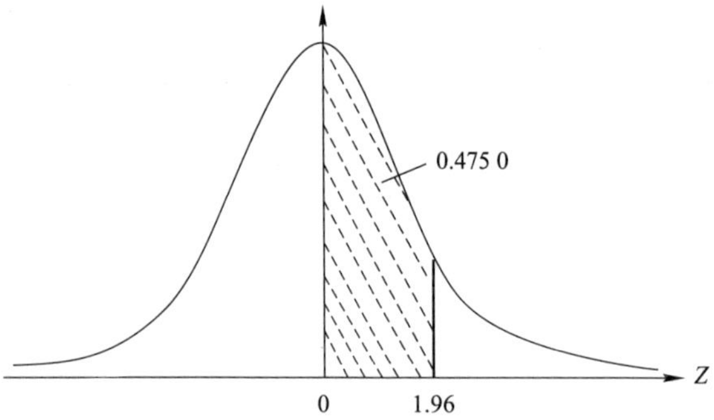

$P(0 \leqslant Z \leqslant 1.96)=0.475\ 0$

Z	0.00	0.01	0.02	0.04	0.05	0.06	0.07	0.08	0.09
0.0	0.000 0	0.004 0	0.008 0	0.016 0	0.019 9	0.023 9	0.027 9	0.031 9	0.035 9
0.1	0.039 8	0.043 8	0.047 8	0.055 7	0.059 6	0.063 6	0.067 5	0.071 4	0.075 3
0.2	0.079 3	0.083 2	0.087 1	0.094 8	0.098 7	0.102 6	0.106 4	0.110 3	0.114 1
0.3	0.117 9	0.121 7	0.125 5	0.133 1	0.136 8	0.140 6	0.144 3	0.148 0	0.151 7
0.4	0.155 4	0.159 1	0.162 8	0.170 0	0.173 6	0.177 2	0.180 8	0.184 4	0.187 9
0.5	0.191 5	0.195 0	0.198 5	0.205 4	0.208 8	0.212 3	0.215 7	0.219 0	0.222 4
0.6	0.225 7	0.229 1	0.232 4	0.238 9	0.242 2	0.245 4	0.248 6	0.251 7	0.254 9
0.7	0.258 0	0.261 1	0.264 2	0.270 4	0.273 4	0.276 4	0.279 4	0.282 3	0.285 2
0.8	0.288 1	0.291 0	0.293 9	0.299 5	0.302 3	0.305 1	0.307 8	0.310 6	0.313 3
0.9	0.315 9	0.318 6	0.321 2	0.326 4	0.328 9	0.331 5	0.334 0	0.336 5	0.338 9
1.0	0.341 3	0.343 8	0.346 1	0.350 8	0.353 1	0.355 4	0.357 7	0.359 9	0.362 1
1.1	0.364 3	0.366 5	0.368 6	0.372 9	0.374 9	0.377 0	0.379 0	0.381 0	0.383 0
1.2	0.384 9	0.386 9	0.388 8	0.392 5	0.394 4	0.396 2	0.398 0	0.399 7	0.401 5
1.3	0.403 2	0.404 9	0.406 6	0.409 9	0.411 5	0.413 1	0.414 7	0.416 2	0.417 7
1.4	0.419 2	0.420 7	0.422 2	0.425 1	0.426 5	0.427 9	0.429 2	0.430 6	0.431 9

续表

Z	0.00	0.01	0.02	0.04	0.05	0.06	0.07	0.08	0.09
1.5	0.433 2	0.434 5	0.435 7	0.438 2	0.439 4	0.440 6	0.441 8	0.442 9	0.444 1
1.6	0.445 2	0.446 3	0.447 4	0.449 5	0.450 5	0.451 5	0.452 5	0.453 5	0.454 5
1.7	0.445 4	0.456 4	0.457 3	0.459 1	0.459 9	0.460 8	0.461 6	0.462 5	0.463 3
1.8	0.464 1	0.464 9	0.465 6	0.467 1	0.467 8	0.468 6	0.469 3	0.469 9	0.470 6
1.9	0.471 3	0.471 9	0.472 6	0.473 8	0.474 4	0.475 0	0.475 6	0.476 1	0.476 7
2.0	0.477 2	0.477 8	0.478 3	0.479 3	0.479 8	0.480 3	0.488	0.4812	0.481 7
2.1	0.482 1	0.482 6	0.483 0	0.483 8	0.484 2	0.484 6	0.485 0	0.485 4	0.485 7
2.2	0.486 1	0.486 4	0.486 8	0.487 5	0.487 8	0.488 1	0.488 4	0.488 7	0.489 0
2.3	0.489 3	0.489 6	0.489 8	0.490 4	0.490 6	0.490 9	0.491 1	0.491 3	0.491 6
2.4	0.491 8	0.492 0	0.492 2	0.492 7	0.492 9	0.493 1	0.493 2	0.493 4	0.493 6
2.5	0.493 8	0.494 0	0.494 1	0.494 5	0.494 6	0.494 8	0.494 9	0.495 1	0.495 2
2.6	0.495 3	0.495 5	0.495 6	0.495 9	0.496 0	0.496 1	0.496 2	0.496 3	0.496 4
2.7	0.496 5	0.496 6	0.496 7	0.496 9	0.497 0	0.497 1	0.497 2	0.497 3	0.497 4
2.8	0.497 4	0.497 5	0.497 6	0.497 7	0.497 8	0.497 9	0.497 9	0.498 0	0.498 1
2.9	0.498 1	0.498 2	0.498 2	0.498 4	0.498 4	0.498 5	0.498 5	0.498 6	0.498 6
3.0	0.498 7	0.498 7	0.498 7	0.498 8	0.498 9	0.498 9	0.498 9	0.499 0	0.499 0

注：本表给出该分布的右侧（$Z\geqslant0$）面积，由于正态分布是围绕着 $Z=0$ 而对称分布的，所以左侧面积与相应的右侧面积相等。例如：$P(-1.96\leqslant Z\leqslant 0)=0.475\ 0$。因此，$P(-1.96\leqslant Z\leqslant 0)=2\times0.475\ 0=0.95$。

A.2 t分布表

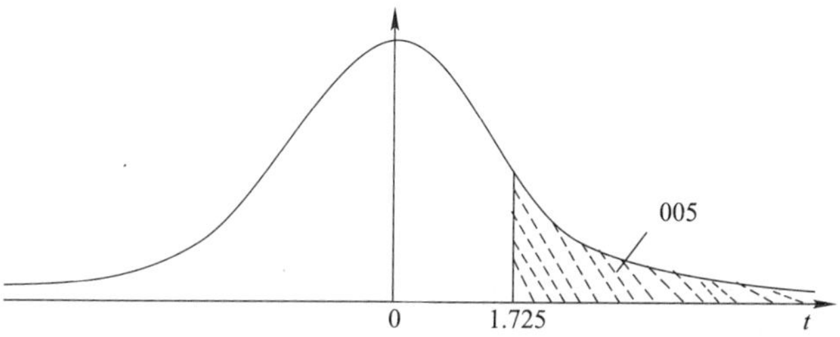

$P(t>2.086)=0.025$, $P(t>1.725)=0.05$

对于 $df=20$, $\Pr(|t|>1.725)=0.10$

df \ P	0.25 0.50	0.10 0.20	0.05 0.10	0.025 0.05	0.01 0.02	0.005 0.010	0.001 0.002
1	1.000	3.078	6.314	12.706	31.821	63.657	318.31
2	0.816	1.886	2.920	4.303	6.965	9.925	22.327
3	0.765	1.638	2.353	3.182	4.541	5.841	10.214
4	0.741	1.533	2.132	2.776	3.747	4.604	7.173

续表

P / df	0.25 0.50	0.10 0.20	0.05 0.10	0.025 0.05	0.01 0.02	0.005 0.010	0.001 0.002
5	0.727	1.476	2.015	2.571	3.365	4.032	5.893
6	0.718	1.440	1.943	2.447	3.143	3.707	5.208
7	0.711	1.415	1.895	2.365	2.998	3.499	4.785
8	0.706	1.397	1.860	2.306	2.896	3.355	4.501
9	0.703	1.383	1.833	2.262	2.821	3.250	4.297
10	0.700	1.372	1.812	2.228	2.764	3.169	4.144
11	0.697	1.363	1.796	2.201	2.718	3.106	4.025
12	0.695	1.356	1.782	2.179	2.681	3.055	3.930
13	0.694	1.350	1.771	2.160	2.650	3.012	3.852
14	0.692	1.345	1.761	2.145	2.624	2.977	3.787
15	0.691	1.341	1.753	2.131	2.602	2.947	3.733
16	0.690	1.337	1.746	2.120	2.583	2.921	3.686
17	0.689	1.333	1.740	2.110	2.567	2.898	3.646
18	0.688	1.330	1.734	2.101	2.552	2.878	3.610
19	0.688	1.328	1.729	2.093	2.539	2.861	3.579
20	0.687	1.325	1.725	2.086	2.528	2.845	3.552
21	0.686	1.323	1.721	2.080	2.518	2.831	3.527
22	0.686	1.321	1.717	2.074	2.508	2.819	3.505
23	0.685	1.319	1.714	2.069	2.500	2.807	3.485
24	0.685	1.318	1.711	2.064	2.492	2.797	3.467
25	0.684	1.316	1.708	2.060	2.485	2.787	3.450
26	0.684	1.315	1.706	2.056	2.479	2.779	3.435
27	0.684	1.314	1.703	2.052	2.473	2.771	3.421
28	0.683	1.313	1.701	2.048	2.467	2.763	3.408
29	0.683	1.311	1.699	2.045	2.462	2.756	3.396
30	0.683	1.310	1.697	2.042	2.457	2.750	3.385
40	0.681	1.303	1.684	2.021	2.423	2.704	3.307
60	0.679	1.296	1.671	2.000	2.390	2.660	3.232
120	0.677	1.289	1.658	1.980	2.358	2.617	3.160
∞	0.674	1.282	1.645	1.960	2.326	2.576	3.090

注：1. 每列顶头的较小概率指单侧面积，而较大概率则指双侧面积。

2. *df* 为自由度函数。

A.3 χ^2 分布表

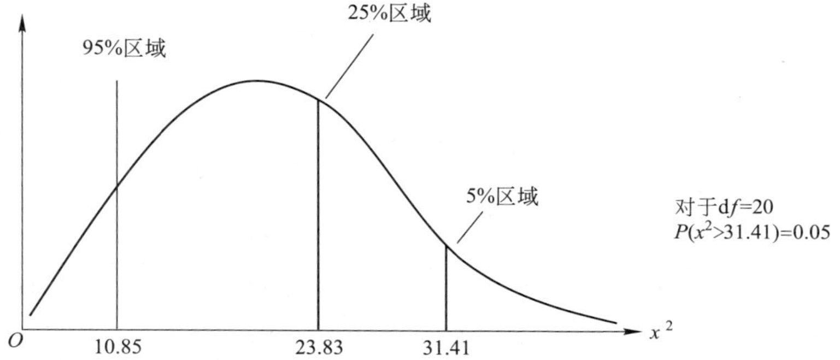

df \ P	0.990	0.975	0.950	0.900	0.750	0.050	0.250	0.100	0.050	0.025	0.010	0.005
1	0.0^3157	0.0^3982	0.0^2393	0.015 790 8	0.101 530 8	0.454 937	1.323 30	2.705 54	3.841 46	5.023 89	6.634 90	7.879 44
2	0.020 100 7	0.050 635 6	0.102 587	0.210 720	0.575 364	1.386 29	2.772 59	4.605 17	5.991 47	7.377 76	9.210 34	10.596 6
3	0.114 832	0.215 795	0.351 846	0.584 375	1.212 534	2.365 97	4.108 35	6.251 39	7.814 73	9.348 40	11.344 9	12.838 1
4	0.297 110	0.484 419	0.710 721	1.063 623	1.922 55	3.356 70	5.385 27	7.779 44	9.487 73	11.143 3	13.276 7	14.860 2
5	0.554 300	0.831 211	1.145 476	1.610 31	2.674 60	4.351 46	6.625 68	9.236 35	11.070 5	12.832 5	15.086 3	16.749 6
6	0.872 085	1.237 347	1.635 39	2.204 13	3.454 60	5.348 12	7.840 80	10.644 6	12.591 6	14.449 4	16.811 9	18.547 6
7	1.239 043	1.689 87	2.167 35	2.833 11	4.254 85	6.345 81	9.037 15	12.017 0	14.067 1	16.012 8	18.475 3	20.277 7
8	1.646 482	2.179 73	2.732 64	3.489 54	5.070 64	7.344 12	10.218 8	13.361 6	15.507 3	17.534 6	20.090 2	21.955 0
9	2.087 912	2.700 39	3.325 11	4.168 16	5.898 83	8.342 83	11.388 7	14.683 7	16.919 0	19.022 8	21.666 0	23.589 3
10	2.558 21	3.246 97	3.940 30	4.865 18	6.737 20	9.341 82	12.548 9	15.987 1	18.307 0	20.483 1	23.209 3	25.188 2

续表

df \ P	0.990	0.975	0.950	0.900	0.750	0.050	0.250	0.100	0.050	0.025	0.010	0.005
11	3.053 47	3.815 75	4.574 81	5.577 79	7.584 12	10.341 0	13.700 7	17.275 0	19.675 1	21.920 0	24.725 0	26.756 9
12	3.570 56	4.403 79	5.226 03	6.303 80	8.438 42	11.340 3	14.845 4	18.549 4	21.026 1	23.336 7	26.217 0	28.299 5
13	4.106 91	5.008 74	5.891 86	7.041 50	9.299 06	12.339 8	15.983 9	19.811 9	22.362 1	24.735 6	27.688 3	29.819 4
14	4.660 43	5.628 72	6.570 63	7.789 53	10.165 3	13.339 3	17.117 0	21.064 2	23.684 8	26.119 0	29.141 3	31.319 3
15	5.229 35	6.262 14	7.260 94	8.546 75	11.036 5	14.338 9	18.245 1	22.307 2	24.995 8	27.488 4	30.577 9	32.801 3
16	5.812 21	6.907 66	7.961 64	9.312 23	11.912 2	15.338 5	19.368 8	23.541 8	26.296 2	28.845 4	31.999 9	34.267 2
17	6.407 76	7.564 18	8.671 76	10.085 2	12.791 9	16.338 1	20.488 7	24.769 0	27.587 1	30.191 0	33.408 7	35.718 5
18	7.014 91	8.230 75	9.390 46	10.864 9	13.675 3	17.337 9	21.604 9	25.989 4	28.869 3	31.526 4	34.805 3	37.156 4
19	7.632 73	8.906 55	10.117 0	11.650 9	14.562 0	18.337 6	22.717 8	27.203 6	30.143 5	32.852 3	36.190 8	38.582 2
20	8.260 40	9.590 83	10.850 8	12.442 6	15.451 8	19.337 4	23.827 7	28.412 0	31.410 4	34.169 6	37.566 2	39.996 8
21	8.897 20	10.282 93	11.591 3	13.239 6	16.344 4	20.337 2	24.934 8	29.615 1	32.670 5	35.478 9	38.932 1	41.401 0
22	9.542 49	10.982 3	12.338 0	14.041 5	17.239 6	21.337 0	26.039 3	30.813 3	33.924 4	36.780 7	40.289 4	42.795 6
23	10.195 47	11.688 5	13.090 5	14.847 9	18.137 3	22.336 9	27.141 3	32.006 9	35.172 5	38.075 7	41.638 4	44.181 3
24	10.856 4	12.401 1	13.848 4	15.658 7	19.037 2	23.336 7	28.241 2	33.196 3	36.415 1	39.364 1	42.979 8	45.558 5
25	11.524 0	13.119 7	14.611 4	16.473 4	19.939 3	24.336 6	29.338 9	34.381 6	37.652 5	40.646 5	44.314 1	46.927 8
26	12.198 1	13.843 9	15.379 1	17.291 9	20.843 4	25.336 4	30.434 5	35.563 1	38.885 2	41.923 2	45.641 7	48.289 9
27	12.878 6	14.573 3	16.151 3	18.113 8	21.749 4	26.336 3	31.528 4	36.741 2	40.113 3	43.194 4	46.963 0	49.644 9
28	13.564 8	15.307 9	16.927 9	18.939 2	22.657 2	27.336 3	32.620 5	37.915 9	41.337 2	44.460 7	48.278 2	50.993 3
29	14.256 5	16.047 1	17.708 3	19.767 7	23.566 6	28.336 2	33.710 9	39.087 5	42.556 9	45.722 2	49.587 9	52.335 6
30	14.953 5	16.790 8	18.492 6	20.599 2	24.477 6	29.336 0	34.799 8	40.256 0	43.772 9	46.979 2	50.892 2	53.672 0

注：自由度大于 100 时，表达式 $\sqrt{2\chi^2}-\sqrt{(2k-1)}=Z$ 服从标准正态分布，其中 k 表示自由度。

A. 4 F分布表

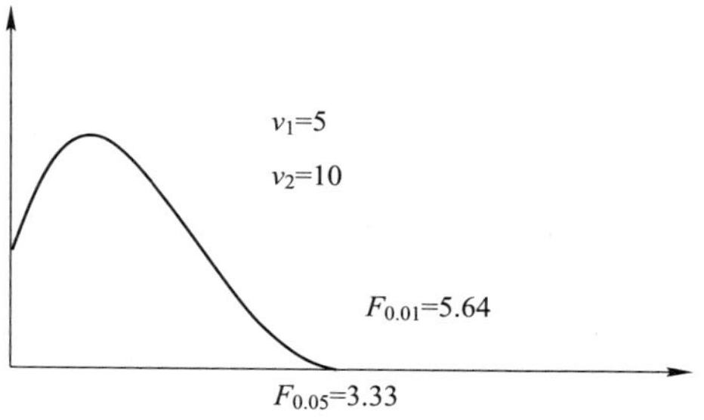

对于nu v_1=5,v_2=10
$P(F>3.33)=0.05$
$P(F>5.64)=0.01$

v_2 \ v_1		分子自由度																						
		Pr	1	2	3	4	5	6	7	8	9	10	11	12	15	20	24	30	40	50	60	100	120	200	500	∞
分母自由度	1	0. 25	5. 83	7. 50	8. 20	8. 58	8. 82	8. 98	9. 10	9. 19	9. 26	9. 32	9. 36	9. 41	9. 49	9. 58	9. 63	9. 67	9. 71	9. 74	9. 76	9. 78	9. 80	9. 82	9. 84	9. 85
		0. 10	39. 9	49. 5	53. 6	55. 8	57. 2	58. 2	58. 9	59. 4	59. 9	60. 2	60. 5	60. 7	61. 2	61. 7	62. 0	62. 3	62. 5	62. 7	62. 8	63. 0	63. 1	63. 2	63. 3	63. 3
		0. 05	161	200	216	225	230	234	237	239	241	242	243	244	246	248	249	250	251	252	252	253	253	254	254	254
		0. 25	2. 57	3. 00	3. 15	3. 23	3. 28	3. 31	3. 34	3. 35	3. 37	3. 38	3. 39	3. 39	3. 41	3. 43	3. 43	3. 44	3. 45	3. 45	3. 46	3. 47	3. 47	3. 48	3. 48	3. 48
	2	0. 10	8. 53	9. 00	9. 16	9. 24	9. 29	9. 33	9. 35	9. 37	9. 38	9. 39	9. 40	9. 41	9. 42	9. 44	9. 45	9. 46	9. 47	9. 47	9. 47	9. 48	9. 48	9. 49	9. 49	9. 49
		0. 05	18. 5	19. 0	19. 2	19. 2	19. 3	19. 3	19. 4	19. 4	19. 4	19. 4	19. 4	19. 4	19. 4	19. 4	19. 5	19. 5	19. 5	19. 5	19. 5	19. 5	19. 5	19. 5	19. 5	19. 5
		0. 01	98. 5	99. 0	99. 2	99. 2	99. 3	99. 3	99. 4	99. 4	99. 4	99. 4	99. 4	99. 4	99. 4	99. 4	99. 5	99. 5	99. 5	99. 5	99. 5	99. 5	99. 5	99. 5	99. 5	99. 5
		0. 25	2. 02	2. 28	2. 36	2. 39	2. 41	2. 42	2. 43	2. 44	2. 44	2. 44	2. 45	2. 45	2. 46	2. 46	2. 46	2. 47	2. 47	2. 47	2. 47	2. 47	2. 47	2. 47	2. 47	2. 47
	3	0. 10	5. 54	5. 46	5. 39	5. 34	5. 31	5. 28	5. 27	5. 25	5. 24	5. 23	5. 22	5. 22	5. 20	5. 18	5. 18	5. 17	5. 16	5. 15	5. 15	5. 14	5. 14	5. 14	5. 14	5. 13
		0. 05	10. 1	9. 55	9. 28	9. 12	9. 01	8. 94	8. 89	8. 85	8. 81	8. 79	8. 76	8. 74	8. 70	8. 66	8. 64	8. 62	8. 59	8. 58	8. 57	8. 55	8. 55	8. 54	8. 53	8. 53
		0. 01	34. 1	30. 8	29. 5	28. 7	28. 2	27. 9	27. 7	27. 5	27. 3	27. 2	27. 1	27. 1	26. 9	26. 7	26. 6	26. 5	26. 4	26. 4	26. 3	26. 2	26. 2	26. 2	26. 1	26. 1
		0. 25	1. 81	2. 00	2. 05	2. 06	2. 07	2. 08	2. 08	2. 08	2. 08	2. 08	2. 08	2. 08	2. 08	2. 08	2. 08	2. 08	2. 08	2. 08	2. 08	2. 08	2. 08	2. 08	2. 08	2. 08

续表

分母自由度 v_2	Pr	分子自由度 v_1: 1	2	3	4	5	6	7	8	9	10	11	12	15	20	24	30	40	50	60	100	120	200	500	∞
4	0.10	4.54	4.32	4.19	4.11	4.05	4.01	3.98	3.95	3.94	3.92	3.91	3.90	3.87	3.84	3.83	3.82	3.80	3.80	3.79	3.78	3.78	3.77	3.76	3.76
	0.05	7.71	6.94	6.59	6.39	6.26	6.16	6.09	6.04	6.00	5.96	5.94	5.91	5.86	5.80	5.77	5.75	5.72	5.70	5.69	5.66	5.66	5.65	5.64	5.63
	0.01	21.2	18.0	16.7	16.0	15.5	15.2	15.0	14.8	14.7	14.5	14.4	14.4	14.2	14.0	13.9	13.8	13.7	13.7	13.7	13.6	13.6	13.5	13.5	13.5
	0.25	1.69	1.85	1.88	1.89	1.89	1.89	1.89	1.89	1.89	1.89	1.89	1.89	1.89	1.88	1.88	1.88	1.88	1.88	1.87	1.87	1.87	1.87	1.87	1.87
5	0.10	4.06	3.78	3.62	3.52	3.45	3.40	3.37	3.34	3.32	3.30	3.28	3.27	3.24	3.21	3.19	3.17	3.16	3.15	3.14	3.13	3.12	3.12	3.11	3.10
	0.05	6.61	5.79	5.41	5.19	5.05	4.95	4.88	4.82	4.77	4.74	4.71	4.68	4.62	4.56	4.53	4.50	4.46	4.44	4.43	4.41	4.40	4.39	4.37	4.36
	0.01	16.3	13.3	12.1	11.4	11.0	10.7	10.5	10.3	10.2	10.1	9.96	9.89	9.72	9.55	9.47	9.38	9.29	9.24	9.20	9.13	9.11	9.08	9.04	9.02
	0.25	1.62	1.76	1.78	1.79	1.79	1.78	1.78	1.78	1.77	1.77	1.77	1.77	1.76	1.76	1.75	1.75	1.75	1.75	1.74	1.74	1.74	1.74	1.74	1.74
6	0.10	3.78	3.46	3.29	3.18	3.11	3.05	3.01	2.98	2.96	2.94	2.92	2.90	2.87	2.84	2.82	2.80	2.78	2.77	2.76	2.75	2.74	2.73	2.73	2.72
	0.05	5.99	5.14	4.76	4.53	4.39	4.28	4.21	4.15	4.10	4.06	4.03	4.00	3.94	3.87	3.84	3.81	3.77	3.75	3.74	3.71	3.70	3.69	3.68	3.67
	0.01	13.7	10.9	9.78	9.15	8.75	8.47	8.26	8.10	7.98	7.87	7.79	7.72	7.56	7.40	7.31	7.23	7.14	7.09	7.06	6.99	6.97	6.93	6.90	6.88
	0.25	1.57	1.70	1.72	1.72	1.71	1.71	1.70	1.70	1.69	1.69	1.69	1.68	1.68	1.67	1.67	1.66	1.66	1.66	1.65	1.65	1.65	1.65	1.65	1.65
7	0.10	3.59	3.26	3.07	2.96	2.88	2.83	2.78	2.75	2.72	2.70	2.68	2.67	2.63	2.59	2.58	2.56	2.54	2.52	2.51	2.50	2.49	2.48	2.48	2.47
	0.05	5.59	4.74	4.35	4.12	3.97	3.87	3.79	3.73	3.68	3.64	3.60	3.57	3.51	3.44	3.41	3.38	3.34	3.32	3.30	3.27	3.27	3.25	3.24	3.23
	0.01	12.2	9.55	8.45	7.85	7.46	7.19	6.99	6.84	6.72	6.62	6.54	6.47	6.31	6.16	6.07	5.99	5.91	5.86	5.82	5.75	5.74	5.70	5.67	5.65
	0.25	1.54	1.66	1.67	1.66	1.66	1.65	1.64	1.64	1.63	1.63	1.63	1.62	1.62	1.61	1.60	1.60	1.59	1.59	1.59	1.58	1.58	1.58	1.58	1.58
8	0.10	3.46	3.11	2.92	2.81	2.73	2.67	2.62	2.59	2.56	2.54	2.52	2.50	2.46	2.42	2.40	2.38	2.36	2.35	2.34	2.32	2.32	2.31	2.30	2.29
	0.05	5.32	4.46	4.07	3.84	3.69	3.58	3.50	3.44	3.39	3.35	3.31	3.28	3.22	3.15	3.12	3.08	3.04	2.02	3.01	2.97	2.97	2.95	2.94	2.93
	0.01	11.3	8.65	7.59	7.01	6.63	6.37	6.18	6.03	5.91	5.81	5.73	5.67	5.52	5.36	5.28	5.20	5.12	5.07	5.03	4.96	4.95	4.91	4.88	4.86
	0.25	1.51	1.62	1.63	1.63	1.62	1.61	1.60	1.60	1.59	1.59	1.58	1.58	1.57	1.56	1.56	1.55	1.55	1.54	1.54	1.53	1.53	1.53	1.53	1.53
9	0.10	3.36	3.01	2.81	2.69	2.61	2.55	2.51	2.47	2.44	2.42	2.40	2.38	2.34	2.30	2.28	2.25	2.23	2.22	2.21	2.19	2.18	2.17	2.17	2.16
	0.05	5.12	4.26	3.86	3.63	3.48	3.37	3.29	3.23	3.18	3.14	3.10	3.07	3.01	2.94	2.90	2.86	2.83	2.80	2.79	2.76	2.75	2.73	2.72	2.71
	0.01	10.6	8.02	6.99	6.42	6.06	5.80	5.61	5.47	5.35	5.26	5.18	5.11	4.96	4.81	4.73	4.65	4.57	4.52	4.48	4.42	4.40	4.36	4.33	4.31

续表

v_2 \ v_1		分子自由度																							
		Pr	1	2	3	4	5	6	7	8	9	10	11	12	15	20	24	30	40	50	60	100	120	200	500	∞
分母自由度	10	0.25	1.49	1.60	1.60	1.59	1.59	1.58	1.57	1.56	1.56	1.55	1.55	1.54	1.53	1.52	1.52	1.51	1.51	1.50	1.50	1.49	1.49	1.49	1.48	1.48
		0.10	3.29	2.92	2.73	2.61	2.52	2.46	2.41	2.38	2.35	2.32	2.30	2.28	2.24	2.20	2.18	2.16	2.13	2.12	2.11	2.09	2.08	2.07	2.06	2.06
		0.05	4.96	4.10	3.71	3.48	3.33	3.22	3.14	3.07	3.02	2.98	2.94	2.91	2.85	2.77	2.74	2.70	2.66	2.64	2.62	2.59	2.58	2.56	2.55	2.54
		0.01	10.0	7.56	6.55	5.99	5.64	5.39	5.20	5.06	4.94	4.85	4.77	4.71	4.56	4.41	4.33	4.25	4.17	4.12	4.08	4.01	4.00	3.96	3.93	3.91
	11	0.25	1.47	1.58	1.58	1.57	1.56	1.55	1.54	1.53	1.53	1.52	1.52	1.51	1.50	1.49	1.49	1.48	1.47	1.47	1.47	1.46	1.46	1.46	1.45	1.45
		0.10	3.23	2.86	2.66	2.54	2.45	2.39	2.34	2.30	2.27	2.25	2.23	2.21	2.17	2.12	2.10	2.08	2.05	2.04	2.03	2.00	2.00	1.99	1.98	1.97
		0.05	4.84	3.98	3.59	3.36	3.20	3.09	3.01	2.95	2.90	2.85	2.82	2.79	2.72	2.65	2.61	2.57	2.53	2.51	2.49	2.46	2.45	2.43	2.42	2.40
		0.01	9.65	7.21	6.22	5.67	5.32	5.07	4.89	4.74	4.63	4.54	4.46	4.40	4.25	4.10	4.02	3.94	3.86	3.81	3.78	3.71	3.69	3.66	3.62	3.60
	12	0.25	1.46	1.56	1.56	1.55	1.54	1.53	1.52	1.51	1.51	1.50	1.50	1.49	1.48	1.47	1.46	1.45	1.45	1.44	1.44	1.43	1.43	1.43	1.42	1.42
		0.10	3.18	2.81	2.61	2.48	2.39	2.33	2.28	2.24	2.21	2.19	2.17	2.15	2.10	2.06	2.04	2.01	1.99	1.97	1.96	1.94	1.93	1.92	1.91	1.90
		0.05	4.75	3.89	3.49	3.26	3.11	3.00	2.91	2.85	2.80	2.75	2.72	2.69	2.62	2.54	2.51	2.47	2.43	2.40	2.38	2.35	2.34	2.32	2.31	2.30
		0.01	9.33	6.93	5.95	5.41	5.06	4.82	4.64	4.50	4.39	4.30	4.22	4.16	4.01	3.86	3.78	3.70	3.62	3.57	3.54	3.47	3.45	3.41	3.38	3.36
	13	0.25	1.45	1.55	1.55	1.53	1.52	1.51	1.50	1.49	1.49	1.48	1.47	1.47	1.46	1.45	1.44	1.43	1.42	1.42	1.42	1.41	1.41	1.40	1.40	1.40
		0.10	3.14	2.76	2.56	2.43	2.35	2.28	2.23	2.20	2.16	2.14	2.12	2.10	2.05	2.01	1.98	1.96	1.93	1.92	1.90	1.88	1.88	1.86	1.85	1.85
		0.05	4.67	3.81	3.41	3.18	3.03	2.92	2.83	2.77	2.71	2.67	2.63	2.60	2.53	2.46	2.42	2.38	2.34	2.31	2.30	2.26	2.25	2.23	2.22	2.21
		0.01	9.07	6.70	5.74	5.21	4.86	4.62	4.44	4.30	4.19	4.10	4.02	3.96	3.82	3.66	3.59	3.51	3.43	3.38	3.34	3.27	3.25	3.22	3.19	3.17
	14	0.25	1.44	1.53	1.53	1.52	1.51	1.50	1.49	1.48	1.47	1.46	1.46	1.45	1.44	1.43	1.42	1.41	1.41	1.40	1.40	1.39	1.39	1.39	1.38	1.38
		0.10	3.10	2.73	2.52	2.39	2.31	2.24	2.19	2.15	2.12	2.10	2.08	2.05	2.01	1.96	1.94	1.91	1.89	1.87	1.86	1.83	1.83	1.82	1.80	1.80
		0.05	4.60	3.74	3.34	3.11	2.96	2.85	2.76	2.70	2.65	2.60	2.57	2.53	2.46	2.39	2.35	2.31	2.27	2.24	2.22	2.19	2.18	2.16	2.14	2.13
		0.01	8.86	6.51	5.56	5.04	4.69	4.46	4.28	4.14	4.03	3.94	3.86	3.80	3.66	3.51	3.43	3.35	3.27	3.22	3.18	3.11	3.09	3.06	3.03	3.00
	15	0.25	1.43	1.52	1.52	1.51	1.49	1.48	1.47	1.46	1.46	1.45	1.44	1.44	1.43	1.41	1.41	1.40	1.39	1.39	1.38	1.38	1.37	1.37	1.36	1.36
		0.10	3.07	2.70	2.49	2.36	2.27	2.21	2.16	2.12	2.09	2.06	2.04	2.02	1.97	1.92	1.90	1.87	1.85	1.83	1.82	1.79	1.79	1.77	1.76	1.76
		0.05	4.54	3.68	3.29	3.06	2.90	2.79	2.71	2.64	2.59	2.54	2.51	2.48	2.40	2.33	2.29	2.25	2.20	2.18	2.16	2.12	2.11	2.10	2.08	2.07
		0.01	8.68	6.36	5.42	4.89	4.56	4.32	4.14	4.00	3.89	3.80	3.73	3.67	3.52	3.37	3.29	3.21	3.13	3.08	3.05	2.98	2.96	2.92	2.89	2.87

续表

v_2 \ v_1	Pr	分子自由度																							
		1	2	3	4	5	6	7	8	9	10	11	12	15	20	24	30	40	50	60	100	120	200	500	∞
分母自由度 16	0.25	1.42	1.51	1.51	1.50	1.48	1.47	1.46	1.45	1.44	1.44	1.44	1.43	1.41	1.40	1.39	1.38	1.37	1.37	1.36	1.36	1.35	1.35	1.34	1.34
	0.10	3.05	2.67	2.46	2.33	2.24	2.18	2.13	2.09	2.06	2.03	2.01	1.99	1.94	1.89	1.87	1.84	1.81	1.79	1.78	1.76	1.75	1.74	1.73	1.72
	0.05	4.49	3.63	3.24	3.01	2.85	2.74	2.66	2.59	2.54	2.49	2.46	2.42	2.35	2.28	2.24	2.19	2.15	2.12	2.11	2.07	2.06	2.04	2.02	2.01
	0.01	8.53	6.23	5.29	4.77	4.44	4.20	4.03	3.89	3.78	3.69	3.62	3.55	3.41	3.26	3.18	3.10	3.02	2.97	2.93	2.86	2.84	2.81	2.78	2.75
17	0.25	1.42	1.51	1.50	1.49	1.47	1.46	1.45	1.44	1.43	1.43	1.42	1.41	1.40	1.39	1.38	1.37	1.36	1.35	1.35	1.34	1.34	1.34	1.33	1.33
	0.10	3.03	2.64	2.44	2.31	2.22	2.15	2.10	2.06	2.03	2.00	1.98	1.96	1.91	1.86	1.84	1.81	1.78	1.76	1.75	1.73	1.72	1.71	1.69	1.69
	0.05	4.45	3.59	3.20	2.96	2.81	2.70	2.61	2.55	2.49	2.45	2.41	2.38	2.31	2.23	2.19	2.15	2.10	2.08	2.06	2.02	2.01	1.99	1.97	1.96
	0.01	8.40	6.11	5.18	4.67	4.34	4.10	3.93	3.79	3.68	3.59	3.52	3.46	3.31	3.16	3.08	3.00	2.92	2.87	2.83	2.76	2.75	2.71	2.68	2.65
18	0.25	1.41	1.50	1.49	1.48	1.46	1.45	1.44	1.43	1.42	1.42	1.41	1.40	1.39	1.38	1.37	1.36	1.35	1.34	1.34	1.33	1.33	1.32	1.32	1.32
	0.10	3.01	2.62	2.42	2.29	2.20	2.13	2.08	2.04	2.00	1.98	1.96	1.93	1.89	1.84	1.81	1.78	1.75	1.74	1.72	1.70	1.69	1.68	1.67	1.66
	0.05	4.41	3.55	3.16	2.93	2.77	2.66	2.58	2.51	2.46	2.41	2.37	2.34	2.27	2.19	2.15	2.11	2.06	2.04	2.02	1.98	1.97	1.95	1.93	1.92
	0.01	8.29	6.01	5.09	4.58	4.25	4.01	3.84	3.71	3.60	3.51	3.43	3.37	3.23	3.08	3.00	2.92	2.84	2.78	2.75	2.68	2.66	2.62	2.59	2.57
19	0.25	1.41	1.49	1.49	1.47	1.46	1.44	1.43	1.42	1.41	1.41	1.40	1.40	1.38	1.37	1.36	1.35	1.34	1.33	1.33	1.32	1.32	1.31	1.31	1.30
	0.10	2.99	2.61	2.40	2.27	2.18	2.11	2.06	2.02	1.98	1.96	1.94	1.91	1.86	1.81	1.79	1.76	1.73	1.71	1.70	1.67	1.67	1.65	1.64	1.63
	0.05	4.38	3.52	3.13	2.90	2.74	2.63	2.54	2.48	2.42	2.38	2.34	2.31	2.23	2.16	2.11	2.07	2.03	2.00	1.98	1.94	1.93	1.91	1.89	1.88
	0.01	8.18	5.93	5.01	4.50	4.17	3.94	3.77	3.63	3.52	3.43	3.36	3.30	3.15	3.00	2.92	2.84	2.76	2.71	2.67	2.60	2.58	2.55	2.51	2.49
20	0.25	1.40	1.49	1.48	1.46	1.45	1.44	1.43	1.42	1.41	1.40	1.39	1.39	1.37	1.36	1.35	1.34	1.33	1.33	1.32	1.31	1.31	1.30	1.30	1.29
	0.10	2.97	2.59	2.38	2.25	2.16	2.09	2.04	2.00	1.96	1.94	1.92	1.89	1.84	1.79	1.77	1.74	1.71	1.69	1.68	1.65	1.64	1.63	1.62	1.61
	0.05	4.35	3.49	3.10	2.87	2.71	2.60	2.51	2.45	2.39	2.35	2.31	2.28	2.20	2.12	2.08	2.04	1.99	1.97	1.95	1.91	1.90	1.88	1.86	1.84
	0.01	8.10	5.85	4.94	4.43	4.10	3.87	3.70	3.56	3.46	3.37	3.29	3.23	3.09	2.94	2.86	2.78	2.69	2.64	2.61	2.54	2.52	2.48	2.44	2.42
22	0.25	1.40	1.48	1.47	1.45	1.44	1.42	1.41	1.40	1.39	1.39	1.38	1.37	1.36	1.34	1.33	1.32	1.31	1.31	1.30	1.30	1.30	1.29	1.29	1.28
	0.10	2.95	2.56	2.35	2.22	2.13	2.06	2.01	1.97	1.93	1.90	1.88	1.86	1.81	1.76	1.73	1.70	1.67	1.65	1.64	1.61	1.60	1.59	1.58	1.57
	0.05	4.30	3.44	3.05	2.82	2.66	2.55	2.46	2.40	2.34	2.30	2.26	2.23	2.15	2.07	2.03	1.98	1.94	1.91	1.89	1.85	1.84	1.82	1.80	1.78
	0.01	7.95	5.72	4.82	4.31	3.99	3.76	3.59	3.45	3.35	3.26	3.18	3.12	2.98	2.83	2.75	2.67	2.58	2.53	2.50	2.42	2.40	2.36	2.33	2.31

续表

v_2 \ v_1	Pr	1	2	3	4	5	6	7	8	9	10	11	12	15	20	24	30	40	50	60	100	120	200	500	∞
分母自由度 24	0.25	1.39	1.47	1.46	1.44	1.43	1.41	1.40	1.39	1.38	1.38	1.37	1.36	1.35	1.33	1.32	1.31	1.30	1.29	1.29	1.28	1.28	1.27	1.27	1.26
	0.10	2.93	2.54	2.33	2.19	2.10	2.04	1.98	1.94	1.91	1.88	1.85	1.83	1.78	1.73	1.70	1.67	1.64	1.62	1.61	1.58	1.57	1.56	1.54	1.53
	0.05	4.26	3.40	3.01	2.78	2.62	2.51	2.42	2.36	2.30	2.25	2.21	2.18	2.11	2.03	1.98	1.94	1.89	1.86	1.84	1.80	1.79	1.77	1.75	1.73
	0.01	7.82	5.61	4.72	4.22	3.90	3.67	3.50	3.36	3.26	3.17	3.09	3.03	2.89	2.74	2.66	2.58	2.49	2.44	2.40	2.33	2.31	2.27	2.24	2.21
26	0.25	1.38	1.46	1.45	1.44	1.42	1.41	1.39	1.38	1.37	1.37	1.36	1.35	1.34	1.32	1.31	1.30	1.29	1.28	1.28	1.26	1.26	1.26	1.25	1.25
	0.10	2.91	2.52	2.31	2.17	2.08	2.01	1.96	1.92	1.88	1.86	1.84	1.81	1.76	1.71	1.68	1.65	1.61	1.59	1.58	1.55	1.54	1.53	1.51	1.50
	0.05	4.23	3.37	2.98	2.74	2.59	2.47	2.39	2.32	2.27	2.22	2.18	2.15	2.07	1.99	1.95	1.90	1.85	1.82	1.80	1.76	1.75	1.73	1.71	1.69
	0.01	7.72	5.53	4.64	4.14	3.82	3.59	3.42	3.29	3.18	3.09	3.02	2.96	2.81	2.66	2.58	2.50	2.42	2.36	2.33	2.25	2.23	2.19	2.16	2.13
28	0.25	1.38	1.46	1.45	1.43	1.41	1.40	1.39	1.38	1.37	1.36	1.35	1.34	1.33	1.31	1.30	1.29	1.28	1.27	1.27	1.26	1.25	1.25	1.24	1.24
	0.10	2.89	2.50	2.29	2.16	2.06	2.00	1.94	1.90	1.87	1.84	1.81	1.79	1.74	1.69	1.66	1.63	1.59	1.57	1.56	1.53	1.52	1.50	1.49	1.48
	0.05	4.20	3.34	2.95	2.71	2.56	2.45	2.36	2.29	2.24	2.19	2.15	2.12	2.04	1.96	1.91	1.87	1.82	1.79	1.77	1.73	1.71	1.69	1.67	1.65
	0.01	7.64	5.45	4.57	4.07	3.75	3.53	3.36	3.23	3.12	3.03	2.96	2.90	2.75	2.60	2.52	2.44	2.35	2.30	2.26	2.19	2.17	2.13	2.09	2.06
30	0.25	1.38	1.45	1.44	1.42	1.41	1.39	1.38	1.37	1.36	1.35	1.35	1.34	1.32	1.30	1.29	1.28	1.27	1.26	1.26	1.25	1.24	1.24	1.23	1.23
	0.10	2.88	2.49	2.28	2.14	2.05	1.98	1.93	1.88	1.85	1.82	1.79	1.77	1.72	1.67	1.64	1.61	1.57	1.55	1.54	1.51	1.50	1.48	1.47	1.46
	0.05	4.17	3.32	2.92	2.69	2.53	2.42	2.33	2.27	2.21	2.16	2.13	2.09	2.01	1.93	1.89	1.84	1.79	1.76	1.74	1.70	1.68	1.66	1.64	1.62
	0.01	7.56	5.39	4.51	4.02	3.70	3.47	3.30	3.17	3.07	2.98	2.91	2.84	2.70	2.55	2.47	2.39	2.30	2.25	2.21	2.13	2.11	2.07	2.03	2.01
40	0.25	1.36	1.44	1.42	1.40	1.39	1.37	1.36	1.35	1.34	1.33	1.32	1.31	1.30	1.28	1.26	1.25	1.24	1.23	1.22	1.21	1.21	1.20	1.19	1.19
	0.10	2.84	2.44	2.23	2.09	2.00	1.93	1.87	1.83	1.79	1.76	1.73	1.71	1.66	1.61	1.57	1.54	1.51	1.48	1.47	1.43	1.42	1.41	1.39	1.38
	0.05	4.08	3.23	2.84	2.61	2.45	2.34	2.25	2.18	2.12	2.08	2.04	2.00	1.92	1.84	1.79	1.74	1.69	1.66	1.64	1.59	1.58	1.55	1.53	1.51
	0.01	7.31	5.18	4.31	3.83	3.51	3.29	3.12	2.99	2.89	2.80	2.73	2.66	2.52	2.37	2.29	2.20	2.11	2.06	2.02	1.94	1.92	1.87	1.83	1.80
60	0.25	1.35	1.42	1.41	1.38	1.37	1.35	1.33	1.32	1.31	1.30	1.29	1.29	1.27	1.25	1.24	1.22	1.21	1.20	1.19	1.17	1.17	1.16	1.15	1.15
	0.10	2.79	2.39	2.18	2.04	1.95	1.87	1.82	1.77	1.74	1.71	1.68	1.66	1.60	1.54	1.51	1.48	1.44	1.41	1.40	1.36	1.35	1.33	1.31	1.29
	0.05	4.00	3.15	2.76	2.53	2.37	2.25	2.17	2.10	2.04	1.99	1.95	1.92	1.84	1.75	1.70	1.65	1.59	1.56	1.53	1.48	1.47	1.44	1.41	1.39
	0.01	7.08	4.98	4.13	3.65	3.34	3.12	2.95	2.82	2.72	2.63	2.56	2.50	2.35	2.20	2.12	2.03	1.94	1.88	1.84	1.75	1.73	1.68	1.63	1.60

(分子自由度 v_1；分母自由度 v_2)

续表

v_2 \ v_1		分子自由度																						
		Pr	1	2	3	4	5	6	7	8	9	10	11	12	15	20	24	30	40	50	60	100	120	200	500	∞
分母自由度	120	0.25	1.34	1.40	1.39	1.37	1.35	1.33	1.31	1.30	1.29	1.28	1.27	1.26	1.24	1.22	1.21	1.19	1.18	1.17	1.16	1.14	1.13	1.12	1.11	1.10
		0.10	2.75	2.35	2.13	1.99	1.90	1.82	1.77	1.72	1.68	1.65	1.62	1.60	1.55	1.48	1.45	1.41	1.37	1.34	1.32	1.27	1.26	1.24	1.21	1.19
		0.05	3.92	3.07	2.68	2.45	2.29	2.17	2.09	2.02	1.96	1.91	1.87	1.83	1.75	1.66	1.61	1.55	1.50	1.46	1.43	1.37	1.35	1.32	1.28	1.25
		0.01	6.85	4.79	3.95	3.48	3.17	2.96	2.79	2.66	2.56	2.47	2.40	2.34	2.19	2.03	1.95	1.86	1.76	1.70	1.66	1.56	1.53	1.48	1.42	1.38
	200	0.25	1.33	1.39	1.38	1.36	1.34	1.32	1.31	1.29	1.28	1.27	1.26	1.25	1.23	1.21	1.20	1.18	1.16	1.14	1.12	1.11	1.10	1.09	1.08	1.06
		0.10	2.73	2.33	2.11	1.97	1.88	1.80	1.75	1.70	1.66	1.63	1.60	1.57	1.52	1.46	1.42	1.38	1.34	1.31	1.28	1.24	1.22	1.20	1.17	1.14
		0.05	3.89	3.04	2.65	2.42	2.26	2.14	2.06	1.98	1.93	1.88	1.84	1.80	1.72	1.62	1.57	1.52	1.46	1.41	1.39	1.32	1.29	1.26	1.22	1.19
		0.01	6.76	4.71	3.88	3.41	3.11	2.89	2.73	2.60	2.50	2.41	2.34	2.27	2.13	1.97	1.89	1.79	1.69	1.63	1.58	1.48	1.44	1.39	1.33	1.28
	∞	0.25	1.32	1.39	1.37	1.35	1.33	1.31	1.29	1.28	1.27	1.25	1.24	1.24	1.22	1.19	1.18	1.16	1.14	1.13	1.12	1.09	1.08	1.07	1.04	1.00
		0.10	2.71	2.30	2.08	1.94	1.85	1.77	1.72	1.67	1.63	1.60	1.57	1.55	1.49	1.42	1.38	1.34	1.30	1.26	1.24	1.18	1.17	1.13	1.08	1.00
		0.05	3.84	3.00	2.60	2.37	2.21	2.10	2.01	1.94	1.88	1.83	1.79	1.75	1.67	1.57	1.52	1.46	1.39	1.35	1.32	1.24	1.22	1.17	1.11	1.00
		0.01	6.63	4.61	3.78	3.32	3.02	2.80	2.64	2.51	2.41	2.32	2.25	2.18	2.04	1.88	1.79	1.70	1.59	1.52	1.47	1.36	1.32	1.25	1.15	1.00

A.5 D.W. 统计量上下界表

5%的上下界

n	$k=2$		$k=3$		$k=4$		$k=5$		$k=6$	
	d_L	d_U	d_L	d_U	d_L	d_U	d_L	d_U	d_L	d_U
15	1.077	1.361	0.946	1.543	0.814	1.750	0.685	1.977	0.562	2.220
16	1.106	1.371	0.982	1.539	0.857	1.728	0.734	1.935	0.615	2.157
17	1.133	1.381	1.015	1.536	0.897	1.710	0.779	1.900	0.664	2.104
18	1.158	1.391	1.046	1.535	0.933	1.696	0.820	1.872	0.710	2.060
19	1.180	1.401	1.074	1.536	0.967	1.685	0.859	1.848	0.752	2.023
20	1.201	1.411	1.100	1.537	0.998	1.676	0.894	1.828	0.792	1.991
21	1.221	1.420	1.125	1.538	1.026	1.669	0.927	1.812	0.829	1.964
22	1.239	1.429	1.147	1.541	1.053	1.664	0.958	1.797	0.863	1.940
23	1.257	1.437	1.168	1.543	1.078	1.660	0.986	1.785	0.895	1.920
24	1.273	1.446	1.188	1.546	1.101	1.656	1.013	1.775	0.925	1.902
25	1.288	1.454	1.206	1.550	1.123	1.654	1.038	1.767	0.953	1.886
26	1.302	1.461	1.224	1.553	1.143	1.652	1.062	1.759	0.979	1.873
27	1.316	1.469	1.240	1.556	1.162	1.651	1.084	1.753	1.004	1.861
28	1.328	1.476	1.255	1.560	1.181	1.650	1.104	1.747	1.028	1.850
29	1.341	1.483	1.270	1.563	1.198	1.650	1.124	1.743	1.050	1.841
30	1.352	1.489	1.284	1.567	1.214	1.650	1.143	1.739	1.071	1.833
31	1.363	1.496	1.297	1.570	1.229	1.650	1.160	1.735	1.090	1.825
32	1.373	1.502	1.309	1.574	1.244	1.650	1.177	1.732	1.109	1.819
33	1.383	1.508	1.321	1.577	1.258	1.651	1.193	1.730	1.127	1.813
34	1.393	1.514	1.333	1.580	1.271	1.652	1.208	1.728	1.144	1.808
35	1.402	1.519	1.343	1.584	1.283	1.653	1.222	1.726	1.160	1.803
36	1.411	1.525	1.354	1.587	1.295	1.654	1.236	1.724	1.175	1.799
37	1.419	1.530	1.364	1.590	1.307	1.655	1.249	1.723	1.190	1.795
38	1.427	1.535	1373	1594	1.318	1.656	1.261	1.722	1.204	1.792
39	1.435	1.540	1.382	1.597	1.328	1.658	1.273	1.722	1.218	1.789
40	1.442	1.544	1.391	1.600	1.338	1.659	1.285	1.721	1.230	1.786
45	1.475	1.566	1.430	1.615	1.383	1.666	1.336	1.720	1.287	1.776
50	1.503	1.585	1.462	1.628	1.421	1.674	1.378	1.721	1.335	1.771
55	1.528	1.601	1.490	1.641	1.452	1.681	1.414	1.724	1.374	1.768
60	1.549	1.616	1.514	1.652	1.480	1.689	1.444	1.727	1.408	1.767

续表

n	k=2		k=3		k=4		k=5		k=6	
	d_L	d_U	d_L	d_U	d_L	d_U	d_L	d_U	d_L	d_U
65	1.567	1.629	1.536	1.662	1.503	1.696	1.471	1.731	1.438	1.767
70	1.583	1.641	1.554	1.672	1.525	1.703	1.494	1.735	1.464	1.768
75	1.598	1.652	1.571	1.680	1.543	1.709	1.515	1.739	1.487	1.770
80	1.611	1.662	1.586	1.688	1.560	1.715	1.534	1.743	1.507	1.772
85	1.624	1.671	1.600	1.696	1.575	1.721	1.550	1.747	1.525	1.774
90	1.635	1.679	1.612	1.703	1.589	1.726	1.566	1.751	1.542	1.776
95	1.645	1.687	1.623	1.709	1.602	1.732	1.579	1.755	1.557	1.778
100	1.654	1.694	1.634	1.715	1.613	1.736	1.592	1.758	1.571	1.780

1%的上下界

n	k=2		k=3		k=4		k=5		k=6	
	d_L	d_U	d_L	d_U	d_L	d_U	d_L	d_U	d_L	d_U
15	0.811	1.070	0.700	1.252	0.591	1.464	0.488	1.704	0.391	1.967
16	0.844	1.086	0.737	1.252	0.633	1.446	0.532	1.663	0.437	1.900
17	0.874	1.102	0.772	1.255	0.672	1.432	0.574	1.630	0.480	1.847
18	0.902	1.118	0.805	1.259	0.708	1.422	0.613	1.604	0.522	1.803
19	0.928	1.132	0.835	1.265	0.742	1.415	0.650	1.584	0.561	1.767
20	0.952	1.147	0.863	1.271	0.773	1.411	0.685	1.567	0.598	1.737
21	0.975	1.161	0.890	1.277	0.803	1.408	0.718	1.554	0.633	1.712
22	0.997	1.174	0.914	1.284	0.831	1.407	0.748	1.543	0.667	1.691
23	1.018	1.187	0.938	1.291	0.858	1.407	0.777	1.534	0.698	1.673
24	1.037	1.199	0.960	1.298	0.882	1.407	0.805	1.528	0.728	1.658
25	1.055	1.211	0.981	1.305	0.906	1.409	0.831	1.523	0.756	1.645
26	1.072	1.222	1.001	1.312	0.928	1.411	0.855	1.518	0.783	1.635
27	1.089	1.233	1.019	1.319	0.949	1.413	0.878	1.515	0.808	1.626
28	1.104	1.244	1.037	1.325	0.969	1.415	0.900	1.513	0.832	1.618
29	1.119	1.254	1.054	1.332	0.988	1.418	0.921	1.512	0.855	1.611
30	1.133	1.263	1.070	1.339	1.006	1.421	0.941	1.511	0.877	1.606
31	1.147	1.273	1.085	1.345	1.023	1.425	0.960	1.510	0.897	1.601
32	1.160	1.282	1.100	1.352	1.040	1.428	0.979	1.510	0.917	1.597
33	1.172	1.291	1.114	1.358	1.055	1.432	0.996	1.510	0.936	1.594
34	1.184	1.299	1.128	1.364	1.070	1.435	1.012	1.511	0.954	1.591
35	1.195	1.307	1.140	1.370	1.085	1.439	1.028	1.512	0.971	1.589
36	1.206	1.315	1.153	1.376	1.098	1.442	1.043	1.513	0.988	1.588
37	1.217	1.323	1.165	1.382	1.112	1.446	1.058	1.514	1.004	1.586

续表

n	k=2		k=3		k=4		k=5		k=6	
	d_L	d_U	d_L	d_U	d_L	d_U	d_L	d_U	d_L	d_U
38	1.227	1.330	1.176	1.388	1.124	1.449	1.072	1.515	1.019	1.585
39	1.237	1.337	1.187	1.393	1.137	1.453	1.085	1.517	1.034	1.584
40	1.246	1.344	1.198	1.398	1.148	1.457	1.098	1.518	1.048	1.584
45	1.288	1.376	1.245	1.423	1.201	1.474	1.156	1.528	1.111	1.584
50	1.324	1.403	1.285	1.446	1.245	1.491	1.205	1.538	1.164	1.587
55	1.356	1.427	1.320	1.466	1.284	1.506	1.247	1.548	1.209	1.592
60	1.383	1.449	1.350	1.484	1.317	1.520	1.283	1.558	1.249	1.598
65	1.407	1.468	1.377	1.500	1.346	1.534	1.315	1.568	1.283	1.604
70	1.429	1.485	1.400	1.515	1.372	1.546	1.343	1.578	1.313	1.611
75	1.448	1.501	1.422	1.529	1.395	1.557	1.368	1.587	1.340	1.617
80	1.466	1.515	1.441	1.541	1.416	1.568	1.390	1.595	1.364	1.624
85	1.482	1.528	1.458	1.553	1.435	1.578	1.411	1.603	1.386	1.630
90	1.496	1.540	1.474	1.563	1.452	1.587	1.429	1.611	1.406	1.636
95	1.510	1.552	1.489	1.573	1.468	1.596	1.446	1.618	1.425	1.642
100	1.522	1.562	1.503	1.583	1.482	1.604	1.462	1.625	1.441	1.647

注：n 是观察值的数目；k 是解释变量的数目，包括常数项。

A.6 协整检验临界值表

N	模型形式	p	φ_∞	φ_1	φ_2
1	无常数项，无趋势项	0.01	−2.565 8	−1.960	−10.04
		0.05	−1.939 3	−3.098	0.00
		0.10	−1.615 6	−0.181	0.00
1	常数项，无趋势项	0.01	−3.433 6	−5.999	−29.25
		0.05	−2.862 1	−2.738	−8.36
		0.10	−2.567 1	−1.438	−4.48
1	常数项，趋势项	0.01	−3.963 8	−8.353	−47.44
		0.05	−3.412 6	−4.039	−17.83
		0.10	−3.127 9	−2.418	−7.58
2	常数项，无趋势项	0.01	−3.900 1	−10.534	−30.03
		0.05	−3.337 7	−5.967	−8.98
		0.10	−3.046 2	−4.069	−6.73

续表

N	模型形式	p	φ_∞	φ_1	φ_2
2	常数项，趋势项	0.01	-4.3266	-15.531	-34.03
		0.05	-3.7809	-9.421	-15.06
		0.10	-3.4959	-7.203	-4.01
3	常数项，无趋势项	0.01	-4.2981	-13.790	-46.37
		0.05	-3.7429	-8.352	-13.41
		0.10	-3.4518	-6.241	-2.79
3	常数项，趋势项	0.01	-4.6676	-18.492	-49.35
		0.05	-4.1193	-12.024	-13.13
		0.10	-3.8344	-9.188	-4.85
4	常数项，无趋势项	0.01	-4.6493	-17.188	-59.20
		0.05	-4.1000	-10.745	-21.57
		0.10	-3.8110	-8.317	-5.19
4	常数项，趋势项	0.01	-4.9695	-22.504	-50.22
		0.05	-4.4294	-14.501	-19.54
		0.10	-4.1474	-11.165	-9.88
5	常数项，无趋势项	0.01	-4.9587	-22.140	-37.29
		0.05	-4.4185	-13.641	-21.16
		0.10	-4.1327	-10.638	-5.48
5	常数项，趋势项	0.01	-5.2497	-26.606	-49.56
		0.05	-4.7154	-17.432	-16.50
		0.10	-4.4345	-13.654	-5.77
6	常数项，无趋势项	0.01	-5.2400	-26.278	-41.65
		0.05	-4.7048	-17.120	-11.17
		0.10	-4.4242	-13.347	0.00
6	常数项，趋势项	0.01	-5.5127	-30.735	-52.50
		0.05	-4.9767	-20.883	-9.05
		0.10	-4.6999	-16.445	0.00

注：①临界值计算公式为 $C_p=\varphi_\infty+\frac{\varphi_1}{T}+\frac{\varphi_2}{T^2}$，其中 T 表示样本容量。②N 表示协整回归式中所含变量个数，p 表示显著性水平。③$N=1$ 时，协整性检验即转化为单变量平稳性的 ADF 检验。

附录B　课后习题答案

B.1　第1章答案

1. 在构建计量经济学模型时，设置随机干扰项的原因是什么？

答： 计量经济学模型所研究的变量是具有因果关系的随机变量，变量之间是相关关系而非确定的函数关系。被解释变量除了受模型中已经选取的解释变量的影响之外，还受到其他未选取的各种因素的影响，一个回归模型中不可能涵盖所有对被解释变量有影响的变量，因而理论模型就要求使用一个变量来代表所有这些无法在模型中列出来且对被解释变量有影响的随机变量，这个变量就是随机干扰项，这样可以保证模型在理论上的科学性。随机干扰项可以代表未知的影响因素、残缺数据、众多细小影响因素、数据观测误差、模型设定误差以及变量的内在随机性。

2. 判断下面设定的计量经济学模型是否正确，错误的解释原因。

（1）$Y_i=\alpha+\beta X_i \quad i=1, 2, \cdots, n$

（2）$Y_i=\alpha+\beta X_i+\mu_i \quad i=1, 2, \cdots, n$

（3）$Y_i=\hat{\alpha}+\hat{\beta} X_i+\mu_i \quad i=1, 2, \cdots, n$

（4）$\hat{Y}_i=\hat{\alpha}+\hat{\beta} X_i+\mu_i \quad i=1, 2, \cdots, n$

答：（1）该计量经济学方程是错误的。原因：方程右边没有随机扰动项。

（2）该计量经济学方程是正确的。

（3）该计量经济学方程是错误的。原因：在总体回归模型的随机形式中，方程右边的参数不应该用估计值表示。

（4）该计量经济学方程是错误的。原因：在样本回归模型的确定形式中，方程右边不包含随机扰动项。

3. 一元线性回归模型需要满足哪些基本假设条件？违背这些条件还能估计吗？

答：（1）针对普通最小二乘法，一元线性回归模型的基本假设主要有以下三大类：

① 关于模型设定的基本假设：假定回归模型的设定是正确的，即模型的变量和函数形式均是正确的。

② 关于解释变量的基本假设：假定解释变量具有样本变异性，且在无限样本中的方差趋于一个非零的有限常数。

③ 关于随机干扰项的基本假设：假定随机扰动项满足条件零均值、条件同方差、条件

序列不相关性以及服从正态分布。

（2）违背基本假设的计量经济学仍然可以估计。虽然 OLS 估计值不再满足有效性，但仍然可以通过最大似然法等估计方法或修正 OLS 估计量来得到具有良好性质的估计值。

4. 线性回归模型 $Y_i=\alpha+\beta X_i+\mu_i$，$i=1, 2, \cdots, n$ 的零均值假设是否可以表示为 $\frac{1}{n}\sum_{i=1}^{n}\mu_i=0$？为什么？

答：线性回归模型 $Y_i=\alpha+\beta X_i+\mu_i$ 的零均值假设不可以表示为 $\frac{1}{n}\sum_{i=1}^{n}\mu_i=0$。

原因：零均值假设 $E(\mu_i)=0$ 实际上表示的是 $E(\mu_i \mid X_i)=0$，即 X 当取特定值 X_i 时，随机扰动项对因变量的平均影响为 0。$\frac{1}{n}\sum_{i=1}^{n}\mu_i=0$ 只是随机扰动项的样本期望，而样本期望只是对总体期望的估计值，两者并不等同。

5. 在一元线性回归模型中，如果把解释变量 X 的单位扩大十倍，被解释变量 Y 的单位保持不变，对估计参数会产生什么样的影响？如果把被解释变量 Y 的单位扩大十倍，解释变量 X 的单位保持不变，对估计参数会产生什么样的影响？

答：（1）若把 X 变量的单位扩大 10 倍，记此时的解释变量为 X'。根据 X 和 X' 之间的数量关系得 $X=X'/10$，将 $X=X'/10$ 代入原关系式得 $Y=\beta_0+\beta_1/10\cdot X'$。因此，原回归的截距不会发生变化，而斜率缩小为原来的 1/10 倍。

（2）若把 Y 变量的单位扩大 10 倍，记此时的被解释变量为 Y'。根据 Y 和 Y' 之间的数量关系得 $Y=Y'/10$，将 $Y=Y'/10$ 代入原关系式得 $Y'/10=\beta_0+\beta_1 X$。方程两边同时乘以 10 得 $Y'=10\beta_0+10\beta_1 X$。因此，原回归的斜率和截距都扩大为原来的 10 倍。

B.2 第 2 章答案

1. 多元线性回归模型有哪些基本的假设条件？哪些条件在证明 OLS 估计量的无偏性和有效性过程中被用到？

答：（1）针对普通最小二乘法，多元线性回归模型的基本假设主要有以下三大类：

① 关于模型设定的基本假设：假设回归模型的设定是正确的，即模型的变量和函数形式均为正确的。

② 关于随机扰动项的基本假设：假设随机扰动项满足条件零均值、条件同方差、条件序列不相关性以及从正态分布。

③ 关于自变量的基本假设：假设自变量具有样本变异性，且各自变量之间无完全多重共线性。

（2）在证明最小二乘估计量的无偏性和有效性的过程中，以下基本假设起了作用：

① 在证明最小二乘估计量的无偏性中起作用的基本假设。

a）假定回归模型的设定是正确的，即模型的变量和函数形式均是正确的；

b）假设自变量具有样本变异性，各自变量之间无完全多重共线性；

c）假设随机扰动项满足条件零均值。

② 在证明最小二乘估计量的有效性中起作用的基本假设。

假设随机扰动项满足条件同方差、条件序列不相关性以及服从正态分布。

2. 对模型参数施加约束条件后得到的残差平方和大于等于施加约束条件前的残差平和，其中的原因是什么？

答：对模型参数施加约束条件后，参数的取值只能在约束条件下达到最优，这就限制了参数的取值范围，寻找到的参数估计值也是在此条件下使残差平方和达到最小；而无约束模型中参数的取值可以在更大的范围内达到最优，因而可以使残差平方和比施加约束后的残差平方和更小。但当约束条件真实成立时，受约束回归与无约束回归的结果就相同了。

3. 在多元线性模型检验时，为什么选择修正的可决系数来衡量拟合的程度？

答：一般而言，在模型中增加解释变量，会提高模型的解释力，进而提高模型可解释的部分，提高模型的拟合程度。这样就可能导致研究者为了增加解释力不断地增加解释变量的数量。解释变量增加导致待估参数增大，会产生两方面的影响：一是会损失自由度，二是可能引起变量间的共线性。因此，选用修正的可决系数来衡量模型的拟合程度。

4. 在本章多元线性回归模型中，t 检验与 F 检验目标有什么不同？与上一章一元线性回归模型的情况有什么不同？

答：（1）在多元线性回归分析中，t 检验与 F 检验有以下不同。

① 检验的目的不同。t 检验主要是检验回归模型中单个自变量参数的显著性；而 F 检验主要是检验回归模型中整体参数的联合显著性。

② 假设和备择假设不同。t 检验的原假设和备择假设为：

H_0：检验的某个变量的参数取值为 0；H_1：检验的某个变量的参数取值不为 0。

F 检验的原假设和备择假设为：

H_0：模型全部变量的参数取值都为 0；H_1：模型全部变量的参数取值不全为 0。

③ 统计量的计算公式不同。t 统计量的计算公式为

$$t=\frac{\hat{\beta}_j-\beta_j}{S_{\hat{\beta}_j}}=\frac{\hat{\beta}_j-\beta_j}{\sqrt{c_{jj}\frac{e'e}{n-k-1}}}\sim t(n-k-1)$$

F 统计量的计算公式为

$$F=\frac{\mathrm{ESS}/k}{\mathrm{RSS}/(n-k-1)}$$

④ 检验的依据不同。t 检验的依据为：在给定的显著性水平 α 下，若 $|t|>t_{\alpha/2}(n-k-1)$，则拒绝该解释变量通过显著性检验的原假设：若 $|t|\leqslant t_{\alpha/2}(n-k-1)$，则不拒绝原假设，从而判定该模型中是否应该包含该解释变量。F 检验的依据为：在显著性水平 α 下，若 $F>F_{\alpha}(k, n-k-1)$，则拒绝原假设，模型整体的线性关系在显著性水平 α 下显著成立，否则无法拒绝原假设，模型整体的线性关系在 α 的显著性水平下不成立。

（2）在一元线性回归分析中二者有等价的作用。原因在于：一元线性回归分析只涉及一个自变量，无论是检验回归模型中单独参数的显著性 t 检验，还是检验回归模型整体参数的

联合显著性 F 检验，都只需要检验该解释变量的参数估计值是否为 0，整个过程是完全等价的。

5. 构建如下模型

$$Y=\beta_0+\beta_1X_1+\beta_2X_2+\beta_3X_3+\beta_4X_4+\mu$$

其中，被解释变量为大学生平均成绩（Y），解释变量包括每周学习时间（X_1）、睡觉时间（X_2）、娱乐时间（X_3）、其他时间（X_4）。请思考，若只改变其中一个变量，其余变量保持不变是否有意义？应该怎样修改此模型？

答：（1）保持其他变量不变，而改变其中一个变量的说法没有意义。原因：回归模型中四个变量的数值总和是一个定值，当其中一个变量改变时，其他变量至少会有一个发生变化。在四个变量的数值总和不变的情况下，保持其他变量不变，同时改变其中一个变量是一种不可能的情况，因此该说法是没有意义的。

（2）该模型有违背基本假设的情况：由于四个变量的总和为一个定值，即 $\sum_{i=1}^{4}X_i=168$，此时若将四个变量全部作为回归模型的解释变量，将会导致该模型出现完全多重共线性的问题，即"虚拟变量陷阱"，所以模型违背了基本假设。

（3）为了使模型更加合理，可以对此模型进行以下修改：可以去掉该回归模型四个解释变量中的其中一个。在该回归方程中，综合每个解释变量的实际意义，去掉自变量 X_4 可能更为合理。此时，该模型的完全多重共线性问题得以解决，模型可以更好衡量。在其他条件不变的情况下，大学生每周花在学习（睡觉或娱乐）上的时间每变化一个单位，大学生一学期平均成绩会随之变化一个单位，且可以通过拟合优度的大小来衡量这三个解释变量对于被解释变量的解释力度。

B.3 第3章答案

1. 对一元回归模型 $Y_i=\beta_0+\beta_1X_i+\mu_i$，假如其他基本假设全部满足，但 $V(\mu_i)=\sigma_i^2\neq\sigma^2$，试证明估计的斜率项仍是无偏的，但方差变为 $V(\tilde{\beta}_1)=\dfrac{\sum x_i^2\sigma_i^2}{(\sum x_i^2)^2}$。

证明：根据 OLS 估计量的计算公式，可得：$\tilde{\beta}_1=\dfrac{\sum(X_i-\overline{X})(Y_i-\overline{Y})}{\sum(X_i-\overline{X})^2}$，令 $x_i=X_i-\overline{X}$，$y_i=Y_i-\overline{Y}$

则有：$\tilde{\beta}_1=\dfrac{\sum x_iy_i}{\sum x_i^2}=\dfrac{\sum x_i(\beta_ix_i+\mu_i)}{\sum x_i^2}=\beta_1+\dfrac{\sum x_i\mu_i}{\sum x_i^2}$

所以：$E(\tilde{\beta}_1)=E(\beta_1)+\dfrac{\sum x_i}{\sum x_i^2}E(\mu_i)=\beta_1$

$$V(\widetilde{\beta}_1)=V(\beta_1)+V\left(\frac{\sum x_i\mu_i}{\sum x_i^2}\right)$$
$$=0+\sum\left(\frac{x_i}{\sum x_i^2}\right)^2 V(\mu_i)\ +\ \sum_{i\neq j}\frac{x_i}{\sum x_i^2}\cdot\frac{x_j}{\sum x_j^2}\sigma_{\mu_i\mu_j}$$
$$=\frac{\sum x_i^2\sigma_i^2}{(\sum x_i^2)^2}$$

2. 对习题1中的一元线性回归模型，如果已知 $V(\mu_i)=\sigma_i^2$，可对原模型以权重$\frac{1}{\sigma_i}$相乘后变换成如下的二元模型：$\frac{Y_i}{\sigma_i}=\frac{\beta_0}{\sigma_i}+\frac{\beta_1 X_i}{\sigma_i}+\frac{\mu_i}{\sigma_i}$，对该模型进行 OLS 估计就是加权最小二乘法。试证明该模型的随机干扰项是同方差的。

证明：变换后的模型的随机干扰项为$\frac{\mu_i}{\sigma_i}$，其方差为：$V\left(\frac{\mu_i}{\sigma_i}\right)=\frac{1}{\sigma_i^2}\cdot V(\mu_i)=\frac{\sigma_i^2}{\sigma_i^2}=1$，即变换后的模型是同方差的。

3. 以某一行业的企业数据为样本建立柯布道格拉斯生产函数模型，其中被解释变量：产出量 Y，解释变量：资本 K、劳动 L、技术 A。

$$Y_i=A_i^{\alpha}K_i^{\beta}L_i^{\gamma}e^{u_i}$$

分析上述模型中存在的异方差性。

答：在分析企业产出量的影响因素时，除了资本、劳动和技术以外，还会有其他的因素，如企业性质（私有还是集体），企业所属的行业，企业所在地区等。这些因素可能导致异方差的产生。

4. 试述产生模型设定偏误的主要原因是什么？模型设定偏误的后果以及检验方法有哪些？

答：（1）产生模型设定偏误的主要原因是相关变量的遗漏、无关变量的误选、错误的函数形式。

（2）模型设定偏误的后果：

① 如果遗漏了重要的解释变量，会造成 OLS 估计量在小样本下有偏，在大样本下非一致（但若遗漏的变量与已包含的解释变量无关，则原变量的系数仍具有无偏性和一致性，但常数项仍是有偏的）；随机干扰项的方差估计和参数估计量的方差都是有偏估计。

② 如果包含了无关的解释变量，尽管 OLS 估计量仍具有无偏性和一致性，但不再具有最小方差性。

③ 如果模型的函数形式被误设，则后果是全方位的，估计量有偏且不一致，随机干扰项的方差将会被高估，使通常的推断顺序无效，甚至造成估计的参数具有完全不同的经济意义，而且估计结果不同。

（3）检验方法：

① 通过 t 检验或 F 检验来检验是否含有无关变量。

② 检验是否存在遗漏的变量或函数形式设定偏误的方法包括：残差图示法、一般性设

定误差检验以及用博克斯-考科斯变换来确定函数形式。

5. 什么是异方差性？试举例说明经济现象中的异方差性。

答：异方差性是指模型违反了古典假定中的同方差假定，它是计量经济分析中的一个专门问题。在线性回归模型中，如果随机误差项的方差不是常数，即对不同的解释变量观测值彼此不同，则称随机项 u_i 具有异方差性，即 var（u_i）$=\sigma_i^2\neq$常数（$t=1$，2，……，n）。例如，利用横截面数据研究消费和收入之间的关系时，收入较少的家庭在满足基本消费支出之后的剩余收入已经不多，用在购买生活必需品上的比例较大，消费的分散幅度不大。收入较多的家庭有更多可自由支配的收入，使得这些家庭的消费有更大的选择范围。由于个性、爱好、储蓄心理、消费习惯和家庭成员构成的差异，使消费的分散幅度增大，或者说低收入家庭消费的分散度和高收入家庭消费的分散度相比较，可以认为前者小于后者。这种被解释变量的分散幅度的变化，反映到模型中，可以理解为误差项方差的变化。

B.4　第4章答案

1. **答：**在构建回归模型时，不仅会用到连续型变量，还会涉及一些离散变量，如性别、种族、宗教等。为了量化这些离散变量的影响，需要引入“虚拟变量”。因此，“虚拟变量”也称为“分类变量”或“定性变量”。引入虚拟变量的方式有三种：（1）通过加法的形式引入，多用于离散变量影响模型的截距；（2）通过乘法的形式引入，多用于离散变量影响模型的斜率；（3）通过加法和乘法的形式引入，用于离散变量同时影响模型的截距和斜率。

2. **答：**（1）11个

（2）6个

3. **答：**在设定虚拟变量时，注意不能产生多重共线性。一般虚拟变量的设置遵循以下原则：（1）当模型中不含有截距项时，K 个定性变量可以设置 K 个虚拟变量；（2）当模型中含有截距项时，K 个定性变量只能设置 $K-1$ 个虚拟变量，即虚拟变量的个数比定型变量个数少1。如果引入的虚拟变量个数过多产生多重共线性使得模型无法进行估计，称为“虚拟变量陷阱”。

4. **答：**记学生月消费支出为 Y，其家庭月收入水平为 X，则在不考虑其他因素的影响时，有基本回归模型 $Y_i=\beta_0+\beta_1X_1+u_i$，其他定性因素可用如下虚拟变量表示

$$D_1=\begin{cases}1，\text{有奖学金}\\0，\text{无奖学金}\end{cases}，D_2\begin{cases}1，\text{来自城市}\\0，\text{来自农村}\end{cases}，D_3\begin{cases}1，\text{来自发达地区}\\0，\text{来自欠发达地区}\end{cases}，D_4\begin{cases}1，\text{男性}\\0，\text{女性}\end{cases}$$

则引入各虚拟变量后的回归模型如下

$$Y_i=\beta_0+\beta_1X_1+\alpha_1D_1+\alpha_2D_2+\alpha_3D_3+\alpha_4D_4+u_i$$

（1）$E(Y_i\mid X_i,D_{1i}=D_{2i}=D_{3i}=D_{4i}=0)=\beta_0+\beta_1X_i$

（2）$E(Y_i\mid X_i,D_{1i}=D_{4i}=1,D_{2i}=D_{3i}=0)=\beta_0+\alpha_1+\alpha_4+\beta_1X_i$

（3）$E(Y_i\mid X_i,D_{1i}=D_{3i}=1,D_{2i}=D_{4i}=0)=\beta_0+\alpha_1+\alpha_3+\beta_1X_i$

（4）$E(Y_i\mid X_i,D_{2i}=D_{3i}=D_{4i}=1,D_{1i}=0)=\beta_0+\alpha_2+\alpha_3+\alpha_4+\beta_1X_i$

5. **答：**（1）在经济体制发生变化前后，可以设置虚拟变量来标识制度的差异。具体设

置为

$$D=\begin{cases}1, & \text{改革开放以前}\\0, & \text{改革开放以后}\end{cases}$$

（2）模型设定为 $Y_t=\beta_0+\beta_1X_t+\beta_2D+\beta_3DX_t+u$。

B.5　第5章答案

1. **答**：根据题意，时间序列 Z_t 经过 ADF 检验，可以判断其为一个 $I(0)$ 序列，即对该时间序列进行平稳检验后得出其为非平稳的检验结果，继而对其一阶差分后的序列进行单位根检验，得出差分后的序列为平稳的结论。因此最终的检验模型可能的形式为

模型1：$\Delta^2Z_t=\delta\Delta Z_{t-1}+\sum_{i=1}^{n}\beta_i\Delta^2Z_{t-i}+\varepsilon_t$

模型2：$\Delta^2Z_t=\alpha+\delta\Delta Z_{t-1}+\sum_{i=1}^{n}\beta_i\Delta^2Z_{t-i}+\varepsilon_t$

模型3：$\Delta^2Z_t=\alpha+\beta T+\delta\Delta Z_{t-1}+\sum_{i=1}^{n}\beta_i\Delta^2Z_{t-i}+\varepsilon_t$

2. **证明**：由于 Y_t 是随机游走序列，由定义可知 $Y_t=Y_{t-1}+\varepsilon_t$，其中 ε_t 为一白噪声序列。

若 X_t 与 Y_t 是协整的，则 X_t 与 Y_t 为非平稳序列，但 X_t 与 Y_t 的某个线性组合是平稳的。

令此线性组合为 $Z_t=X_t+\alpha Y_t$，将 $Y_t=Y_{t-1}+\varepsilon_t$ 代入该线性组合关系中，得

$Z_t=X_t+\alpha(Y_{t-1}+\varepsilon_t)=X_t+\alpha Y_{t-1}+\alpha\varepsilon_t$

因此，$X_t+\alpha Y_{t-1}=Z_t-\alpha\varepsilon_t$，且 Z_t 和 ε_t 均为平稳序列，因此 $Z_t-\alpha\varepsilon_t$ 是平稳的，则 $X_t+\alpha Y_{t-1}$ 也是平稳的。但由题可知，X_t 与 Y_{t-1}是非平稳的。故如果 X_t 与 Y_t 是协整的，则 X_t 与 Y_{t-1}也是协整的。

3. **证明**：由题意得对于任何的 $\delta\neq\beta$ 且 $\beta\neq0$，存在 $Y_t-\delta X_t=Y_t-\beta X_t+\beta X_t-\delta X_t$，其中 $Y_t-\beta X_t$ 是 $I(0)$，$\beta X_t-\delta X_t$ 是 $I(1)$，因此组合 $Y_t-\delta X_t$ 一定是 $I(1)$ 的。

4. **答**：（1）因为 $E(X_t)=E(\delta_0+\delta_1t+\varepsilon_t)=\delta_0+\delta_1t+E(\varepsilon_t)=\delta_0+\delta_1t$。其中，$\delta_1t$ 项与时间相关，因此 $E(X_t)$ 会随着时间变化而发生改变，故 $\{X_t\}$ 不是平稳的时间序列。

（2）因为 $X_t-E(X_t)=\delta_0+\delta_1t+\varepsilon_t-\delta_0+\delta_1t=\varepsilon_t$，且 ε_t 是零均值、同方差、无序列相关的白噪声过程，因此 $E(X_t)$ 不会随着时间变化而发生改变。故 $X_t-E(X_t)$ 是平稳的时间序列。

5. **答**：（1）由题意可得，由于 ε_t 的均值为0，方差为 σ_ε^2，Z_t 的均值为0，方差为 σ_Z^2 且 ε_t 与 Z_t 不相关。因此，X_t 的期望：$E(X_t)=E(Z_t+\varepsilon_t)=E(Z_t)+E(\varepsilon_t)=0$，故 X_t 的期望与时间 t 无关。

X_t 的方差为

$$\begin{aligned}V(X_t)&=V(Z_t+\varepsilon_t)\\&=V(Z_t)+V(\varepsilon_t)+2\sigma_{Z_t\varepsilon_t}\\&=\sigma_Z^2+\sigma_\varepsilon^2\end{aligned}$$

故 X_t 的方差与时间 t 也无关。

（2）协方差为

$$\begin{aligned}\sigma_{X_tX_{t+k}} &= E(X_t, X_{t+k}) \\ &= E[(Z_t+\varepsilon_t)(Z_{t+k}+\varepsilon_{t+k})] \\ &= E(Z_tZ_{t+k}+Z_t\varepsilon_{t+k}+\varepsilon_tZ_{t+k}+\varepsilon_t\varepsilon_{t+k}) \\ &= E(Z_tZ_{t+k})+E(Z_t\varepsilon_{t+k})+E(\varepsilon_tZ_{t+k})+E(\varepsilon_t\varepsilon_{t+k}) \\ &= a+0+0+0=a\end{aligned}$$

由于 X_t 的期望、方差和协方差均与时间 t 无关，因此 X_t 是平稳的。

B.6 第6章答案

1. **答：**（1）时间序列数据：每年的国民生产总值、各年商品的零售总额、各年的年均人口增长数、年出口额、年进口额等；（2）截面数据：复旦大学 2002 年各位教师年收入、2002 年各省总产值、2002 年 5 月上海市各区罪案发生率等；（3）混合数据：1990—2000 年各省的人均收入、消费支出、教育投入等。

2. **答：**面板数据模型的主要优点有可以有效控制个体的异质性；面板数据可以提供更多的信息，更多的变化，较少的共线性，更多的自由度；面板数据模型可以较好的研究动态调整过程；面板数据模型可以构造更为复杂的行为模型。

3. **答：**对于模型：$y_{it}=r_i+x_{it}\beta+\mu_{it}$其中 r 是区分随机效应和固定效应的关键。如果把 r 看成与观测到的解释变量 x 相关的一种观测不到的随机变量，则该模型称为固定效应模型；如果将 r 看成与观测到得解释变量 x 独立的随机变量，则这类模型就称为随机效应模型。

4. **答：**固定效应模型和随机效应模型关键的区别在于对截距项的处理。固定效应模型里面每个截距项都为一个常数。而在随机效应模型里面，截距项却被处理成为一个随机变量。

5. **答：**第一，当所研究的自变量和因变量都随着时间有显著变化的时候，使用固定效应模型比较合适。

第二，当有比较明显的不随时间变化而又很难观测到的缺失变量时，使用固定效应模型可以有效地控制这些因素对结果的影响，帮助研究者得到无偏的回归结果。相反，当对缺失变量的顾虑比较小的时候，随机效应模型会更合适。

第三，固定效应模型分析得到的结论只适用于所研究的样本本身。

第四，当面板比较短而观测体又比较多的时候，使用固定效应模型时虚拟变量会消耗很大的自由度，所以此时使用随机效应模型可能会更合适。

B.7 第7章答案

1. **答：**工具变量，是指在模型估计过程中被作为工具使用，以替代模型中与随机干扰项相关的内生解释变量。选择为工具变量的变量必须满足以下条件：

（1）与所替代的内生解释变量高度相关；

（2）与随机干扰项不相关；

（3）与模型中其他解释变量不高度相关，以避免出现严重的多重共线性。

2. **答：**内生性是指解释变量和误差项 ε 存在相关性，导致最小二乘估计的参数 β 有偏非一致。因为大数定律和中心极限定理都是假定样本在样本量无穷大的情况下，无限接近于真实总体；样本统计量（估计量）无限接近总体参数（待估参数）。

会产生内生性的情况：

（1）遗漏重要解释变量；

（2）联立方程问题，y 可以解释 x，x 也可以解释 y；

（3）测量误差，观测到的 X，y 与真实的 X 和 y 存在一定的差距，$y=X\beta+\varepsilon$，X 为 $n\times p$ 的矩阵，β 为 p 维系数向量。

3. **答：**（1）对所研究的回归模型，无论是否存在测量误差，先采用 OLS 法得到参数估计量。

（2）对可能存在测量误差的解释变量，选择与其相关的工具变量，将可能存在测量误差的解释变量对选择的工具变量进行回归，并获得回归残差 $\hat{\omega}_i$（作为自变量测量误差的代表）。

（3）将回归残差 $\hat{\omega}_i$ 作为解释变量加入第 1 步中的回归模型，再次进行 OLS 估计，得 $\hat{\omega}_i$ 的参估计值 $\hat{\beta}_\omega$ 及显著性检验结果。

（4）若 $\hat{\beta}_\omega$ 显著，则认为解释变量的确存在观测误差，反之，认为解释变量不存在测量误差。

4. **答：**工具变量举例如下。

例 1. 降雨量作为工具变量。研究看电视时间过多，是否导致儿童自闭症高发。由于自闭症的儿童多数不愿意外出与别人交往，倾向于居家看电视。因此，两者存在双向因果关系。有学者将降雨量视作看电视时间的工具变量。一方面降雨量作为一种自然现象，与被解释变量儿童自闭倾向无关；另一方面，降雨量越多，儿童居于室内时间越长，看电视时间也增加，与解释变量看电视时间正相关。

例 2. 河流数目作为工具变量。研究学区竞争和教育质量关系。一方面，学区划分越多，竞争程度越高，教育质量也越高；另一方面，教育质量越高的学区，越可能存在学区扩张和兼并，影响学区数量。两者存在双向因果关系。有学者将城市河流数量视作为学区数量的工具变量。一是河流越多，通勤障碍也越多，设立的学区也越多；同时，河流数量作为自然演变的现象，不会影响教育质量。

5. **答：**事实上，如果不深入挖掘引起内生性问题的原因，仅仅想解决掉内生性问题，只需找到化解内生性问题的具体方案即可。根据计量经济学文献，大致有 4 种常用解决内生性问题的方案。工具变量法是常用的解决办法之一。除此之外，还有 3 种常用的方法。

（1）自然实验法。自然实验也称准实验，是指某些突发事件（虽然并不一定为了达到实验目的），导致样本的研究对象被分成实验组和控制组。比如一个州颁布了一项法律而另一个州没有颁布。两个州的民众无法预知哪个州会颁布，因此被随机分配到两个组。这样就能较好考察法律的效果。自然实验的关键是选择合适的事件，被选的事件仅仅影响解释变量而不会影响被解释变量。

（2）双重差分法（difference-in-difference，DID）。一般称为双重差分法，或倍差法。在研究自然实验时，更关心的应该是实验前后的变化。双重差分法，一般要获取实验组和控制组在实验前后的两组数据，做两次差。一次是实验前后组内作差，一次是实验组和控制组组间作差，因此也顾名思义称为双重差分。双重差分的结果即为实验冲击的净效应。该方法常用于评估政策带来的影响。

（3）动态面板回归法。动态面板回归是将解释变量以及被解释变量的滞后一期、两期、三期等作为工具变量放入计量模型。常用的估计方法有 GMM 和系统 GMM 等。这种处理方法也可以在一定程度上缓解内生性问题。

6. **答：**不能。因为变换后的模型为 $Y_i=\beta_0+\beta_1X_i+(u_i-\beta_1e_i)=\beta_0+\beta_1X_i+v_i$。由于 e_i 与 X_i 同期相关，因而变换后中的随机干扰项 ν_i 与 X_i 同期相关。

B.8　第 8 章答案

1. **答：**（1）内生变量为 P_t、N_t，外生变量为 A_t、S_t、M_t。

（2）容易写出联立模型的结构参数矩阵

$$(\beta\tau)=\begin{pmatrix}1 & -\alpha_1 & -\alpha_0 & -\alpha_2 & -\alpha_3 & 0\\ -\beta_1 & 1 & -\beta_0 & 0 & 0 & -\beta_2\end{pmatrix}$$

对第 1 个方程，$(\beta_0\tau_0)=(-\beta_2)$，因此 $\beta_0\tau_0$ 的秩为 1，即等于内生变量个数减 1，模型可以识别。进一步，联立模型的外生变量个数减去该方程外生变量的个数，恰等于该方程内生变量个数减 1，即 4-3=1=2-1，因此第一个方程恰好识别。对第二个方程，$(\beta_0\tau_0)=(-\alpha_2, -\alpha_3)$，因此秩为 1，即等于内生变量个数减 1，模型可以识别。进一步，联立模型的外生变量个数减去该方程外生变量的个数，大于该方程内生变量个数减 1，即 4-2=2>=2-1，因此第二个方程是过度识别的。综合两个方程的识别状况，该联立模型是过度识别的。

2. **答：**牙医需求数量是牙齿护理价格、病人总体收入水平、牙齿保险、牙医总体教育水平和家庭规模等变量的一个函数。牙医供给数量是牙齿护理价格、牙医教育的成本、牙医总体的规模、牙医学校的数量和营业执照的要求等变量的函数。

内生变量是牙医供需数量和牙齿护理的价格。其他的变量都可以视为外生变量。

3. **答：**供给方程过度识别的原因是，需求函数包含了两个前定变量 I 和 R。如果它只包含一个，则供给方程恰好识别。也就是说，只要把收入变量或财富变量任意一个从供给函数中排除就能够识别供给函数，但在式（8-50）中，两个变量都被排除了，从而使得供给方程是过度识别的。因此，若需求方程中 $\alpha_2=0$ 或 $\alpha_3=0$，则供给方程恰好识别。

4. **答：**（1）错。OLS 可用于递归方程组。

（2）对。若一个方程不能识别，则没有办法得到结构参数的估计值。

（3）对。递归方程组的干扰项的性质为 $\sigma_{\mu_{1t}\mu_{2t}}=\sigma_{\mu_{2t}\mu_{3t}}=\sigma_{\mu_{1t}\mu_{3t}}=0$。也就是说，不同方程

中的同期干扰项是不相关的。于是，在递归系统中，0LS 可分别应用于每个方程。在这种情况下，并没有联立方程的问题。

（4）错。在联立方程组中有内生变量也有外生变量。有时候不确定一个变量是外生的还是内生的。外生性检验可对此进行检验。

（5）对。只有单个回归才有 R^2 值。

（6）错。2SLS 经改造可对付自相关误差。

5. **答**：设计 2SLS 是为了对过度识别结构方程的参数提供唯一的估计值，这是 ILS 所无法做到的。但如果一个方程恰好可以识别，则 2SLS 与 ILS 所给出的参数估计值相同，就没有必要采取二阶段最小二乘法。

6. **答**：（1）三个约简型方程为

$$Y_t=\pi_0+\pi_1 Y_{t-1}+\pi_2 G_t+v_{1t}$$

$$G_t=\pi_3+\pi_4 Y_{t-1}+\pi_5 G_t+v_{2t}$$

$$I_t=\pi_6+\pi_7 Y_{t-1}+\pi_8 G_t+v_3$$

这个方程组中有 $M=3$ 和 $K=2$。根据阶条件，C 的方程过度识别，而 I 的方程恰好识别。

（2）使用 2SLS 估计过度识别的消费函数，而使用 ILS 估计消费函数。

参考文献

[1] 陈强．高级计量经济学及 Stata 应用 [M]．2 版．北京：高等教育出版社，2014.

[2] 陈强．高级计量经济学及 Stata 应用 [M]．北京：高等教育出版社，2010.

[3] 古扎拉蒂，波特．计量经济学基础：上册 [M]．北京：中国人民大学出版社，2011.

[4] 古扎拉蒂，费剑平．计量经济学基础 [M]．北京：中国人民大学出版社，2005.

[5] 洪永淼．高级计量经济学 [M]．北京：高等教育出版社，2011.

[6] 伍德里奇．计量经济学导论 [M]．4 版．北京：中国人民大学出版社，2010.

[7] 靳云汇，金赛男．高级计量经济学 [M]．北京：北京大学出版社，2007.

[8] 李子奈，潘文卿．计量经济学 [M]．2 版．北京：高等教育出版社，2005.

[9] 李子奈，潘文卿．计量经济学 [M]．4 版．北京：高等教育出版社，2015.

[10] 李子奈．计量经济学模型的功能与局限闭 [J]．数量经济技术经济研究，2010 (9)：133-146.

[11] 李子奈，齐良书．关于计量经济学模型方法的思考 [J]．中国社会科学，2010 (2)：69-84.

[12] 李子奈，叶阿忠．高等计量经济学 [M]．北京：清华大学出版社，2000.

[13] 李子奈．计量经济学模型方法论 [M]．北京：清华大学出版社，2011.

[14] 庞皓．计量经济学 [M]．成都：西南财经大学出版社，2002.

[15] 孙敬水．计量经济学教程 [M]．上海：复旦大学出版社，2004.

[16] 孙敬水．中级计量经济学 [M]．上海：上海财经大学出版社，2009.

[17] 王美今，林建浩．计量经济学应用研究的可信性革命 [J]．经济研究，2012 (2)：120-132.

[18] 格林．计量经济分析 [M]．费剑平，译．5 版．北京：中国人民大学出版社，2007.

[19] 谢识予，朱弘鑫．高级计量经济学 [M]．上海：复旦大学出版社，2005.

[20] 斯托克，沃森．计量经济学 [M]．2 版．上海：上海人民出版社，2009.

[21] 张晓峒．计量经济分析 [M]．天津：南开人学出版社，2000.

[22] 赵国庆．计量经济学 [M]．北京：中国人民大学出版社，2005.

[23] 伍德里奇．计量经济学导论：现代观点 [M]．北京：中国人民大学出版社，2003.

[24] BALTAGI B H，GRIFIN J M，XIONG W. To pool or not to pool：homogeneous versus heterogeneous estimators applied to cigarette demand [J]. Review of economics and statistics，2000 (82)：117-126.

[25] CAMERON A C，TRIVEDI P K. Regression analysis of count data [M]. Cam-bridge：Cambridge University Press，1998.

[26] CHANG S Y P. Perron. Inference on a structural break in trend with fractionally integrated errors [J]. Journal of time, 2016, 37 (4): 555-574.
[27] DAVIDSON R, MACKINNON J G. Econometric theory and methods [M]. New York: Oxford University Press, 2004.
[28] DRUKKER D M, GATES R. Generating halton sequences using Mata [J]. Stata journal, 2006 (6): 214-228.
[29] GRANGER C W J, NEWBOLD. Spurious regressions in econometrics [J]. Journal of econonxetrics, 1974 (1): 111-120.
[30] GRANGER G W J. Modelling economic series [M]. Oxford: Clarendon Press, 1990.
[31] HAHN J, HAUSMIAN J. A new specification test for the validity of instrumental variables [J]. Econometrica, 2002 (70): 163-189.
[32] HARDIN J W, HILBE J M. Generalized linear models and extensions. [M]. 2nded. College Station, TX: Stata Press, 2007.
[33] HENDRY D F. Dynamic Econometrics [M]. Oxford: Oxford University Press, 1995.
[34] HOECHLE D. Robust standard errors for panel regressions with cross-sectional dependence [J]. Stata journal, 2007 (7:) 281-312.
[35] HOXBY C M. Does competition among public schools benefit students and taxpayers? [J]. American economic review, 2000, 90 (5): 1209-1238.
[36] HSIAO C. Analysis of panel data [M]. 2nded. Cambridge: Cambridge University Press, 2003.
[37] IM K S, PESARAN M H, SHIN Y. Testing for unit roots in heterogeneous panels [J]. Journal of Econometrics, 2003 (115): 53-74.
[38] JUSELIUS K. Recent developments in cointegration [J] Econometrics, 2018, 6 (1): 1-5.
[39] KESHK O M G. CDSIMEQ: a program to implement two-stage probit least squares [J]. Stata journal, 2003 (3): 157-167.
[40] KREUTER F, VALLIANT R. A survey on survey statistics: what is done and can be done in stata [J]. Stata journal, 2007 (7): 1-21.
[41] LEE M. Panel data econometrics: methods-of-moments and limited dependent variables [M]. San Diego, CA: Academic Press, 2002.
[42] MACHADO J A F, SANTOS SILVA J M C. Quantiles for counts [J]. Journal of the American statistical association, 2005 (100): 1226-237.
[43] PESARAN M H, SMITH R. Estimating long-run relationships from dynamic heterogeneous panels [J]. Journal of econometrics, 1995 (68): 79-113.
[44] PESARAN M H, SHIN Y, SMITH R P. Pooled mean group estimation of dymamic heterogeneous panels [J]. Journal of the American statistical association , 1999 (94): 621- 634.
[45] PESARAN H. Estimation and inference in large heterogeneous panels with a multifactor error structure [J]. Econometrica, 2006, 74 (4): 967-1012.
[46] STAIGER D, STOCK J H. Instrumental variables regression with weak instruments [J].

Econometrica, 1997 (65): 557-586.

[47] TRAIN K. Discrete choice methods with simulation [M]. Cambridge: CambridgeUniversity Press, 2003.

[48] WALDMAN M, NICHOLSON S, ADILOV N, et al. Autism prevalence and precipitation rates in California, Oregon, and Washington counties [J]. Archives of pediatrics and adolescent medicine, 2008, 162 (11): 1026-1034.

[49] WALDMAN M, NICHOLSON S, ADILOV N. Does television cause autism? [R]. National Bureau of Economic Research, 2006.

[50] WHITE H. A heteroskedasticity consistent covariance matrix estimator and a direct test for heteroscedasticity [J]. Econometrica, 1980 (48): 817-838.

[51] WINDMEIJER F. A finite sample correction for the variance of linear efficient two-step GMM estimators [J]. Journal of econometrics, 2005 (126): 25-51.

[52] WOODRIDGE J M. Introductory econometrics: a modern approach [M]. Cincinnati OH: South-Western College Publishing, 2003.

[53] WOOLDRIDGE J M. Econometric analysis of cross section and panel data [M]. Cambridge, MA: MIT Press, 2002.